技术创新方法培训丛书

科学技术部

技术创新方法概论

TECHNOLOGY INNOVATION
METHOD OVERVIEW

张武城　著

科学出版社

北京

内 容 简 介

本书是《技术创新方法培训丛书》之一。

本书以创造学理论为基础，提出了个体创造力结构模型，对创新思维、创新技法、创新技能及创新方法作了全面介绍，指出了我国制造业要获得自主知识产权，必须重视生产制造前端技术创新，掌握有关战略计划和概念设计阶段的创新方法，并和 TRIZ 理论方法集成融合，形成我国独特的技术创新方法。

本书适合于企业领导、机关干部、科研院所研究人员、管理人员和大专院校的教师们阅读，也适合供大学生自学参考。

图书在版编目（CIP）数据

技术创新方法概论／张武城著. —北京：科学出版社，2009
（技术创新方法培训丛书／科学技术部）
ISBN 978-7-03-023420-9

Ⅰ. 技… Ⅱ. 张… Ⅲ. 技术革新 – 研究 Ⅳ. F062.4

中国版本图书馆 CIP 数据核字（2008）第 179406 号

责任编辑：李 敏 赵 鹏／责任校对：钟 洋
责任印制：钱玉芬／封面设计：黄华斌

科 学 出 版 社 出版
北京东黄城根北街 16 号
邮政编码：100717
http://www.sciencep.com

北京佳信达艺术印刷有限公司 印刷
科学出版社发行 各地新华书店经销

*

2009 年 1 月第 一 版 开本：B5（720×1000）
2011 年 3 月第三次印刷 印张：17 1/4 插页：3
印数：6 001—8 000 字数：350 000
定价：48.00 元
如有印装质量问题，我社负责调换

总　序

2006年2月，国务院发布了《国家中长期科学和技术发展规划纲要（2006—2020年）》，纲要中明确提出了建设创新型国家的宏伟战略目标。2007年10月，胡锦涛总书记在党的十七大报告中指出："提高自主创新能力，建设创新型国家是国家发展战略的核心，是提高综合国力的关键。"为深入贯彻党的十七大精神，落实科学发展观和《国家中长期科学和技术发展规划纲要（2006—2020年）》，从源头上推进创新型国家建设，按照温家宝总理在王大珩、叶笃正、刘东生院士《关于加强我国创新方法工作的建议》中"自主创新，方法先行"的批示要求，科学技术部会同国家发展和改革委员会、财政部、教育部和中国科学技术协会，联合启动了创新方法工作。

创新方法是科学思维、科学方法和科学工具的总称，科学思维创新是科学技术取得突破性、革命性进展的先决条件，科学方法创新是实现科学技术跨越式发展的重要基础，而科学工具创新则是开展科学研究和实现发明创造的必要手段。创新方法工作要以思维创新、方法创新和工具创新为主要内容，以机制创新、管理创新和体制创新为主要保障，营造良好的创新环境，建立有利于创新型人才培育的素质教育体系，形成全社会关注创新、学习创新、勇于创新的良好社会氛围，培养掌握科学思维、科学方法和科学工具的创新型人才，培育拥有自主知识产权和持续创新能力的创新型企业，研发具有自主知识产权的科学方法和科学工具，为自主创新战略、建设创新型国家提供强有力的人才、方法和工具支撑。

技术创新方法培训作为创新方法工作面向国民经济和社会发展主战场的重要方面，是传播技术创新方法、推广技术创新工具、增强企业自主创新能力的重要抓手，是提高科技人才创新能力的重要工作。以技术创新方法培训为突破口，传播创新意识和创新方法，推广创新先进手段，培育创新型人才，增强企业自主创新能力，是建设以企业为主体，产、学、研相结合的技术创新体系的关键所在。因此，2007 年 8 月以来，按照"政府引导、企业主体、专家支撑、社会参与、突出重点、试点先行、扎实推进"的原则，科学技术部进行了技术创新方法培训工作的部署，并在地方申报的基础上，在黑龙江、四川、上海、江苏、浙江、内蒙古等省（自治区、直辖市）推动实施了技术创新方法培训地方试点工作。

培训教材建设是开展技术创新方法培训的基础性工作。必须开发针对性强、实用性高、适应企业技术创新能力建设需求的权威性的培训教材，为技术创新方法培训工作提供有力的支持。2008 年 2 月，在科学技术部科研条件与财务司、政策法规与体制改革司的协调领导下，中国 21 世纪议程管理中心组织专家启动了《技术创新方法培训丛书》的编写工作。按照《技术创新方法培训教材编制方案》总体框架，系列培训教材分为通用类和专业类两个层面。首批通用类培训丛书主要包括：技术创新方法概论、企业技术创新管理理论与方法、中国技术创新政策、TRIZ 入门及实践、六西格玛管理与企业案例集等。专业类培训丛书则按制造、电子、农业、材料、能源、环保等不同行业领域分类，建设符合行业技术创新活动特点的专业化教材体系。

"自主创新，方法先行"。创新方法是一项从源头推进自主创新的开创性、长期性和基础性工作。希望《技术创新方法培训丛书》的出版，为全国不同地区开展技术创新方法师资、科技管理人员、企业家和技术研发人员的培训提供标准化的教学参考书，为探索有中国特色的技术创新方法能力建设体系提供经验借鉴。让我们继续解放思想，转变观念，大胆探索，积极实践，以技术创新方法培训工作为重要载体，扎实有效地推进创新方法工作，为提升我国的自主创新能力、实现建设创新型国家的宏伟目标作出积极的贡献！

科学技术部 副部长

刘燕华

2008 年 9 月

前　言

当今世界，国与国之间政治、经济、军事的竞争实质上是科学技术的竞争，是人才的竞争，归根结底是人的创造创新能力的竞争。中国共产党第十六届五中全会明确指出：发展科技教育和壮大人才队伍，是提升国家竞争力的决定性因素。

只要拥有一个健康的大脑，就会拥有无限的创造潜力。普通人和"天才"的差距，只是创造创新能力开发程度的不同。努力学习并掌握好创造创新方法，将会为开发并提高人的创造力创造条件。

拥有综合的、扎实的基础知识和专业知识是杰出人才的必备条件，同时还必须具有良好的能力结构和心理结构。本书第一章简要介绍了创造学和技术创新的相关概念，并提出了个体创造力结构模型。立志创造者可以从中学会认识自我，完善自我，充分发挥创造创新潜力，实现自我梦想。

创造性思维是人类区别于其他动物的最根本特征。千百年来，人类运用创造性思维不断地认识世界和改造世界，创造出无数物质文明和精神文明成果，创造性思维是一切科学研究的起点，始终贯穿于科学和技术发展的全过程，是技术创新工作的灵魂。

创造技能综合地反映了创造者智力技能、感情技能和动作技能的水平，它是培育创造创新思维能力和灵活运用知识的基石。本书第二章简要介绍了创造性思维方法和较为重要的五种基本创造技能，并为提高创造技能提出相关途径。

历史上后进超先进的经验表明，创新方法是科技跨越式发展的关键。研究创新方法，不仅意味着更容易进入科学研究的前沿并占领战略制高点，而且意味着向新的领域、新的方向开拓时占领了先机，具备了跨越式发展的竞争优势。谁掌握了创新方法，谁就会形成一定的创新能力，谁就能驾驭科技创新的原动力和把握科技发展的优先主导权。

从工业革命时代至今，心理学家、社会学家和创造学家们，根据人们大量的创新实践，研究归纳出的创新技法大约有 1000 多种，其中被人们普遍认同和推广应用的创新技法约有 25 种，如智力激励法、联想法、形态分析法、检核表法、头脑风暴法等，我们称它们为传统的创新技法。其中一些创新技法曾有过成功的辉煌纪录，但总体上讲，这些传统的创新技法是抽象的、随机的、方向不明确的，强调个人的"灵感"和"悟性"，普适性差，没有创新理论的指导，更没有知识库的支持，因此，难以用这些技法去培育人的创新能力，而与 TRIZ（萃智）等现代创新方法的集成融合，以增强其活力，是传统的创新技术的发展方向。本书第三章就常用的 25 种传统创新技法作了简要介绍。

组织技术创新的行为是在总体战略计划指导下，通过技术创新战略确定发展方向，并对技术创新战略进行详细的计划分解之后，逐步展开运作。本书第四章介绍了战略计划阶段技术创新方法和工具。

技术创新活动是一种经济性的活动，具有一定的风险性，仅仅靠增加科研投入并不一定能够保证创新的产出的提高。杰出的俄罗斯发明家根里奇·阿奇舒勒说过："人类在试错法中损失的时间和精力远比在自然灾害中遭受的损失要惨重得多。"要提高创新的产出一定要遵循创新的规律，研究创新的方法，才能突破创新效率的瓶颈，增强企业创新的能力，使企业实现快速发展。

阿奇舒勒将发明创新从对某些天才的研究转向了对全人类创新成果的结晶——专利的研究，通过对数十万件高水平发明专利所做的分析、归纳和提炼，基于辩证唯物主义的认识论、矛盾论和系统论的思想，发现了人类进行科学研究和发明创新的背后所遵循的客观规律，提出了发明问题的解决理论——TRIZ。本书第五章着重介绍了当今风靡世界、卓有成效的 TRIZ 理论。

产品的创新往往始于新概念的诞生，许多研究文献也清楚地显示早期概念开发活动对于新产品开发有着直接的重要贡献。可以说，新产品概念开发是技术创新活动，特别是生成自主知识产权的自主创新的基础性工作之一。本书第六章介绍了概念设计的主要方法。

生产制造过程中创新方法的应用对保证企业技术创新的成功至关重要。基于产品创新的特点，具有明显的学科和过程的交叉，产品创新需要研究开发、生产制造、市场营销等多部门的参与，TRIZ 理论与生产制造过程的创新方法如六西格玛、ADT、QFD 等理论的融合，能使创新产品从概念设计开始，直至生产、销售，确保各个环节高质量、高速度地完成。我国企业应根据自己产品的特点，坚持不懈地学习和运用这些方法，包括利用相关软件工具，这对我国从制造大国转向制造强国具有十分重要的意义。本书第七章介绍了生产制造过程的创新方法及其与 TRIZ 理论方法集成的典型例证。

中华民族本是高智商的民族，运用标准解、效应知识库和解决发明问题的程序等程式化的解题方法更是我国科技人员特有的优势。"自主创新，方法先行"，只要我们大家都能学会创造性思维，提高创新意识，掌握创新方法，中华民族再创世界辉煌的时代必将指日可待。

本书涉及多种学科，是自然科学、社会科学、生命科学、管理科学和教育学等的集成和融合的产物。本书综合了国内外诸多学者的论点和研究成果，可供科技研究人员、工程技术人员、教师、机关企业领导和管理干部等阅读，也可以作为大学生课外阅读参考资料。

本书在撰写过程中，围绕企业技术创新主题参阅了国内外创造学专家们的大量专著和论文，将其中的一些观点、理论进行了归纳和集成，并将有些部分列为书中的案例一并介绍。由于篇幅所限，可能未将所有参考文献一一列出，在此谨向各位原作者表示歉意和感谢。撰写者有关创造学方面理论修养水平有限，不当之处，敬请指正。

本书的撰写得到了科学技术部刘燕华副部长和政策法规与体制改革司李普、翟立新、吴英以及中国 21 世纪议程管理中心潘晓东、王志强等领导的具体指导，浙江大学陈劲教授、清华大学罗振璧教授、伊维讯集团北京分公司赵敏总经理等曾提供了大量的国内外研究报告，北京工业经济联合会有关领导提供了大量调研材料和支持，在此表示深深的谢意。

张武城

2008 年 8 月

目　录

第一章 创造学概述

创造学是一门研究人类创造活动的规律和方法，探索其过程、特点和机理，开发人类创造力的学科，包括创造思维、创造过程、创造人才、创造方法、创造环境、创造的评价、创造教育等。其研究分支涵盖了哲学、心理学、神经生理学、脑科学、认知科学、行为科学、自然科学和社会科学等多门学科，是一门综合性和实用性很强的现代科学。其研究成果应用于社会政治、经济、科学、技术、工程技术、文学、艺术、军事、社会活动等领域。创造学的根本宗旨是研究和揭示人类创造活动的心理机制、生理机制和社会机制，总结和归纳创造的一般方法、特点和规律，培养和开发人的创造力，挖掘人的最大潜能。因此，创造学实际也就是技术创新的理论基础。

第一节 技术创新的相关概念

一、技术创新的基本术语

（一）创造和创新

1. 创造的概念

史书记载："创，始造之也。"我们的祖先很早就将"创"和"造"紧紧地联系在一起了。但是，究竟什么是创造呢？到目前为止，世界各国的学者还没有一个统一的说法，对"创造"的定义大致有如下几种：

1）"创造是不同质的素材的新组合"。这种定义对科学、艺术、哲学等领域都是适用的。重点在"新组合"上，而且是"不同质的素材的新组合"。

2）"人们在自己的思维和实践过程中，只要能产生某种新颖、独特、有社会价值的成果，这便是创造。"（石光明，2004）

3）"创造就是提供新颖的有社会意义的事物的活动。"（周道生，2000）

2. 创新的概念

"创新"（innovation）一词首先出自熊彼特（J. A. Schumpeter）1912 年德文版的《经济发展理论》中，他把"创新"定义为：企业家实现对"生产要素的重新组合"。其表现形式有六种：引进一种新产品或提供一种产品的新质量；采用一种新的生产方式；开辟一个新市场；找到一种原料或半成品的新来源；发明一种新工艺；实现一种新企业组织形式。在以后的许多研究者对创新也分别作了界定，具有代表性的定义有如下几种。

1）创新过程的三部曲[①]：发明、转化和商业化。

2）创新过程的五个阶段[②]：①认知；②发明；③发展；④执行；⑤传播。

3）创新是由新的联结而产生的信息培育而来，是从对其他学科和领域的洞察而来。创新源自交换的不断循环，这个过程中信息不仅仅被积累和存储，而且被创造。知识再次从以前不存在的联系中产生[③]。

4）丹尼斯·舍伍德（Dennis Sherwood）在其《创新管理》一书中的定义："创新是由产生创意、评价、开发和实施四个步骤组成的过程。"

5）艾米顿（M. Amidon）等研究了 40 种以上的创新的定义，这些定义基本上可归为以下两个观点：①发明本身是一个过程，不同于创新的过程；②发明是创新过程的第一阶段，是创新的一部分。

多数学者倾向于第二种观点，为了有效管理创新过程，必须将其作为一个完整的价值系统来运作。我们曾经把创新过程简化为 3C：知识创造（knowledge creation）、知识转化（knowledge conversion）和知识商业化（knowledge commercialization）。

在以往众多的国内外传媒和有关书籍中，创新是一个模糊不清的概念，许多人认为创新就是发明创造，也有人把创新与科学发现和技术发明视为同义词。人们经常将创造与创新混为一谈，认为提出了一个崭新的概念就属于创新了。"创造"和"创新"其本质是相通的，它们表现的共性是都要出成果，其成果都具有独创性和新颖性。它们表现的差异性是"创造"不一定能产生价值和经济效益，而"创新"必须具有社会性和价值性，即创造成果的成功实

---

① 美国商业部助理秘书布鲁斯·麦瑞菲尔德（Bruce D. Merrifield）1986 年发表的一篇演讲《影响高科技产业变化的力量》《创新高速公路》（美）戴布拉·艾米顿著，陈劲、朱朝晖译

② 莫德斯托·麦迪奎（Modesto A. aidique）. 1980. 企业家、支持者与技术创新. 斯隆管理评论（冬）

③ 玛格丽特·惠特利. 1992. 领导能力和新科学. 洛杉矶：贝衫特–科勒出版社（Berrett-Koehler Publishers）：113

施。创新是在创造基础上经过提炼的结果，是新创意、新概念发展的实际和成功应用的阶段，代表了人类先进的生产力和先进文化，有益于人类社会的进步。

2005 年 8 月 8 日来自美国《商业周报》公开宣布："创新力经济"已经悄然出现！该报定义"创新力经济"是由创意的想象力和创新力主宰的新的经济阶段，即企业组织的自主创新推动经济的发展，出现了把对"创造学"的研究统一归向于对"创新学"的研究的趋势。因此，一般情况下，创造力和创新力、创造意识和创新意识、创造精神和创新精神、创造性思维和创新性思维、创造性人才（指高水平的创造者）和创新性人才（指高水平的创新者）、创造者和创新者（也称创造创新者）等之间没有严格的区别。

有关创造和创新概念的讨论仍在继续着，至今尚无一致的结论。但是，正如著名学者彼得森所说："我们没有更多的时间去弄清正在发生的事情及其原因，但我们必须用足够的时间去组织创新。"

（二）科学发现和技术发明

科学发现是发现新的科学事实和新的科学理论的创造活动，是要解决"是什么"和"为什么"的问题，探索尚未被人们发现的各种事物的现象和规律，揭示事物的客观存在。例如，马克思的剩余价值规律的揭示、门捷列夫的元素周期率的理论等。

技术发明是应用科学理论改造世界，主要回答"做什么"和"怎么做"的问题，是人为地利用自然科学的规律在技术领域创造出具有新颖性、独创性和实用性并能获得专利权的技术成果。

"科学发现"和"技术发明"与"创造"是比较接近或者是等同的概念，具有社会性和价值性的可能性都很小，这是它们与"创新"的最突出差异。

（三）技术创新

要理解"技术创新"这一概念的特定内涵，应抓住以下要点：

1）技术创新是科技活动过程中（图 1-1）的一个特殊阶段，即技术领域与经济领域之间的技术经济领域，其核心是知识商业化。国家大力度的科技投入，为基础研究、技术发明和技术前沿攻关，使投入（钱）转化为知识（或成果）；而企业的技术创新，则是使这些知识（或成果）实现商业价值（转化为钱）。

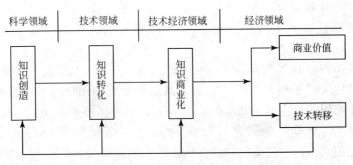

图 1-1　创新活动过程

2）技术创新是受双向作用的动态过程（图 1-2）。技术创新始于综合科学技术发明成果与市场需求双向作用所产生的技术创新构想，通过技术开发，使发明成果首次实现商业价值。

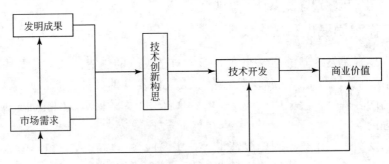

图 1-2　双向作用下的技术创新动态

3）衡量技术创新成功的唯一标志是技术成果首次实现其商业价值。技术创新是以市场为导向、以效益为中心，而不是以学科为导向和以学术水平为中心。这就表明，具有创造性和取得市场成功是技术创新的基本特征。同时，技术创新的目的不仅仅是要推动技术进步和生产发展，主要在于"实现社会商业价值"。

4）企业是技术创新的主体，企业家是企业技术创新的灵魂。美国经济学家曼斯菲尔德认为：一项发明当它可以应用时，方可称之为"技术创新"。澳大利亚学者唐纳德·瓦茨认为："技术创新是企业对发明成果进行开发并最后通过销售而创造利润的过程。"

熊彼特继 1912 年德文版的《经济发展理论》发表后，在 1939 年出版的《商业周期》（*Business Cycles*）一书中又首先提出过"技术创新"一词，然而，并没有直接对技术创新进行狭义的严格定义。《经济发展理论》于 1934 年被译成英文，从那时起，国外对"技术创新"的研究已经历了半个多世纪。凯密（M. I. Kamin）等认为：熊彼特在 1912 年提出的创新概念过于强调从经济角度来考察创新。技术创新不仅只是在经济学意义上的包括新产品、新过程、新系统和新装备等形式，还应当包括与技术产生与应用有直接联系的那些基础研究和市场行为。这将熊彼特所定义的"创新"内涵给予了扩展和延伸。在当前"创新力经济"时代，技术创新是创新的核心，甚至全部，因此可以认为，"技术创新"与"创新"基于同一概念。《中共中央、国务院关于加强技术创新，发展高科技，实现产业化的决定》中，对技术创新的定义与熊彼特的创新定义在精神上是一致的，范围比较宽，实际上包含以下五个部分：

1）开发生产新的产品；

2）采用新的生产方式或新工艺；

3）开辟新的市场；

4）提供新的服务；

5）采用新的经营管理模式。

在此后的许多论文和著作中，众多学者把"技术创新"统归为"创新"。

二、创造、创新、科学发现、技术发明及技术创新的共同特点

1）它们是人类运用知识、思维、方法、技巧和经验创造出有利于社会经济和文化进步的新成果，是人类有别于其他动物的根本标志，也是人类推动社会进步的强大动力。

2）创造主体、创造资源、创造对象和创造环境是它们的四大要素。

3）新颖、独特、优美、实用等是它们的成果的特征。

4）它们的过程都要求创新主体科学地运用创新思维、创新方法和工具，不畏艰险、不怕失败、勇往直前，这样才有可能攀登科学的高峰。

创造、创新、科学发现、技术发明及技术创新，彼此相互作用、相互渗透、相互推动，已经成为了不可分割的体系，致使在日常论述中难以界定。

第二节 创 造 力

"创造力"是由拉丁语"creare"一词派生出来的，大意是指创造、创建、生成，"创造力"又称"创新力"或"技术创新能力"。斯腾博格认为，创造力

是一种提出或产出具有新颖性（即独创性和新颖性）和适宜性（即有用的、适合特定需要的）工作成果的能力，是在对已有知识经验的分析、综合的基础上，进行想象、加工构思，以新的创意解决前人未曾解决的课题。简单地讲，创造力就是个体发现问题、分析问题，并能创造性地解决问题的能力。

一、创造力的生物基础

（一）大脑的结构和功能

大脑是人体产生思维和心理意识的器官，含有 1000 亿个神经元，是人类一切智慧和行为的生物基础，是人世间一切创造性活动的策源地。了解人脑科学的理论基础，能够充分地开发大脑的潜能，从而在创造和创新过程中开发创造力。

研究证明，人脑分为脑干、小脑与大脑三部分，如图 1-3 所示。脑干上承大脑，下连脊髓，呈不规则的柱状，由延脑、网状系统、脑桥和中脑组成，脑干的功能主要是维持人体生命，控制心跳、呼吸、消化、视觉、体温、睡眠等生理运作；小脑为脑的第二大部分，位于大脑的下方、脑干之后，小脑由左右两半球构成，小脑和大脑皮层运动区共同控制肌肉的运动，用以调节姿势与身体的平衡；大脑位于脑的顶部，分左右两个半球，其结构和其他哺乳动物不同。大脑表面的灰质层叫大脑皮层，是神经细胞分布最为密集的地方，数量达 100 亿~140 亿之多，因而是脑的核心部位，是人的心理活动和意识活动的最重要的部位。大脑皮层有无数的皱纹，展开面积约 2200 平方厘米，其中皱纹凸起的部分叫回，凹下的部分叫沟或裂。根据功能的不同，大脑皮层可分为许多区，其中布鲁德曼的

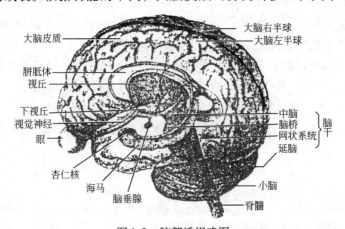

图 1-3　脑部透视略图

52 个分区得到了多数人的公认。这些区大体上可以概括为感觉、运动、语言和联合等四大功能区域，不同区域在功能上具有不同的分工，称为大脑皮质的功能定位。

美国著名心理学家西尔瓦诺·阿瑞（Xierwanuo Arui）在人们公认的 52 个大脑区划外，又发现了 TOP 和 PF 两个新区域，并研究了它们的功能。所谓 TOP 指颞叶（timporal lobe）、枕叶（occipital lobe）和顶叶（parietal lobe）三个词的第一个字母，由这三个脑叶组成的 TOP 区其功能是：接受外界刺激，将知觉、语音、信息等通过科学分析与综合，加工制作成最高级的概念、假设、观念，参与直观知觉转变为抽象思维，将有组织的经验储存于记忆中。因此，TOP 区为接受、加工和储存信息的联合区，组成了人类认识活动的最高级形式的脑基础。PF 区（额前区）的主要功能是集中注意、预见未来、实行序列组织和进行选择。可见这两个区域承担着重要的思维功能。

（二）人脑的创造创新能力

最新的研究表明，每个神经细胞都含有成千上万种蛋白质，可以组成不同的传递信息、发布指令的单元，形成一个由单元构成的控制系统，而每一个神经细胞都有和其他神经细胞相联系的分支（轴突或树突），平均每一个神经细胞与其他 2000 多个神经细胞相联系着。因而认为，每一个神经细胞功能相当于一台微型电子计算机，人脑就是类似由 100 亿～140 亿台微型电子计算机组成的庞大信息网络处理系统。美国麻省理工学院的一份报告指出，一个正常人的大脑可储存 1000 万亿信息单位，相当于一般电子计算机储量的 100 万倍，如果全部用来储备知识，人脑的记忆容量相当于 5 亿本书籍的知识总量。俄罗斯学者伊·尹尔菲莫夫经过研究指出，人的大脑可以同时学习 40 种语言，可以默记一套大英百科全书的全部内容，还有余力去完成 10 门大学课程的教研活动。这说明人脑的功能非常强大，它是宇宙间最复杂、最精致、最具有创造性的生物机器，是人的智慧之府，也是人的创新之源。

大脑由分开的两半球（左脑和右脑）组成，大小不尽相同，其间由约 2 亿根神经纤维组成的胼胝体相连，如图 1-4 所示。大脑左右两半球的重量占人脑全部重量的 60%，其体积约占人脑全部体积的 1/3。美国加利福尼亚理工学院的罗杰·斯佩里（Roger W. Sperry）博士通过对"裂脑人"的卓越研究，证明了人的大脑左右两个半球具有不同的功能，左半球主要是对语言、书写、计算、排列、分类、抽象记忆、时间感觉和连续逻辑分析；右半球主要是处理表象信息，是进行形象思维、发散思维的中枢，它主管人们的视知觉、形象记忆、认识空间、识别几何图形、想象（包括做梦）、理解、发现隐蔽关系、模仿、音乐、节奏、舞蹈及情感等，即左半球的功能与理解力相对应，右半球的功能与想象力相对应。可以说，许多较高的认识功能都集中于右半球，右半球在创造性思维中占有更重要的地位。

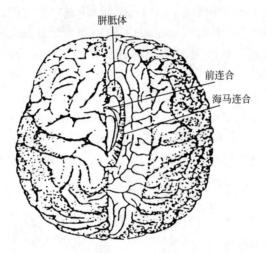

图 1-4　左右半脑

而日本学者春山茂雄则认为，左脑是自身脑，只储存个人毕生经验；而右脑是祖先脑，储存了人类 500 万年在进化中所积累的智慧，赋予人以直觉、创意等，右脑的信息量为左脑的十万、百万乃至千万倍以上，是人思维的"基础软件"。总体上讲，右脑的这些特点符合人们在创造性活动中的思维机制。

左右脑在创新活动中所起的作用各有不同，但这种不同是相对的，任何创新活动，都是左右脑密切配合、协同活动的结果，可以说两半球对于进入大脑的信息的反应几乎是同时进行的。正如斯佩里所说，在正常条件下，两半球"是紧密地结合得如同一个单位而进行工作的，而不是一个开动，另一个闲置着"。先进的正电子放射层面 X 光成像术使科学家清楚地看到：当一个人在进行创新思维时候，他的左右半球同时都在积极地活动着，这是对创新思维脑机制进行的直接的研究。它令人信服地证实了创新乃是大脑两半球功能整合的结果。斯佩里的这一研究，导致了人们对大脑认识的重大修正，打破了认为右半球是从属、劣势的旧概念，把功能专门化的理论提高到了一个崭新的水平。因此，斯佩里与另外两位科学家分享了 1981 年诺贝尔生理学和医学奖。

20 世纪 80 年代以后，脑认知功能模块论取代了大脑两半球分工说。1976 年哥泽尼戈（Keze Newar）第一个提出了模块新概念，他认为："脑是由在神经系统的各个水平上进行活动的子系统以模块的形式组织在一起的。"1983年认知科学家沃德（Ward）也提出了智能的模块性（modularity）。1995年加拿大著名教授托尔文（Endel Tulving）把这一理论进一步完善化，提出人脑内的五大记忆系统：①程序记忆；②知觉启动记忆；③语义记忆；④工作记忆；⑤情景记忆。总之，当代高级脑功能模块理论极大地改变了简单脑机能定位和两半球分工的理论，使人们对创造的生物基础有了更深入的了解，并推动了第五代智能化计算机的开发。

（三）神经元与创造

神经系统的结构功能单元是神经细胞，又称神经元，它是神经系统的最小结构单位，如图1-5所示。神经元的主要组成包括细胞体、树状突与轴突三个部分。每个神经元从细胞伸出一个轴突和多个树状突，并通过它们与其他神经元相联系。神经元的主要功能是反应与传导，其反应形式有两种：一是抑制，即由活动状态转入静止状态；二是传递，当遇到一定强度的刺激时，神经元就产生兴奋，神经冲动就是通过神经元之间的联系在神经系统中进行传递的。由于神经元联系众多，所以，神经冲动可以在极短的时间里向所有方向进行多种多样的传递。每一个神经元在活动时都与其他神经元产生相互作用、相互结合并产生很多的单元体，大小不同的单元体因其功能及在大脑中的位置不同而形成各种功能区，各功能区能动地联系在一起共同活动，从而产生各种心理现象。

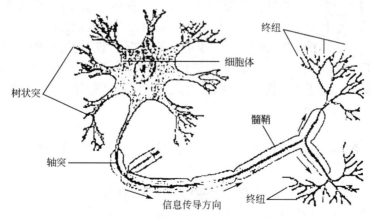

图1-5　神经元略图

正电子发射断层摄影术（PET）可以用来测量大脑葡萄糖的代谢率（GMR），GMR 是大脑某一部分活跃程度的一个指标。一般发现认为：GMR 与人的智商和对某个问题了解的程度呈负相关（Haier, Sigel, Tang, Abel & Buchsbaum, 1992）。也就是说，一个人越聪敏或越善于解决问题，他的大脑活跃点越集中（Parks, 1988）。

通常认为这种负相关是因为轴突修剪（Huttenlocher, 1979），与去除多余的神经元联结有关。每一个神经元上的轴突联结数目从出生后到 5 岁逐渐增多。5岁后，轴突联结逐渐减少到一个较低的水平，这样 GMR 也随之下降。

黑尔（Haier）（1993）认为，一方面，不充分的树状突修剪（即过高的 GMR）可引起智力迟障；另一方面，过多的树状突修剪，即过低的 GMR，可导致精神障碍。最有意思的是，他提出假设："处在正常水平和精神病理水平中间的神经修剪也许就导致了创造力。"

近年来的研究显示，人脑的重量平均为 1400 克左右，一般人和超群者并无显著差异。但大脑使用程度高者，其神经元树状突较长。神经元的这种结构差异，对人的创造性会发生影响。爱因斯坦是伟大的科学家，他创立了划时代的广义相对论。在一般人看来，他一定具有与众不同的大脑结构。美国普林斯顿医疗中心首席病理学专家冯姆斯·哈维（Fumusi Havel）博士在爱因斯坦逝世后，征得其家属的同意，对爱因斯坦的大脑进行了长达 20 年的解剖研究，得出以下结论：爱因斯坦的大脑既不比常人的大，也不比常人的重；组织上、结构上的变化没有超出正常范围；脑细胞的数量也与同龄人相同，只是脑神经元树状突较长一些，颜色也显得深一些。由此表明，爱因斯坦的成就，就是来自于勤奋思考。

通过对人脑功能、结构的研究，说明了一个简单的道理："凡是健康的人，就具有创造、创新能力"。这不是空中楼阁，而是有坚实的生物学理论基础的。只要是正常的人，都拥有无限创造思维能力的大脑，其功能的发育全在于后天的锻炼和运用，脑越用越灵，要加强脑部机能的锻炼，重视左右脑的平衡协调发展，充分开发脑的潜能，使这台功能无限的巨型生物智能计算机在创造、创新过程中发挥更大的作用。

二、创造力的构成

近来，国内外创造学者对创造力的构成进行了大量的研究，其中，得到较多学者认可的是斯腾博格和鲁伯特（Sternberg & Lubart）（1991，1992，1995，1996）提出的投资理论：创造力的产生是由多因素影响的结果，并强调指出，创造力是由不同特征的、彼此又相互关联的六种资源，即智商、知识、认知风格、个性品质、内部动机和环境汇集而成。

1. 智商

广义的"智商"，包含观察力、记忆力、想象力、逻辑思维能力、辩证思维能力、操作力、表达力等。智商可以显示一个人灵活地掌握知识、应用知识和解决实际问题的综合能力、分析能力和实践能力的高低。这里，"综合"意味着产生想法，"分析"是对这些想法评估权衡，而"实践"是指建立一种方式能有效地实现这些想法。

2. 知识

知识是人们对自然界和社会的观察、认识、实践和归纳而得到的感知总和，经验也是一种知识，它是组成创造力结构的基础要素。

3. 认知风格

认知风格即认知活动过程的风格或倾向性。斯腾博格和克登（Kirton）（1976）认为，认知风格有三种类型：立法式认知风格（即乐于建立自己规则和善于解决非预制的问题）；执行式认知风格（偏向于用现成的规则解决具有现成结构的问题）；司法式认知风格（用判断分析和批判倾向看待事物，他们乐于对规则和程序作出评价，对现有的结构作出判断，从而来检查自己和他人的行为）。富有创造力的个体具有立法式认知风格。

4. 个性品质

个性品质对创造力的发挥具有着重要影响。

5. 内部动机

内部动机是驱使个体从事创新活动的动力。

6. 环境

环境可以激发一个人的创造力，也可以抑制一个人创造力的发挥。

上述六种因素对创造力的作用不是孤立的，而是互相影响、以综合效果发挥作用的。斯腾博格和鲁伯特根据这一理论特别指出：创造力充分发挥的关键是创造力六种因素的投入和它们的凝聚方式，将这六种因素经有效聚合后才能产生出高创造力来。

三、个体创造力结构模型

笔者经过多年的研究，提出了影响个体创造力发挥的结构模型，如图 1-6 所示，它由九大因素组成：知识（基础知识、专业知识和交叉学科知识）、创新技能、创新技法和方法、个性品质、表达能力、创新思维、外语能力、体能、哲学基础理论。创造力的产生正是这九大因素共同作用的结果。创新思维是技术创新的核心，是个体创造力的重要体现；知识是个体创造力的坚实基础；观察力、记忆力、发现问题能力、操作能力、信息能力等各种创新技能反映了创新者的智力技能、感情技巧和动作技能；创新技法和方法促进了创新者知识和技能的灵活运用；创新技能和创新技法、方法的掌握，是使个体创造潜力发挥和提升的必要条件；个性品质、表达能力、创新思维、体能和外语能力是个体创造力的重要支柱，决定了个体创新意识和适应环境的能力；哲学基础理论的掌握将极大地影响着创新者在攀登技术创新的崎岖道路上，能够沿着正确的方向和始终保持高度的水平。

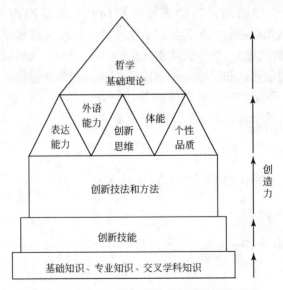

图 1-6　影响个体创造力发挥的结构模型

有关创新思维、创新技能及创新技法将在后面的第二章、第三章和第四章中分别给予详细阐述，至于表达能力、外语能力和体能不言而喻为众所周知，这里就不再赘述，其他部分阐述如下。

（一）知识与创造力

海斯（Hayes）（1989）研究表明，知识和创造力呈正比关系，知识越丰富创造力越强，正如大厦一样，地基越扎实，建成的高楼就越坚实。韦斯伯格（Weisberg）（1999）和奇克森特米哈依（Csikszentmihalyi）（1996）完全支持这种"地基"观。

众多领域的专家经研究认为，杰出专家的出现均应遵循"十年定律"的理念：个体从踏上某一领域到他真正掌握该领域的知识从而使第一个有水平的成果问世，需要约十年时间。十年期间，个体进行大量的研究、学习，掌握该学科领域及其相邻学科的知识，并坚持长期培训专业的技能为创造创新打下基础。加德纳（Gardner）（1993）对数个领域的杰出人物，如爱因斯坦（物理学、逻辑学）、毕加索（绘画）、斯特拉文斯基（音乐）、甘地（政治）、弗洛伊德（精神分析）和艾略特（语言学）等进行了研究，得出的结论是：个体成长之前要在该领域有相对的发展期或称孕育期，而这些杰出人士的生涯也同样遵循"十年定律"。

杰出人才的头脑里有大量的、综合的、精炼的、高水平的知识，他们在长期的工作和学习中不断分析、归纳、综合和对比，建立起相关知识间的网络联系，形成系统化、有序的知识通道。创造者应善于总结和管理已有的知识，不断地对自己的知识加以梳理，使其格式化，形成自己的动态的知识库，为创造力的改善提供知识支撑。同时，应改进学习方法，尤其应熟练掌握信息技术，从 TRIZ 理论的强大知识库中获得创新资源。

1. 知识水平对创造力的影响

1）影响创新方向的准确性。创新活动必须以一定的知识水平为基础，才能全面深入地了解事物的全貌，以确定创新活动的方向。

2）影响整个创新过程的新颖程度和可操作性。创新活动在选择什么方法、激活哪些思路、提取哪些信息、是否新颖独特、是否具有理论或实践价值等方面受知识水平的制约。

3）影响新概念产生的速度、数量和质量。概念不是凭空产生，只有具备广博的知识，才能在遇到问题时迅速做出优化抉择。凭借具有相当广度和深度的知识，才有可能敏锐地洞察到某类事实或现象背后隐藏的规律，才能促成重大创新。

但根据西蒙顿（Simonton）（1984）的研究，知识水平和创造力呈倒 U 型曲线关系，当知识水平高于一定程度，将给创造力带来负效应。

由此可以看出，愈演愈烈的应试教育方式，对学生、尤其对儿童创造力的成长不利。

2. 知识结构与创造力

创造力的产生，要求人们不仅有较高的知识水平，还应具备合理的知识结构。合理的知识结构包括：

1）基础知识。基础知识也称一般知识，是指数理化、生物等知识及社会生活各个领域的一般常识。基础知识不牢固，就很难掌握更加高深的专业知识。有继承才能发展，个体只有继承了足够丰富的基础理论（包括应用基础理论）知识才有可能展示创造力。因为，一个新科学问题的提出和解决，总是与以往相关科学问题的提出与解决相联系的，是在原有科学知识基础上的再发展。

2）专业知识。专业知识也称学科知识，是从事创新活动领域中最新的学科专业知识系列。爱因斯坦是学物理专业的，如果他不掌握当时理论物理的最新专业知识，不是站在当时的学科前沿，即使他有高深的数学基础和创造潜能，对牛顿力学也不可能再认识，也就不可能发现相对论。

3）交叉学科知识。科学研究的深入和发展，不断派生交叉学科，并产生许多边缘学科等，当代交叉学科和边缘科学将会给个体带来广阔的创新空间和更多的机会。

知识结构对创造力的影响主要集中表现在以下四个方面：

1）对流畅性的影响。人们遇到问题时，首先就要在头脑中形成解决问题的设想，知识面越广，知识掌握得越扎实，可提取的信息就越多，思维就越流畅，就能在短时间内迅速发散出许多思维成果。

2）对变通性的影响。要使思维从一个方向向另一个方向转变，或实现从一个领域到另一个领域的跨越，就必须以丰富的专业和基础知识为先决条件。

3）对新颖性的影响。缺乏专业知识往往使人们创造性思维的来源枯竭，缺乏哲学知识可能使人迷失方向；缺乏创新的方法、技法知识易使人的思路禁锢。

4）对创造优势的影响。专业知识面的宽窄和知识水平的高低在很大程度上决定了一个人的创造优势。创造活动的成败往往是由于知识结构上的一点点差距所造成的。

（二）创造性人才的个性品质与创造力

总体上讲，创造性人才（指高水平创造者或创新者）的个性品质是具有创造活动者的各种心理品质的总和，每一个人都有区别于他人的个性特征。

创造性人才要以养成良好的创造性人格为目标，增强自身利于创新的个性因素，抑制和消除阻碍创新的个性因素。良好的创造性人才个性品质特征表现在以下五个方面，如图 1-7 所示：

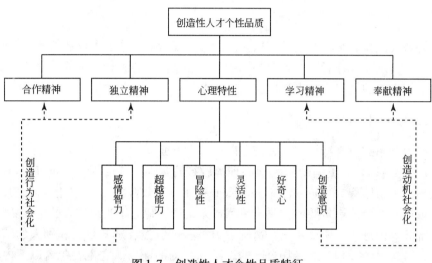

图 1-7　创造性人才个性品质特征

1. 热情洋溢的合作精神

创新行为的社会特征之一就是合作性。通过合作，可以使个人有限的智力和精力得到延伸，也可以使个人有限的财力和物力得到多种扩充，从而为创新行为的实施提供多重保障。

在科学技术高度发达、学科专业高度深化的今天，创新行为的深度和难度与日俱增，仅凭个人力量，试图"单枪匹马"独闯天下的时代已一去不返。科研团队领导及成员要正确认识自己的知识范围及自身知识的局限性，树立正确、积极、主动的沟通意识，加强学术沟通和人际沟通，提高沟通技巧。应善于洞察别人的心态，领悟合作伙伴的感受，尊重他人的意见，平等待人，对人、对事既讲原则，又注意方法、技巧，一旦发生矛盾时，能很好地控制自己的感情。在待人方面，应注意以下方面：

1）宽容他人，宽容是一种美德，不要指责和抱怨；
2）注意赞美，赞美会带给人喜悦；
3）保持微笑，微笑能缩短心理差距，是加强友谊的桥梁；
4）"诚"字当头，诚实是交往成功的基础；

5）尊重别人，"人敬我一尺，我敬人一丈"；

6）善于沟通，耐心听取意见，真诚坦率地表达自己的意见，坚持原则，但不压制对方。

2. 科学理性的独立精神

创造性人才通常具有很强的独立性，其表现为对书本、理论、权威、经典不迷信、不盲从，敢怀疑、敢超越。思维上的独立性将导致行为上的独立性，从而使创造性人才的创造力向更高层次发展。

3. 努力开拓的心理特性

努力开拓的心理特性主要表现在以下六个方面：

1）感情智力。美国哈佛大学心理学教授丹尼尔·戈尔曼（Daniel Gorman）首先提出了情感智力（emotional intellgence，EI）的理念，认为人生的成功，不仅仅取决于智商，更重要的取决于情感智力，情感智力正是组成人的个性品质的核心部分。他进一步明确指出：情感智力是一种监控、感知自己和别人的感情，并通过分析思考，理智地指导自己的思维和行动的能力。它主要包含以下内容：①感情知觉，即认识自身的情绪；②情感控制，即妥善管好自己的情感；③情感运用，即主动改变注意方向和自我激励；④人际沟通和挫折承受能力；⑤人际关系的建立。他还提出了在感情智力发展中必须注意解决以下四个问题：①如何激励自己越挫越勇；②如何克制冲动延迟满足；③如何调整情绪，避免因过度沮丧而影响思考能力；④如何设身处地地为他人着想，对未来永远抱有希望。

智商并不能完全等同于创造力，高智商是高创造力的必要条件，但智商高的人也可能是低创造力。在以往一系列的创新活动中，一些高智商的天才之所以未能获得创新成功，其原因是不清楚别人做了些什么，还有什么需要做，别人使用了何种方法，还有什么方法可以使用。艾莎克·牛顿把自己的成功归结于"我是站在巨人的肩膀上"。

人一生的成就20%由智商决定，80%由感情智力主宰，职位越高，感情智力的作用愈加显著。可见，创新者自身情感智力的培养是何等重要。智商与创造力的关系如图1-8所示。

2）超越能力。创新就是超越，不仅仅是超越竞争对手。从思维进度看，省略常规思维步骤，以较大的思维跨度和较快的思维速度，超越一些非创造过程中习以为常的某些阶段，以达到提高思维的功效，这对于创新具有重要意义，表现在：①加大思维的"前进跨度"，把思维集中在事物的本质方面；②加大思维的

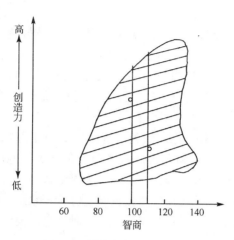

图 1-8 智商与创造力的关系

"联想跨度"，跨越事物的"相关度"差距，把思维的触角伸向多方面，从事物的类比中开启智慧；③加大思维的"转换跨度"，不仅着眼于已知领域，更着眼于未知领域，多方面联想，及时转换，以取得意料不到的成果。

美国伊莱恩·丹敦总结出创造性人才具有 21 个特征，如表 1-1 所示。

表 1-1 创造性人才的特征

乐于挑战现状	享受复杂性	好奇
有很多兴趣	敏捷	能够看到新的可能性
冒险心	享受挑战	有动机
想象力	不断地学习	能够合作
能够建立联系	不怕处于未知状态	善于分析
善于观察	顽皮	有耐心
灵活	善于沉思	持之以恒

应该指出，把创造性人才个性品质绝对化是不恰当的，有些对立的特征往往会反映在同一个体身上，如既内向又外向；既聪慧又天真；既谦虚又傲慢；既极端又现实；既超前又保守。一些有自信、有抱负的创造者，可能存在自大、统治、傲慢的个性；具有强烈的独立精神，却又表现出不合作和孤独的特点。创造者应在尽力放大自己优势的同时，不断用感情智力的内涵梳理自己，修炼出成熟的个性品质。

3）冒险性。把新奇的东西带入某领域总是一种冒险，且可能没有任何报酬，所以必须有正确的动机去做。冒险性包括勇于面对失败或批评，敢于怀疑，能在逆境中完成任务，敢为自己的观点辩护等。没有冒险性的心理准备，就无法承担由于创新行为暂时受挫所造成的心理打击和物质损失，难以继续其创新行为。所以，敢于冒险、不怕失败、坚持到底是创新行为的第一特征。斯腾博格和鲁伯特（Lubart）（1995）在他们的"经济"模型中提出："创造性人才都是期望冒险的。"

4）灵活性。灵活性是指心理活动的智力灵活程度，它有以下特点：①起点灵活，即从不同角度、方向和方面，用多种视角认识问题和用多种方法解决问题；②过程灵活，从分析到综合，从综合到分析，全面灵活地进行推理和探索；③概括、迁移能力强，运用规律的自觉性高；④善于系统分析，考虑问题的范围伸缩性大；⑤结果灵活，得出的结果往往是多种合理而灵活的方案，不仅有量的区别，而且有质的区别。

5）好奇心。吉尔福特（J. P. Guilford）研究认为："强烈的好奇心、对事物的机理有深究的动机"是创造者普遍的心理特性。居里夫人曾将"好奇心"誉为"人类第一美德"。好奇心是一种心理上的动力，它促使人们对神秘事物的内在规律展开研究。正是好奇心才推动着人们不断创新，从而丰富人类的知识宝库。古希腊哲学家柏拉图说过："好奇者，知识之门"，突出表现是对问题的敏感性，喜欢复杂的事物，关心新事物和新颖性信息，专注意料之外的事，善于分析矛盾，寻找新的联系，将新的概念引入思维的空间，寻求问题的多种解释，获得多种方案。

伊莱恩·丹敦（Elaine Dundon）在她的《创新的种子》一书中提出创造性人才应该从 11 个方面修炼和保持自己的好奇心：①开放心智；②承认普遍存在更胜一筹的替代创意；③向"神圣"传统挑战；④弄清他人创意的潜力前，不要急于批评；⑤实施广阔视野；⑥让局外人带来创意；⑦从更深的层面理解新创意；⑧提高观察技能；⑨提出探索性问题；⑩创新思维法宝；⑪重复提问，打破砂锅问到底。

6）创新意识。创新意识是创新者在不断变化的外界作用下，自觉产生的改造客观世界的观念、理想、动机、意志、情感等复杂心理活动形式，是一切创新观念形态的概括。它既是创新活动的反映，又是创新活动的动力，总是促进着创新活动的产生、进行和成功，是创新的灵魂，因此，在所有创新的素质中，人的创新意识是最重要的素质。可以说：没有创新意识，一切创新活动就无从开展。

研究表明，创新意识受到内部动机和外部动机的双重驱动。内部动机包括好奇心、求知欲、发现能力、问题能力、挑战自我等，内部动机能使创新者获得兴趣和精神上的满足；外部动机包括外部的限制、诱因（包括奖励、惩罚）和各种控制等。创新意识主要受内在动机驱动。由于创新者为了获奖、避免惩罚或被抛弃，往往会导致自主性降低，创造意识大减。当外部动机成为非控制功能时，才能起到增强内在动机的作用。

4. 坚持不懈的学习精神

进入21世纪，一切知识、事物、技术、技能、方法都在以惊人的速度变化和发展，多学科相互融合、交叉，学习是一切知识的源泉，只有用勤奋的精神致力于学习，才能持续地提高创造力。

5. 追求卓越的奉献精神

创新的动力来自内部。首先要积极主动地树立正确的世界观、人生观、价值观和造福社会的崇高理想。因此，他表现出有强大的驱动力，有抱负、有成就感。托马斯·爱迪生给自己确立了每10天一项小发明、每半年一项大发明的目标，以此来保持创造力，在他的一生中拥有1093项专利。追求卓越是创新者在观念上和行动上坚持把事情做得更好的品质，创新者只有从观念上和行动上都坚持追求卓越，才能实现奉献人类的理想，这是创造者创造动机的体现。

（三）哲学基础理论与创造力

哲学方法对于科学研究起着指导性作用。由于科学各个领域知识的相互联系、相互渗透，技术研究也日益科学化、理论化，科学技术的研究越来越需要哲学思维的指导。正如恩格斯指出的："一个民族想要站在科学的最高峰，就一刻也不能没有哲学思维。"自然科学工作总是在一定的哲学思想支配下进行的，因为哲学是关于世界观和方法论的知识，任何一个人在处理问题时都会自觉或不自觉地遵循着一定的世界观和方法论。

自然科学研究是一种认识活动，既离不开客观事实，也离不开哲学思维，在科学研究工作中，哲学思维的指导作用是潜移默化的。哲学不仅渗透在每个科学工作者的头脑之中，而且也渗透在自然科学研究的全过程中。

爱因斯坦指出："如果把哲学理解为是对知识追求最普遍和最广泛的形式的话，那么，显然哲学可以被认为是全部科学研究之母。"正是哲学在不断地为科学研究提供理论思维的基本范畴和逻辑规则；此外，哲学还为扩展思维空间提供思维模式并提供方法支持。在历史上，不仅科学的变革必然导致哲学的变革，而且哲学的变革也为科学的变革开辟道路。一个明显的例子是：没有经验主义哲学的兴起，就不会有文艺复兴，当然，也就不会有文艺复兴以后科学的迅猛发展。

在以往较漫长的历史时期，人类的知识没有像现在这样分科，都统归为哲学。众所周知，古希腊的科学家必定也是著名哲学家，如亚里士多德、柏拉图、毕达哥拉斯等。随着人类对自然界的探索逐步深化，各种分门别类的学科才从哲学中分离出来，但在思维和科学方法上仍然离不开哲学这个母体，惟其如此，在西方无论什么学科总以获得哲学博士为最高荣誉。

学习哲学是提高科技工作者理论思维能力的有效途径。通过学习哲学，科技工作者可以在哲学和自然科学之间架起一座桥梁，一方面，应用哲学思维方法指导具体的科学研究活动；另一方面，吸收和概括科学的研究成果，将科学研究成果上升为哲学思维。

科学的某一定律可能只适用于某一领域，而哲学揭示的法则则适用于任何一门科学。科技工作者的研究工作必定要受到某种哲学思维的支配，问题只在于是受一种落后哲学思维方式的支配，还是受适合现代化科学发展的、建立在科学基础上的哲学思维方式的支配。学习哲学思想方法、掌握现代科学思维方式，虽然不能代替具体的科学研究和技术实践活动，却能够在自然观、科学发展观和科学方法论上，帮助科技工作者提高科学研究和技术实践的能力，激发科技工作者的主观能动性和创造性。

随着科学技术的进展，科学研究呈现分工越来越细的状况，但同时又呈现出越来越走向综合的趋势。科学研究的初始是对所研究的对象进行分析，将研究的对象分层划分，针对每一个细节进行深入研究，这时体现的是科学的分析性；在研究的后期阶段，需要在一个更高的哲学层次上对认识进行综合，以获得系统和整体认识。

在运用系统整体观念认识和处理问题时，要注意把握系统论方法的哲学基础，这个哲学基础就是辩证法。辩证法的核心是对立统一，强调还原论方法和整体论方法相结合、分析方法与综合方法相结合、定性描述与定量描述相结合、局部描述与整体描述相结合、确定性描述与不确定性描述相结合、系统分析与系统综合相结合、静力学描述与动力学描述相结合、理论方法与经验方法相结合、精确方法与模糊方法相结合、科学理性与艺术直观相结合，这些结合是运用系统方法的精髓所在。

随着自然科学的进展，人们对自然界的认识不断深入，从而哲学也在不断地丰富着自己的内容。恩格斯说："随着自然科学领域中每一个划时代的发现，唯物主义也必然要改变自己的形式。"

自然科学的发展推动着哲学从形而上学发展到辩证唯物主义；同时哲学的发

展也推动着自然科学从牛顿的绝对时空观发展到爱因斯坦的相对时空观。

科技工作者在研究工作中，受哲学思维的影响是潜移默化的，是不以人的意志为转移的。历史上许多著名的科学家，想摆脱哲学的支配，事实证明是不可能的。如牛顿的"上帝的第一次推动"、爱因斯坦的"统一场论"、阿奇舒勒的"TRIZ 理论"均是在某种哲学思维的导引下提出的。因此，与其不自觉地接受支配，还不如自觉地接受哲学的支配——努力学习哲学的基本原理，接受正确理论思维的指导。

四、创造力开发

开发人的创造力是创造学的中心任务，也是学习创造学的主要目的。

中国共产党第十六届五中全会提出"十一五"规划的一个重要战略就是"增强我国自主创新能力"。开发人的创造力已是促进我国科技进步、社会发展、富国强民、振兴中华的必由之路。

（一）创造力是满足人类各种需要的原动力

我国学者王景斯经过几十年的潜心研究，提出了个体创造力公式：

$$创造力 = 需要 \times (设想)^2$$

该公式明确显示了"需要"在提高创造力中的作用和地位。

人的需要可分为生理、安全、社交、尊重与自我实现等五个层次。

1）生理需要。生理需要是指食品、饮料、衣服、居所、药物等众多项目，生理需要若不能满足，就会危及人类的生命。因而，生理需要是属于人类最原始、最基本层次的需要。

2）安全需要。当人类的物质需要得到基本满足之后，就会有安全的需要，即希望有一个安全的生活和工作环境，不要发生意外的、难以控制的或其他危险的事情。

3）社交的需要。人们需要和亲属、同事、朋友保持和谐与友谊，渴望有所归属，成为团队中的一员，这种需要是人类种群特性的反映。人们的这些社交欲和归属感得到满足后，就会为所在的团队努力工作。

4）尊重的需要。人们希望别人尊重自己的人格，希望自己的能力和工作得到承认与赏识。同时，人们在得到别人尊重的同时，也去尊重他人，以满足他人获得尊重的需要。

5）自我实现的需要。人们总是希望完成与自己能力相称的工作，使自己的创造力得到充分的发挥，成为所期望的人物。

罗杰斯（Carl Rogers）（1954）认为：人们的创造力是受自我实现的倾向所驱动，这一倾向促使他们挖掘出自己的创新潜能。每个人都有自我实现的动力，但要使它充分展现在创造性成就中，就必须具备一定的条件。罗杰斯强调指出：创造力存在于创新者自我评价的背景中，而不是关注别人对自己的评价。但是，这种创造性个体对自己工作进行的自我评价，多在没有外部评价、拥有充分自由为特征的环境下才能显现出来。科斯特勒（Koestler）（1964）也指出了摆脱控制的自由环境的重要性，他认为，这种自由对于无意识的、充满变数的思维形式是必需的，因为这种思维形式往往就能导致创造性洞察力的产生。

人本主义学派的马斯洛（Maslow）（1943，1959，1968）清晰地说明了与罗杰斯相似的观点，他强调了自我实现引发的创造力并不是被追求成功所驱使，而是在那些基本需求已经得到满足的人会自发地表现出自我实现的创造力。

（二）影响创造力开发的心理因素

通过对创造力的辨析，人们会意识到，创造力并不神秘，每个神智健全的人都存在着一定的创造潜力，创造力具有普遍性，这也是创造学的一个重要的基本理论。然而，虽然人人都有创造力，但许多人却终生没有搞出一项发明创造来，其道理很简单，这是因为他们的创造力长期处在潜性状态之中，由于社会、教育、环境及自身的心理等因素的桎梏，使之无法由潜性到显性。心理学家研究认为：在众多因素中，自身的心理因素是影响创造力发挥的最大障碍。

许多创造学家和心理学家对影响创造力的主观心理因素进行了研究，这里仅列出奥斯本和伊区的观点：

1. 奥斯本的观点

奥斯本（A. F. Osborn）在《应用想象力》一书中，将影响创造力的心理因素归结为以下四点：

1）习惯性有碍问题的解决。传统的应试教育与经验的结果，使人们产生一种思维障碍，思考时囿于固定的形式，而且，这些习惯上的限制，妨碍了运用想象力的方法去解决新的问题。

2）自我沮丧导致丧失创造力。有很多人常会因对自己失去信心，而感到失望与沮丧，对任何事情失去尝试的勇气，以致不敢提出自己的看法而埋没了创造力。

3）企求"一致"，阻碍了创造力的产生。由于怕别人讥笑，怕被别人视为奇异，凡事以跟别人一样为准，而不敢稍有不同，形成守旧的传统，因而阻碍了创造力的产生。

4）因胆怯而产生抑制观念的倾向。一般人常对自己产生怀疑，缺乏信心，即使产生若干观念、创意，常被犹豫不决的心理所阻，而不敢提出。胆怯的心理通常阻碍了创造力的发展。

2. 伊区的观点

罗杰·冯·伊区（Roger Von Cech）博士在《当头棒喝》一书中列举了如下影响创造力发挥的"心理枷锁"：

1）"唯一正确答案"。应试教育制度倾向于教导学生只有一个正确答案。因此，当得到某一个解之后，就会停止追求其他的答案。如此一来，严重影响面对问题、思考问题的方式，进而影响到创造性地解决问题方法的产生。

2）"这不合逻辑"。在创造的构想付诸实施时，逻辑性思维是非常必要的。但是，当要寻找创意时，过多的逻辑思维，将抑制各种奇思妙想的产生，因为逻辑只能了解本质一致而无矛盾的事物，却无法开启人类善于探索的心灵，不开启探索的心灵也就影响了创造力的产生。

3）"遵守规则"。日常生活中的行为，常会在有意无意间，遵循一定的方向和某种规则行事，常会忽略其他方式的可行性，也就无从发现其他创新的构想了。

4）"实事求是"。由于人们惯于以实用的标准来衡量一件事物，因此无法脱离客观事物去运用想象思维，一旦缺乏想象思维，创造也就无从产生。

5）"避免模棱两可"。常有人认为模棱两可的情况会使人迷惑，而无法清晰、正确地了解事物。殊不知在模棱两可的情况下，常会刺激想象力，激发你产生疑问，而运用思考力去孕育创意。

6）"犯错是坏事"。在人的传统观念中，要求一切始终都要正确，总认为犯错误就不是好事。事实上，一旦犯了错，往往会刺激人去思考自己的错误所在，也才能产生创造性思维。实践中，在力求正确之前，也往往总会产生错误，只要能针对错误，加以不断修正改进，就能求得最终的正确结果。

7）"游戏是无意义的"。有人认为，只能在严肃的工作气氛中才能办好一件事、提出构想，而把游戏当做无意义的活动。殊不知嬉戏的过程是创造性思维的起点，这是因为解除了戒备心理，打开了心理枷锁，不必墨守成规，而且不怕犯错，可以自由学习、想象，自然创造性的构想应运而出。

8）"这不是我的领域"。就创造性思维的策略而言，一旦划定范围，则足以导致封闭的态度，将自己禁锢在一狭小的领域中，导致无法运用其他领域的知识，无法触类旁通、寻求新创意或新见解。

9）"别傻了"。通常傻子般的行径和愚蠢的思考，对人们的心灵的冲击，就如同一瓢冷水使熟睡的人清醒一般，可迫使人重新去思考一些习以为常的事情，使视野大大扩展，激发出创意产生。

10）"我没有创造力"。通常一个有创造力的人，总是认为自己有创造力，而缺乏创造力的人，就会认为自己欠缺创造力。换句话说，凡对自己的创造力深具信心的人，在创意萌芽阶段，就善于运用自己的智慧，并反复思考自己拥有的知识，如此一来，创意也就产生了；反之，自认"我没有创造力"的人，则会封闭自己的创造力，限制自己的创新思维和想象力。

以上所述的奥斯本和伊区影响创造力的心理因素和"心理枷锁"，都会影响和制约人们创造力的开发，只有明确地认识到这些障碍的存在，也只有战胜并超越了这些心理障碍，才能较好地发挥创造力，实现成功的创造。

（三）创造力的可开发性

如前所述，创造力并不神秘，创造力具有普遍性。每个神智健全的人都存在着创造性潜力，而要使人们处于潜在状态的创造力得到充分的释放，使之产生巨大的能量，以推动科技进步和社会的飞速发展，就有必要对人的创造力进行大力的开发。

我国创造学者庄寿强认为：实质上，先天的创造力是自然属性，在生物形体长期进化到人类过程中，随着大脑的进化而进化，它与人的知识和经历并无直接关系，无法进行测量，在不同人之间也无大小之分。然而，作为显性的创造力，它是人的一种社会属性，是后天通过各种教育才形成的。

创造力是人人都具有的一种能力，人的创造力在 12～14 岁达到顶峰，因受应试教育或环境的摧残，后天逐渐萎缩，乃至泯灭。创造力又是一种可以激发和提升的能力，如果进行有效的开发，人们的创造潜能就完全可以被激发出来并转变为显性的创造力。简单说来就是创造力具有可开发性，这也是创造学的基本原理之一。国内外创造力开发教育和培训的成果也已充分证明了：创造力是可以开发和提高的。

例如，日本一家钢铁厂曾就创造力开发对人才培养的影响做了试验。以同时进厂的 12 名高中生和 12 名大学生作对照组：对高中生进行每周一天的创造力开发培训，大学生组则不做培训。结果，高中生组半年后就能大搞发明创造，到实习期满时已申报 70 项专利，而大学生组却没有什么创造成果。

中国矿业大学扩招设立的国内第一个工业自动化创造工程试点班，这个试点班共招27人，入学前全为一般高中生，无一人有发明创造成果，也无一人听说过创造学。然而，经过有效的创造教育，毕业时全班共有几百项发明创新成果，获国家专利25项，在校内引起了很大的反响。

（四）创造力开发的途径

开展创造力的培训是提升创造力的最有效途径。通过培训推广实施创造教育，进行创造性思维练习，掌握运用创造技法和培养创造的心理品质。通过培养可以促进EI的提高，使创新者首先要能够全面地认识自己，不断提高自己的意志、毅力、表达能力、组织能力、团队精神和公关能力。培训与提升个体创造力的关系如图1-9所示。左下方的曲线表示个体创造力随年龄的增长而变化的趋势：儿童在10岁左右由于大脑轴突修剪等原因，创造力会有所下降（称四年级现象），随之会迅速提升，12岁左右创造力达到顶峰，然后就逐步下降。实施创造力的培训，其创造力将会得到提升，右上方的三条曲线，表示通过培训创造力提升的趋势。经培训，人的创造力通常可以提高70%～300%，其顶峰向右上方转移。

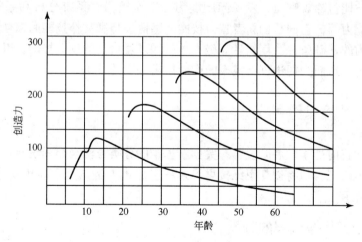

图1-9　培训与提升个体创造力的关系

思 考 题

1. 根据你的理解给创造、创新、技术创新下一个定义，它们之间有何区别？
2. 你是怎样理解创新活动过程的？
3. 构成个体创造力的因素有哪些？如何把自己设计成优秀的创新人才？

|第二章| 创新思维和创新技能

第一节 概 述

思维是人类特有的一种复杂的精神活动，它和感觉、知觉一样，是人脑对客观事物的反映。但一般说来，感觉和知觉是对事物的直接反映，而思维是在表象（组成形象的基本单元，可以理解为像素）的概括和经验基础上对事物进行认识的过程。创造性思维，就是指人们在创造具有独创性成果的过程中，对事物的认识活动。

创新技能包括观察力、发现问题能力、操作能力、系统分析和系统决策能力、信息能力等，它们是创新者智力技能、感情技巧和动作技能的综合体现，是构成创造力的基础条件。创新者应努力学习和开发自己的创造技能，以促进创新思维的提升，从而为促进创新成果的产生提供坚实的基础。

一、创新思维的分类

创造学目前处于发展阶段，有关创新思维的分类方法至今尚没有定论。通过多年的学习研究，拟将创新思维按思维过程和思维方法两个不同角度进行分类，如图 2-1 所示。

（一）按思维过程的分类

人们的思维总是在利用已有的知识，对记忆的信息进行分析和综合、比较和概括、抽象和具体、判断和推理、迁移、想象等过程后，方能获得对客观事物更全面、更本质的认识，它是获取知识和运用知识解决问题的根本途径。

1. 分析和综合

思维的过程总是从对事物的分析开始的。所谓分析，就是在思想上把客观事

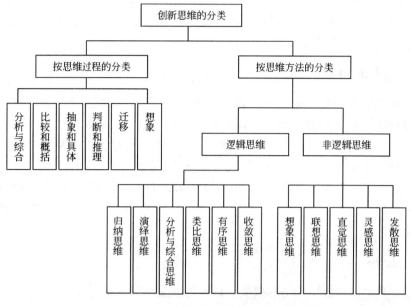

图 2-1 创新思维的分类

物分解为若干部分，分析各个部分的特征和作用。所谓综合，是在思想上把事物的各个部分、不同特征、不同作用联系起来。通过分析和综合，可以显露客观事物的本质，并通过语言或文字把它们表达出来。人类的语言、文字也正是在思维分析、综合中逐步形成的。

2. 比较和概括

比较是确定事物之间差异点和共同点的逻辑方法。概括是指通过对事物各个部分外观、特性、特征等的比较，把诸多事物中的一般和特殊区分开来，并以此为基础，确定事物的异同和它们之间的联系。在创造过程中，经常采用科学概括，即通过对事物的比较，总结出某一事物和某一系列事物的本质方面的特性。如动物、植物、矿物、有机物、无机物的分类，就是按其本质特征加以概括而划分的。

3. 抽象和具体

抽象就是人们运用思维能力，从个别中把握一般，并通过概括将事物中的本质和非本质的东西区分开来，舍弃非本质的特征，抽取本质的属性及其发展规律，并通过语言体现出来，没有语言，就无法抽象。

同抽象的过程相反，具体是指从一般抽象的东西中找出特殊东西，它能使人们对一般事物中的个别得到更加深刻的了解。

4. 判断和推理

人们对某个事物肯定或否定都是通过一定的判断和推理过程而形成的。判断分为直接判断和间接判断，直接判断属感知形式，无需深刻的思维活动，如两个人比较身高，直接就可以判断出来。间接判断是针对一些复杂事物，由于这类事物因果关系和时空条件等因素较多，必须通过科学推理才能实现判断，其中因果关系推理特别重要。判断事物的过程首先把外在的影响分离出去，通过一系列的分析、综合和归纳，找出隐蔽的内在因素，从而对客观事物做出准确的结论。

5. 迁移

迁移是思维过程中的特有现象，是人的思维发生空间的转移。人们对一些问题的解决经过迁移往往可以促使另一些问题的解决，如掌握了数学的基本原理，有助于揭示众多学科内在规律；某些物理（化学）方法可以应用于化学（物理）等。

6. 想象

想象是人们在原有感性认识的基础上，在头脑中对各种表象进行改造、重组、设想、猜想而重组出新表象的思维过程。爱因斯坦认为："想象比知识更重要。因为知识是有限的，而想象力概括着世界上的一切，推动着进步，并且是知识进化的源泉。严格地说，想象力是科学研究中的实在因素。"正是有了想象，人们才能不断地创造出世界上前所未有的新事物。人们已经逐步认识到，世界上的一切，没有做不到的，只怕想象不到。

（二）按思维方法的分类

创新思维方法基本上分为逻辑思维和非逻辑思维两大类，如图 2-1 所示，将在本章第二节及第三节中作详细介绍。

应根据创新活动阶段、对象的特点以及环境、条件等变化的需要不断调整和选择不同的思维方法。

二、创新思维的基本特性

创新思维具有以下九个基本特性。

1. 突破性

创新思维是突破性思维，要创新首先必须对已掌握的知识信息加工处理，从中发现新的关系，形成新的组合，并产生突破性的成果。人类的科技进步是在批判和否定旧事物的基础上取得和完善的，创造创新者敢于怀疑、敢于批判、敢于提出问题。要用好奇的眼光，积极主动地转换视角，从尽可能多的角度去观察事物，运用自己的潜能，突破各种偏见和思维定式，推动人们沿着创造和创新之路一步一步地前进。

2. 新颖性

创新思维的本质是求异、求新，新颖性是创新思维的主要特点，具有"前无古人"的独到之处。更新知识和理念，发现新的原理、新的规律，这对改变人类的生活方式和社会进步起到促进作用。

3. 多向性

多向思维是创新者应具有的思维方法，必须在创造实践中逐步认识和锻炼。从思维方向观察，创新思维分发散思维、正向思维、逆向思维、侧向思维和收敛思维等。

（1）发散思维

它是一种多向的、立体的、开放的思维，从已知的有限信息中迅速扩散到四面八方。多向发散思维体现在以下三个方面：

1）流畅性，即思维畅通无阻，在很短时间内就能提出众多解题方案；

2）灵活性，在创造创新过程中，体现在能随机应变的、能快速转换并提出实用的构思和方案，从中获得有价值发明；

3）独特性，提出的方案与众不同、新颖独特。

发散思维的三个特征是相互关联的，思路流畅是产生灵活性和独特性的前提；灵活转换能力则又有助于独特创意的产生。

（2）正向思维

正向思维是一种按常规思维进行创新的方法，一般是从分析入手，通过逻辑推理而得出结论。例如，发现天王星的实测轨道同理论数据存在偏差，法国天文学家勒威耶用数学方法推算出在天王星外边还有一颗未发现的新星——海王星，并计算出这颗新星的位置。这是典型的正向思维方法。

（3）逆向思维

逆向思维是指与主流相反方向进行思维的方法。在创新过程中敢于标新立异，敢与事物的常理相悖，以此可能获得突破性的创新成果。逆向思维的形式可以从原理、性能、方向、状态、形状、方法等方面入手。

大家知道，通过对水的电解可获得氢和氧，应用逆向思维方法，英国人在19世纪末将氢和氧在质子膜和催化剂的共同作用下进行逆向反应，在化合反应成水的同时发出电。因而为汽车、手机等找到了一种不会污染环境、高效率的动力源——氢燃料电池。

又如日本科学家江崎于奈，在进行锗元素的性能研究时，让助手宫原百合子做锗元素的提纯试验，但进一步去除其杂质总令人一筹莫展。一天，助手宫原百合子建议："再这样下去，纯度恐怕也提高不了多少，既然杂质不易除去，不妨再增加一些杂质试试看。"于是，他们转向了对掺入杂质后晶体的性能研究。不久，他们就发现了掺杂质晶体的"隧道效应"，并因此发明了"隧道效应二极管"。逆向思维使他们得到重大科学发现，并因此获得科学界的最高荣誉奖——诺贝尔奖。

（4）侧向思维

当顺向思维受阻时，应进行思维实时转向，在沿着顺向思维方向的某一关节点上，通过侧向渗透的方法去获得问题的答案。

侧向思维往往利用"局外"信息，从侧面迂回突破，从而可能发现解决问题的途径。因此，侧向思维在创新过程中得到较多的应用。比如在机械制造中，过去利用机械传动获得刀具和零件的旋转、位移、速度、定位等，但随着制造精度和自动化程度的提高，完全采用机械方式已愈加困难，取而代之的是应用计算机数控系统和光电测控器件，如旋转编码器、直线或圆形光栅传感器、全数字化高速高精度交流伺服控制系统等，既简化了机械结构，又提高了精度和自动化程度。

4. 深刻性

深刻性是指思维的深度。思维深刻的人，不会满足于对问题的表面认识，善于分辨事物的现象和本质，善于从多方面和多种联系中去理解事物，因而能正确认识事物，揭示事物内部的规律性，预测事物的发展趋势与未来状态。

5. 独立性

思维的独立性就是表现在不迷信、不盲从、不满足现成的方法和方案，而是要经过科学的独立思考，形成自己的观点和见解，突破前人，超越常规，产生新的思维成果。如果没有独立自主的思考，总是顺从现行轨迹、迷信已有的权威，就不可能产生独特、新颖的思维，也就根本谈不上是创新者。

6. 意外性

一般情况下，有意识地创新设想往往不能如愿，而某种偶然因素的触发可能会产生解决问题的新方法、新思路、新观念，这是科学发现常见的模式，已被许多历史事实所证明。

7. 敏捷性

思维的敏捷性是指创新者必须具备积极思维、周密考虑、准确判断的能力，能在短时间内迅速地调动思维能力，并能当机立断，迅速、正确地解决问题。思维的敏捷性是以思维的灵活性为基础，同时还依赖于观察力以及良好的注意力等优秀品质。因此，思维的敏捷性是反映创新者具有良好心理品质的重要体现。

1947年12月，美国贝尔实验室的一个晶体管放大装置，清晰地将声频信号放大百倍以上，科学家肖克利（W. B. Shockley）对这种早期晶体管的工作做了分析，提出了一种 PN 结的晶体管理论。1950年，世界上第一个 PN 结型晶体管诞生了。当时，美国许多电子公司对这一突破性发明没有引起足够的重视，而具有丰富基础和专业知识的日本人井深和盛田得知这个消息后，立即飞赴美国考察，他们敏捷地发现，晶体管像电子管一样能够放大信号，而且反应快、体积小、耗能低、可靠性强，完全有可能取代电子管。于是1953年，井深和盛田仅以 2.5 万美元的价格买下了生产晶体管的专利，并于1957年开发和制造出命名为"SONY"的世界上第一台能装在衣袋中的袖珍式晶体管收音机。随之，SONY也就名扬天下一举成为家电业的大公司。回首往昔，当初如果不是井深和盛田的高度敏捷性，恐怕难有 SONY 的今天。

8. 风险性

社会文化的传统势力、偏见、既得利益者，为了维护现有的伦理和秩序，对创新思维活动的成果往往抱有抵制的心理。例如，中世纪的西欧，宗教在社会生活中占据着绝对统治地位，一切与宗教相悖的观点都被称为"异端邪说"，都会受到"宗教裁判所"的严厉惩罚。然而，历史在发展，社会在前进，创新思维活动是扼杀不了的，伽利略、布鲁诺将生命置之度外，论证了"日心说"，证明地球不是宇宙的中心。他们以探索真理、不畏强暴、敢于顶风冒险的伟大精神，为后人树立了永久的丰碑。无法想象，如果没有这两位科学家的冒险，"地心说"不知还要统治天文学领域多少年。

9. 非逻辑性

创新思维不受形式逻辑的约束，常表现为思维操作的压缩或简化，它包括两种情况：一是原有逻辑程序的简化和压缩；二是违反了原有的逻辑程序。具有丰富经验、广博知识和娴熟技巧的科技工作者在面临问题时，往往省略了中间的推理过程，直接做出判断。

爱因斯坦认为："现代自然科学理论离经验事实越来越远，用逻辑方法已不太容易从经验事实中推导出基本概念和规律。而'直觉'、'想象'等非逻辑思维形式，才是人们能够敏锐认识事物本质的一种重要方法。"

三、创新思维阶段

心理学家对创新思维过程的研究表明：任何创新思维必须经过四个阶段，即准备阶段、酝酿阶段、顿悟阶段和验证阶段，具有必然的客观规律性。

1. 准备阶段

创新思维是从怀疑和不满开始的，并从中发现问题和提出问题，因此，是否具有强烈的"问题意识"是创新思维准备阶段的关键。提出问题后，创新者立即收集资料、信息，从前人的经验中获取必要的知识和启示，并从旧的问题和关系中发现新的东西，为解决问题做准备。

2. 酝酿阶段

这个阶段是冥思苦想阶段，即对前一阶段所获得的各种信息、资料加以研究分析，从而推断出问题的关键所在，并对问题做出解决的假想方案。

在此阶段，非逻辑思维和逻辑思维互补、潜意识和显意识交替，采用分析、抽象与概括、归纳与演绎、推理与判断等逻辑思维方法，经过反复思考、酝酿，有些问题仍未找到理想的解决方案，甚至出现一次或多次发生"思维中断"。创造者此时往往处于高度兴奋状态，给人如痴如醉和狂热的感觉，这一过程可能是短暂的，也可能是漫长的，孕育着突变成果的降临。

3. 顿悟阶段

经过冥思苦想，在直觉、想象、联想和多种创新方法的共同作用下，思路豁然开朗，创新成果脱颖而出，产生了超常的新观念、新思想、新理论和新发明。

4. 验证阶段

验证阶段多采用逻辑思维方法，对创新成果进行科学的验证，利用观察、实验、分析来证明其发明的可重复性、合理性、严密性、可行性和发现的真实性。经过验证阶段，可以使创新成果得到进一步完善和确认。但也可能因为可行性、重复性差等原因被否定，重新回到冥思苦想的酝酿阶段。

第二节　逻辑思维

一、逻辑思维的涵义

"逻辑"一词来自希腊文的音译，其原意是指思想、理性的规律性。

逻辑思维又称抽象思维。逻辑思维几乎渗透到人类获取所有新理论和新知识的每一过程，它是在人们已经掌握的各种知识、原理、规律基础上形成的概念，并以此判断、推理和验证现实的一种极其重要的思维活动形式，使我们能够更深刻、更准确和完整地科学反映客观事物的面貌。在非逻辑思维的作用下，诞生了一种新的知识、原理和规律，人们必须用逻辑思维对其验证，起到互补的作用。

人类的知识和经验总是不断发展的。在发展的某一阶段，当人类的知识和经验积累到一定程度时，就会导致某些原有逻辑的矛盾。具体到每一项创新活动过程中，解决创新问题需要用辩证的逻辑思维和非逻辑思维互补，如图 2-2 所示。由逻辑思维→非逻辑思维→更高层次的逻辑思维→更高层次的非逻辑思维……这样无穷尽地发展下去，使人类的知识和经验依赖逻辑思维和非逻辑思维螺旋式地上升发展。创造性思维一旦突破原有逻辑思维，必然上升为新的更高层次的逻辑思维。例如，飞机上天前，一些科学家从逻辑上论证结论是上不了天，而当飞机真正飞上天后，科学家转而又论证出飞机之所以能飞上天的可靠性。现在的知识和逻辑不仅能够正确地说明飞机可以在天空飞行，而且还可进一步论证其可靠性和稳定性是如何之好。

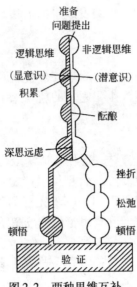

图 2-2　两种思维互补

从统计数字看，20 世纪以前的重大发明构思，多数是由个人发明家在逻辑思维的基础上发挥非逻辑思维的作用而获得；进入 50 年代后，利用逻辑思维和专业知识的发明构思逐步占了上风，到了 90 年代，TRIZ 理论方法中的知识库和逻辑思维的运用主导了发明创新的大趋势。

逻辑思维的方法有很多，其中归纳法、演绎法、分析与综合法、类比法以及有序思维法是在创新过程中最常用的几种逻辑思维方法。

二、逻辑思维的基本形式

逻辑思维的基本形式是概念、判断和推理。

（一）概念

概念是人脑在对事物抽象概括的基础上形成对该事物一般特征和本质属性的反映。因此，概念是反映事物的本质属性，而不反映事物的非本质属性。

概念和词是紧密地联系着的，而且都是以词的意义或涵义的形态从人头脑中表现出来和固定下来的。词就是概念的物体外衣，概念是用词来标志的。

（二）判断

判断是指人的大脑两半球凭借推理的作用，反映事物的情况或事物之间关系的过程，以及通过推理判断的过程所达到的结果。可见"判断"一词具有两种涵义：一种是指人脑产生判断的思维过程，另一种是指人脑经过判断过程所产生的思维结果。

人们在判断中，不是肯定某种事物的价值，就是否定某种事物的价值。判断就是通过推理，对事物予以肯定或否定。

人们在对事物或情况判断的独立性和灵敏性方面会表现出很大的个体差异。例如，有的人凡事优柔寡断，习惯于人云亦云；有的人遇事当机立断。判断的独立性和灵敏性与人们掌握的有关知识、经验和信息的多少密切相关。

（三）推理

推理实际上就是人脑对某些判断的分析和综合，以引出新的概念的过程。人脑在经过推理的过程后所引出的新的概念叫"结论"；人在进行推理的过程中所依据的已有概念，称为"前提"。也就是说，已有的概括性认识和有关材料或事实，是人在头脑中进行推理时所必须依据的前提；对过去的推断或对未来的预测，是人脑在经过推理后所得到的结果。

判断看起来似乎要比推理简单得多，其实很多的判断都是推理的结果，所以，推理实际是思维的最基本形式。

推理可以分为归纳推理和演绎推理。归纳推理是从特殊事例到一般原理；演绎推理是从一般原理到特殊事例。

三、归纳思维

人们对于客观事物的认识，一般多是从认识个别的事物开始的，即先认识一个单独的对象，然后才能把握其一般规律。归纳思维法就是从个别事物中概括出一般性原理的思维方法。归纳法最早由弗兰西斯·培根倡导，常用的归纳思维方法有简单枚举归纳法、科学归纳法和统计归纳法。

（一）简单枚举归纳法

简单枚举归纳法是人们依据某种事物部分对象所具有的某种共同属性，从而推断出该类的所有对象都具有某种属性的归纳方法。

简单枚举归纳法的特点是：结论不是充分可靠，因为简单枚举归纳法是根据某种属性在考察部分同类对象中没有遇到反例从而推出的结论。因此，很可能反例就存在于未被考察的同类事例中，一旦出现反例，结论就会被推翻。例如，当初人们根据观察欧洲、非洲、亚洲、美洲的天鹅都是白的，就推出"所有天鹅都是白的"的结论，但后来在澳洲发现了黑色的天鹅，于是，原来的结论就被证明是错误的。

要提高简单枚举法结论的可靠性，必须注意以下两条要求：第一，前提中被考察的事物的对象数量越多，范围越广，结论的可靠性程度就越大；第二，注意收集可能出现的反面事例，如果在一些最容易出现反例的场合，都没有遇到例外情况，那就说明某类事物对象遇到例外的可能性不大，因而结论的可靠性程度越大。

（二）科学归纳法

科学归纳法是根据对某类事物的典型对象及其属性之间的必然联系的认识，推出该类所有对象都具有某种属性的一般结论。在科学归纳推理中所依据的是客观事物之间的因果关系而总结出一般性的结论。科学归纳法具体有以下几种方法。

1. 求同法

"求同"就是在不同中求相同，而"求同法"是指先考察某一现象发生的许多事例，如果在这许多事例中，只有一个情况是共同的，其余的情况都是各不相同，可以认为，这个共同的情况就是产生某一现象的原因。寻找一个共同条件的方法就叫求同法。

可用下式表示：

$$如果：A，B，C 中有 a；$$
$$A，D，E 中有 a；$$
$$A，F，G 中有 a。$$
$$结论：A 与 a 有因果关系。$$

例如：吸烟和致癌的联系：
　　发现在吸烟的学生中有患癌症；
　　发现在吸烟的建筑工人中有患癌症；
　　发现在吸烟的研究人员中有患癌症。
结论：凡是吸烟的人容易患癌症。

2. 求异法

求异法是从两个场合的差异中寻找原因的方法。如果所研究的某种现象在甲场合里出现，在乙场合里不出现，而乙场合里只是没有甲场合所具有的某一个条件，那么，这一个条件就是所研究的现象的原因。

此规则的表达式为：

如果：A，B，C 中有 a；

B，C 中无 a。

结论：A 与 a 有因果关系。

例如：农户家中养了各种家禽、猪、牛等，但唯独发现家禽得了流感；

在家禽、猪、牛中有流感；

在猪、牛中没有发现流感。

结论：只有家禽才会发生这种流感，因此称禽流感。

求异法通常用于调查研究的创新项目之中。对于被创新对象产生的原因只有一个时，用这种方法推理得到的结论是可靠的，但如果涉及多种原因，则结论只能作参考。

3. 共变法

当某一现象有某种变化时，另一现象随之而发生一定的变化，那么，这两个现象之间就有因果联系，前一现象就是后一现象的原因。用观察两类现象发生相应变化的方法来判明现象间的因果关系，称为共变法。

其操作规则可为：

如果：有 A_1，则有 a_1；

有 A_2，则有 a_2；

有 A_3，则有 a_3。

结论：A 与 a 有因果关系。

例如，早稻与施肥有密切关系：缺少肥料，水稻产量降低，增加肥料，产量提高。在同等的条件下，每亩地施氮素肥 7.5 千克、10 千克或 12.5 千克，每增施 7.5 千克肥料，其产量就增加 50 千克。由此得出结论：施氮素肥是使水稻增产的主要原因。

共变法广泛应用于日常生活实践中。在常见的测量仪器（温度计、气压计、电表等）的结构设计时，在医生判断病情时也都常用共变法来分析研究。共变法可以用来确定或否定事物间因果联系，如果假定的原因及其变化并不引起相应的预期的变化，从而就可以否定假定的因果关系。但是，如果研究对象的变化是来自多个因素，那么由共变法所得出的结论，其可靠性就可能降低了。

4. 剩余法

剩余法是指人们已经知道了某一个复合现象里某部分的原因，那么，这个现象的剩余部分是由一个尚未知道的原因产生的。

其操作规则为：

已知：被研究对象包含 a，b，c，d；

其复合的原因包含 A，B，C，D。

又知：A 是 a 的原因，B 是 b 的原因，C 是 c 的原因。

结论：D 是 d 的原因。

例如，从前有两位化学家已经从分析各种化合物里得知氮的容积重量应为 $2.2990g/m^3$，然而从空气中得到氮的容积重量却是 $2.3102g/m^3$，于是，化学家就假定：空气里氮的多余重量必定是来自于混合在氮中的另一种未知元素。经化学家的多次实验，最终发现了新化学元素——氩。

（三）统计归纳法

归纳法是从个别事例到一般规律的方法，但如果个别事例是大量随机事例，那么简单枚举归纳法和科学归纳法即将失去效用。为了求得大量随机事例的总体性，科学家发明了统计归纳法，这是通过在总体中随机取出的样本里所获得的信息来推断总体性质的一种方法。

为了提高统计归纳法的可靠性程度，必须注意以下几点：

1）样本的容量应尽可能大。样本容量越大，样本的代表性就越大，经统计归纳法得出的结论也就越可靠。例如原苏联 TRIZ 理论的创始人根里奇·阿奇舒勒从 4 万个高水平专利中总结出 39 个通用工程参数和 40 个发明原理。1993 年 TRIZ 理论传入美国，美国通过 1500 万个专利总结出 48 个通用工程参数和 77 个发明原理，代表性得到进一步提高。

2）选取样本的范围应尽可能地广。选取样本的范围越广，运用统计归纳法得出的结论就越可靠。如果选取样本的范围过窄，就容易犯"偏向样本"的错误。

3）选取样本方法要正确。关键是要科学地进行选取样本，选取样本的方法很多，有纯随机抽样法、分层抽样法、机械抽样法、整体抽样法等，其中使用最多的是分层抽样法。分层抽样法是按照所要研究问题的性质，把总体划分为性质比较接近的各组（称为层），再从各分层中抽取一部分作为样本加以考察的方法。

四、演绎思维

前述的归纳思维是一种从个别到一般的思维方法，而演绎思维与归纳思维正相反，它是从一般性原理、定理、公理或概念出发，推论出对个别的结论的思维方法。简而言之，演绎思维就是由一般推出个别的思维。演绎思维的大前提，通常是一个一般的原理，演绎推论的结论通常是关于个别特殊场合的知识。前者是已知的知识，后者是新推出的知识。

（一）"三段论"演绎法

"三段论"是由亚里士多德最早提出的，是实施演绎法的主要形式。

所谓"三段论"是指从两个含有一个共同概念的前提（大前提和小前提）出发，判断出一个结论的演绎推论。

例如：所有天体是有规律地运行的；（大前提）

火星是天体。（小前提）

所以，火星是有规律地运行的。（结论）

所有天体和火星包含着一个共同性质——天体，由这两个具有共同项的性质推出一个新性质的判断：火星是有规律地运行的。

自 19 世纪中叶法国化学家贝尔泰洛创建有机合成原理之后，从该原理出发，演绎出"基本有机合成化工"和"高分子合成化工"两大体系，并从这两大体系中又进一步演绎出许多具体的有机合成化工产品，如图 2-3 所示。

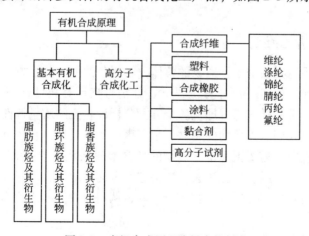

图 2-3　有机合成原理演绎产物示意

演绎推理要得到正确的结论，关键取决于推理前提是否正确、推理形式是否符合逻辑规则。只要演绎前提正确，并且前提与结论之间具有必然的逻辑联系，由此推出的结论就是可靠的。

演绎推理是创新活动中一种十分重要的方法，它是逻辑验证的工具，是把一般原理（理论）运用于具体场合做出科学预见、建立和检验科学假说、发展科学理论的一个手段和必要环节。随着创新实践的深入，人类对客观事物的认识愈益抽象化，演绎法在创新中的作用必将越来越显得重要。

（二）演绎法与归纳法的辩证关系

归纳和演绎是辩证统一的，其中任何一方都不能成为科技创新的唯一形式。科学的演绎必须以可靠的归纳结果为基础，否则演绎就失去了赖以生存的推理前提。在实际的认识过程中，归纳和演绎是互为条件、互相渗透的。恩格斯指出："归纳和演绎，正如分析和综合一样，是必然相互联系着的，不应当牺牲一个而把另一个捧上天去，应当把每一个都用到该用的地方，而要做到这一点，就只有注意它们的相互联系，它们的相互补充。"

五、分析与综合思维

逻辑思维又可以分为形式逻辑思维和辩证逻辑思维两种形式。分析与综合思维是共同研究的方法。然而，在形式逻辑思维中主要是指演绎思维和归纳思维，因此，它只是分析和综合一般经验材料，而分析和综合矛盾则是辩证逻辑思维研究的重要课题。

（一）分析思维法

分析思维是指在头脑中把事物的整体分解为各部分、各个方面或各个特征的思维方式。例如，要买一台计算机，就要分别考察计算机的运行速度、内存空间、显示质量、设备样式等，即从各个方面分析计算机的质量特性。

分析思维对人们认识事物的本质、掌握事物的发展规律有着重要的作用。为此，在分析过程中，需要把思维中事物的各要素放在矛盾双方的互相作用中去，放到事物的运动、发展、变化中去，考察它们占何种地位，起何种作用，以何种方式与其他方面发生相互制约、相互转化等，从而使我们的认识不断深化，把握事物的本质。

从不同角度看，分析的种类是多样的。

从分析所要达到的目的来看，可分为定性分析和定量分析。定性分析是摘取对象的某种特定性质，确认对象的某种特征，使之与其他事物区分开来；定量分析则是为了确定对象各种要素、成分的数量、规模、大小、速率等。如果说定性分析主要解决"有没有"的问题，那么定量分析则要解决的是"有多少"的问题。

从分析方向性来看，又可分为单向分析、双向分析及矛盾分析。所谓单向分析，即分析一事物对另一事物的影响和作用，研究单向因果联系；双向分析即不仅分析单向因果联系，而且分析作为结果的现象是否反过来对于因果产生作用，是研究双向因果联系；矛盾分析则是专门研究具有对立统一关系的事物，对其矛盾着的各个方面加以对比，以便把握对立双方的性质、数量和相互关系。

从分析的客观对象来看，还可分为要素分析和结构分析。要素分析即分析构成对象整体的各个要素成分或方面。结构分析主要是分析各要素间的关系，如因果关系、互动关系、反馈关系等，它是把握构成对象的基本手段。

（二）综合思维法

综合思维是在头脑中把事物的各个部分、各个方面、各种特征和属性联系起来作为一个整体加以研究的思维。例如，买计算机只分析各个零件的性能是不够的，还要考察是不是最优的性能组合，是不是适合自己的需要，并最后得出一个综合意见——这台计算机是不是值得买。

综合思维不但可以把互相密切相关的事物联系起来考虑，而且还可以把表面看来关系不大的现象联系在一起，从而获得更高一层的认识。例如，行政管理活动与科学技术、社会伦理道德等的关系，过去一般认为这些是间接的、远距离相关的事物。但在现代社会，它们彼此已经密切地联系在一起，并且，行政决策者能否处理好它们之间的联系，将在很大程度上决定其决策水平的高低。

（三）分析思维与综合思维的辩证关系

分析与综合是同一思维活动中既相互对立又相互联系的两种思维，二者是辩证统一的关系。一方面，分析和综合的出发点与方向各不相同，在思维中有着不同的作用，这是二者对立、差别的方面；另一方面，分析和综合相互联系、相互依存，并在一定条件下相互转化。综合必须以分析为基础，没有分析就没有综合，因为，综合只有当其出发点是某种从整体中被分解了的各个方面或因素时才能进行；反之，分析也需要依赖于综合，在综合的指导下进行分析。分析与综合互为条件，在同一思维过程中互为补充。在实际的思维过程中，既有分析又有综合，彼此相互渗透。此外，当思维经过分析已经揭示出整体的各个方面或因素时，思维就从分析转化为综合；而当思维经过综合，使认识进入了一个新的阶段，为进一步的分析提供了新的要求和可能时，思维又转化为分析。由分析转化为综合，又由综合转向分析的循环往复，这是思维发展的辩证过程。

六、类比思维

类比法是根据两个（或两类）对象之间在某些方面的相似或相同而推出它们在其他方面也能相似或相同的一种逻辑方法。通过对两个（或两类）不同的对象进行比较，找出它们的相似点或相同点，然后，以此为根据，把其中某一对象的有关知识推移到另一对象中去，这一过程就是类比法进行推理的过程，即类比推理。其可表示为：

A 对象具有 a，b，c，d 属性，并已发现：

B 对象具有 a′，b′，c′属性

所以，B 对象可能也具有 d′属性

由此，可以看出，类比是由特殊到特殊和由此及彼的过程。由于类比法舍弃了推理过程中的未知的中间环节和因素，其结论具有或然性。类比推理的思维过程，其基本环节是联想和比较。首先要选好类比对象，其次要对所类比的研究对象在形态、结构、性质、功能、过程、适用的公理（公式）等方面进行比较，以便从已知对象的判断过渡到未知对象的判断。

类比法的特点是通过对客观事物已知相似性质的比较，来推断其未知性质也相似。在探索世界的科学研究中，借助于类比法，启迪思路，提供线索，触类旁通，实现变未知为已知。正如康德在《宇宙发展史概论》所说："每当理智缺乏可靠论证的思路时，类比法往往能指引我们前进。"

在肯定类比法的重要作用时，也要看到由于类比结论的或然性所带来的局限性。这就要求我们在实际的创新活动中，不仅要注意积累有关对象的知识，而且要善于运用正确的哲学思想作理论指导，从而减少类比推理过程中的失误，增强类比结论的可靠性。

七、有序思维

有序思维是一种按一定规则和秩序进行有目的的思维的思维方式，它是许多创新技法的基础，如奥斯本的检核表法、5W1H 法、归纳法、演绎法、信息交合法、物－场分析法等都是有序思维法的产物。

八、收敛思维

收敛思维又称集中思维，这是一种寻求某种优化方案的思维形式。它以某种研究对象为中心，将众多的思路和信息汇集于某一路，通过比较、筛选、组合、论证，得出现存条件下解决问题的最佳方案。

收敛思维是深化思维和优选设计方案最常用的思维方法和形式。收敛思维过程是一种逻辑思维过程，其常用方法有识别法、间接法、由表及里法、聚集法等，最终得到认为是最好的方案。

第三节　非逻辑思维

与逻辑思维相对应的是形象思维，又称非逻辑思维。非逻辑思维是一种借助于事物的形象来展开的思维过程，具体地体现为想象思维、联想思维、直觉思维、灵感思维、发散思维等。下面将对这五种思维形式分别作以具体阐述。

一、想象思维

(一) 想象思维的涵义

想象思维就是在自己已有知识、经验基础上，对记忆中事物表象进行加工、改造，并在其头脑中重新组合，创造出新的事物形象的思维。

试验表明，想象是人脑的机能。人在感知客观事物的过程中，大脑皮层的神经之间建立了暂时神经联系，并重新组合起来形成新的暂时神经联系，这就是想象的生理机制。人类的想象以语言为工具，以知识为中介，对暂时神经联系的建立和重新组合起着重要的调节和支配作用。

人的想象就应该是正向的、积极的。不管你是从事设计、营销、管理、写作、体育竞技，还是进行其他创造性工作，如果你心里有了一个既定的目标，或有了一个将要实现的欲望，并从各个角度周密地考虑它，那么这个目标的形象就一定能够"显现"出来。

西方最早提到想象思维的是古希腊的亚里士多德。他在《心灵论》中说："想象和判断是不同的思想方式。"罗马时代的裴罗斯屈拉塔斯也曾说过："想象是用心来创造形象。"培根在《学问的推进》中认为人类的认识能力有三种：记忆、想象和理智。黑格尔也很重视想象，他说："最杰出的艺术本领就是想象"。

中国古代文论家和画论家的很多研究也都揭示出想象的意义。第一个给想象一词作本质说明的是韩非子，他不仅从词源学上说明了想象一词的产生，而且从思维学上揭示了想象的性质：不是感觉，而是思维。

（二）想象思维的分类

想象思维可分为再造性想象、创造性想象和憧憬性想象。

1. 再造性想象

再造性想象又称填充想象，所谓填充想象是指在仅仅认识了某事物的某些组成部分或某些环节的情况下，在头脑中对该事物的其他组成部分或其他的环节加以充实、填补，而构成一个完整的事物形象的过程。

例如，在学习历史的时候，头脑中就会构想出种种历史场景；阅读文学作品时，眼前便会浮现出各种人物形象，这就是再造性想象。又如，机械工人根据机械图纸而想象出机器的结构和形状。技术人员根据某人从国外回来所说的某种产品外形和功能，想象出它的基本原理及内部大致构造等，这也就是再造性想象。

2. 创造性想象

创造性想象是根据预定目标和任务以已知的事实、知识、经验等记忆表象为基础，在头脑中创造出新形象的心理过程。

创造性想象的特点是新颖、独特，它比再造性想象复杂得多，因而需要有更充分的表象储备和积极的创造性的理论、方法、工具的支持。

3. 憧憬性想象

憧憬性想象是指根据所掌握的知识和经验，根据已有的丰富的形象积累，在头脑中构成当前还不存在，而以后却可能产生的、能体现某种思想或愿望的事物形象。

憧憬性想象启发着人们的聪明才智，许多科学发现和发明都是从大胆的预示、幻想开始的。

在清代李汝珍的小说《镜花缘》中，曾经描述了作者所想象的"飞车"："飞车可坐二人，车内四面按着指南针，车后拖着小木如船舵一般，车下净是铜轮。这种飞车可从院子内直接升空起飞。"如今直升飞机和垂直升降飞机的问世，已经实现了李汝珍的美好幻想。

（三）想象思维对创造的促进作用

1. 促进假说的产生

恩格斯说："只要自然界在思维着，它的发展形式就是假说。"公认的科学知识一般形成法则可以表达为一个公式：问题—假说—规律（或理论）。这其中的假说是一种逻辑思维的形式。然而，假说的提出或者说形成的机制却非常复杂，包括种种非逻辑思维的因素，"想象"当然也在其中占有重要地位。法国物理学家德布罗意立足于爱因斯坦的成就基础上，提出的物质波假说就是一个很好的例子。

当时，玻尔的旧量子理论只能解释简单的氢原子特性，稍微复杂一点的氦原子就不适用，因此，微观世界的规律基本上仍是一个谜。人们一直认为是波的光，其实也是粒子。爱因斯坦发现，并在他的相对论中阐明："物质和光都是能量的表现形式，它们是相互关联的。"于是，德布罗意进一步运用了创造性想象：物质粒子有质量，又有能量（因此也有频率），一个电子有频率，它不但有"内部心搏"，而且还伴随着"流通的脉搏"。于是，"物质微观粒子必定伴随有波，必定也带有波的性质"的物质波假说从他的想象图景中于 1924 年形成了。这个假说在 1927 年为实验所证实，从此确立了微观世界基本理论。

2. 促进想象模型的建立

建立模型是科学甚至工程技术中广泛采用的一种研究方法。模型有多种类型：物质模型、数学模型和想象模型等，想象模型就是运用想象和抽象的方法而建立起研究对象（原型）的模型。想象模型是获得新知识的重要工具。

3. 促进想象实验的进行

实验是科学研究的重要手段，但因现实条件的限制，有些真实的实验根本不可能进行。科学家们就创造了一种想象实验，它是一种只需借助想象力进行的实验。爱因斯坦说，我们必须"使用我们的想象力去实现一个理想实验"。据说，他创立相对论时就曾做过"爱因斯坦列车"的想象实验。伽利略在探讨自由落体运动定律时也做过按想象的理想实验。

（四）提高想象思维能力的方法

要从事创造，就必须培养和提高想象思维能力。要提高想象思维能力，可采用以下几种方法：

1）培养丰富的情感。因为情感丰富的人，他的想象会充满生动的色彩，使人兴奋，促使他取得成功。要做到这一点，平时要多想美好的事情，多想成功的事例，以唤起自己对事业成功的追求，对美好生活的追求。

2）多跟小孩儿玩。小孩儿无拘无束，有着无限的想象力。玩时要换上童心，进入角色，从中提高自己的想象思维能力。

3）多自己动手做东西。一旦开始动手做，就不得不考虑材料、加工、组装等一系列问题，对这些问题的思考会极大地刺激想象思维能力。

4）多对今后的生活、科技发展等进行幻想，如能在此基础上写出科幻小说就更好了。

二、联想思维

联想是从一种事物的表象推及另一事物的创新思维过程，两者以某种"相似性"为中介，沟通联系。

人的头脑中都储存有大量的信息，但随着时间的推移，这些信息会渐渐地被人们淡忘，甚至回忆不起来，联想能帮助我们挖掘出记忆深处的有用信息，把它们之间的联系在头脑中再现出来。借助联想，人们可以突破感官的时空限制、扩大感知认识领域，把以前认识过的事物与所要创造的新事物相联系，使认识变得更加丰富。

与其他创新思维方法相比，联想具有相似性、层次性和新颖性等基本特征。

事物的结构和运动形式是有层次的。联想作为沟通事物联系的思维工具，也存在着相应的层次性。如鸡蛋和小鸡、青蛙和蝌蚪，由于它们间的层次性和相似性，就很容易把它们联想在一起。如果要把鸡蛋壳和建筑结构、青蛙的眼睛和电子蛙眼联系起来，那就是比较高的、富有创造性的、深层次的联想思维方法。

富有创造性的联想，就是要将通过联想所获得的新事物与原型事物相比较，应有一定的新颖性，这种新颖性的大小与人们的联想能力的强弱密切相关。

（一）联想思维的分类

联想思维可分为相关联想、相似联想、类比联想、对称联想和因果联想。

1. 相关联想

相关联想是由给定事物联想到经常与之同时出现或在某个方面有内在联系的

事物的思维活动。例如，由鸭子会联想到鸭绒，进一步会联想到羽绒服。

2. 相似联想

相似联想是从给定事物想到与之相似的事物（形状、功能、性质等方面）的思维活动。例如，从元宵可以联想到与之形状相似的乒乓球，从飞鸟可以联想到与之功能相似的飞机，从香味可以联想到与之气味属性相似的花香。

相似联想能促使人们产生创造性的设想和成果。例如，1903 年两位美国发明家莱特兄弟制造飞机成功。当时，飞机虽然上了天，可是还有一个难题没有解决，就是怎样使飞机在空中拐弯的时候能够保持机身平稳。当他们观察到一种叫做"狂"的老鹰飞行的时候，问题迎刃而解。他们仿照"狂"的羽翼制作了后缘能够转向的机翼。现代飞机的襟翼正是从莱特兄弟相似联想成果的基础上发展来的。

3. 类比联想

类比联想是由一类事物的规律或现象联想到其他事物的规律或现象的思维活动。

4. 对称联想

对称联想是由给定事物联想到在空间、时间、形状、特性等方面与之对称的事物的思维活动。例如，由左联想到右，由上联想到下，由光明联想到黑暗，由放大联想到缩小，由热处理联想到冷处理。对称联想能促使人们产生创造性的设想和成果。

5. 因果联想

因果联想是指由事物的某种原因而联系到它的结果，或指由一个事物的因果关系联想到另一事物的因果关系的联想，如由"瑞雪"联想到"丰年"，由"吸烟"联想到"致癌"等。

（二）联想思维的训练

如前所述，联想思维可以分为不同的类型。如果按联想类型进行分类训练，则可以加深对各种联想思维的认识和理解，但是在实际的创造活动中，不可能预先规定好使用哪种类型的联想，而只能是自由发挥地去联想。因此，为了更好地进行创造，就很有必要在平时多进行多种联想的综合训练。

通常，这种训练可以采用综合联想链的方式进行。综合联想链训练可分两步来进行：

1）从给定信息出发，尽可能地用到各种类型联想，形成多种多样的综合联想链。

2）寻找任意两个事物的联系，可以省去联想链，但要建立两个事物间有价值的联系，并由此形成创造性设想，也有人称这一阶段为强迫联想阶段。

原苏联曾有200多所发明学校，有一个发明学校在进行联想训练时，每人发一本带照片的商品目录，要求任意翻出两页，然后对上面的商品进行强迫联想。一名工人翻到的两个商品是自行车和电线杆，经强迫联想，发明了一种能爬电线杆的自行车，代替了用脚钩爬杆，实现了电工爬杆机械化。

三、直觉思维

（一）直觉思维的涵义

"直觉"一词来自拉丁文 intueri，意为从内部窥视。哲学家康德认为："直觉是一种综合了过去与现在知识的认识。"伯格森认为："直觉体现的是整体印象。"

直觉不按形式逻辑的推理程序来认识事物及其本质，而是直接领悟事物本质。

直觉思维具有以下基本特征：

1）思维发生的突发性。直觉是认识主体偶然受到某种外来信息的刺激突然产生的随机过程。

2）思维过程的突变性。实现思维过程的质变可能是渐变的，也可能是突变的。直觉表现为逻辑上跳跃的突变形式，使感性认识升华为理性认识，使不知变为知。

3）思维成果的突变性。直觉能打破常规的思路，突破思维定式和逻辑规则的束缚，从而成为突破性创新的催化剂，是认识主体的显意识和潜意识与客观对象在特定条件下的一种突然沟通。

直觉与灵感二者的区别在于，直觉的作用是获得"对经验的共鸣的理解"，是对经验总和背后的本质的直接猜测和把握。从与逻辑思维相比较的意义上说，直觉是一种"无意识的"、"不自觉的"完成的过程。灵感实际上的一种顿悟式的、突发的直觉，是科学直觉的特殊状态，起着推动直觉迅速实现的作用，即达到顿悟。因此可以说，直觉思维比灵感的涵义更基本，科学直觉思维包括科学创造中的灵感状态，而灵感并非是直觉的全部。

（二）直觉思维的产生

直觉产生的客观根据，目前主要有"逻辑思维压缩论"和"潜意识作用论"两种理论。对"潜意识作用论"的客观性目前尚存在争论，且又无法验证，本书暂不予介绍。

"逻辑思维压缩论"认为，直觉虽然表现为瞬间的顿悟，实际上它也是运用逻辑思维的结果。

1）在直觉的背后"隐藏"着一系列逻辑推理链，人脑的强大功能使直觉思维只是在一瞬间就进行和完成了复杂的推理过程，因而让人感到头脑中似乎并没有经过逻辑思维，思维过程已在头脑中完全"自动化"。

2）在得出了直觉判断之后，还需再展开正常的逻辑推理过程，以检验其所得出的直觉判断的合理性。所以，直觉思维只不过是逻辑思维的"压缩"（或称为"简化"、"浓缩"、"内化"等）。

（三）直觉思维的功能

1. 人们可以依靠直觉进行优化选择

法国数学家彭家勒说过："所谓发明，实际上就是鉴别，简单说来，就是选择。"比如，当普朗克提出能量子假说之后，物理学就出现了问题：究竟是通过修正来维护经典物理学理论，还是选择革命来创立新的量子学理论呢？爱因斯坦凭借他非凡的直觉能力，选择了一条革命的道路，创立"光量子假说"，对量子论作出了非凡贡献。

2. 人们可以依靠直觉做出创造性预见

生物学家达尔文在见到向日葵总是面朝太阳的现象后，他的直觉是"其中可能含有能指向背光一面的某种物质"。这种设想，在他生前始终未能得到证明，但后人通过实验证实了这种物质的存在，它就是促使植物提早开花结果的"植物成长素"。

3. 人们可以借助于直觉获得新的发明

杨纪珂教授借助于直觉，发现了蝴蝶的翅膀由于结构上的均匀条纹而产生分光的现象，借助于直觉他还发明了用蜂窝状结构制成的省料、质轻、强度高的复合纸板。杨纪珂教授结合自己依靠直觉获得新的发现和发明的实例指出："直觉对科学技术的发现和创造起着非常重要的作用。"

（四）直觉的局限性

直觉容易局限在狭窄的观察范围里。有时，甚至经验丰富的研究者，像心理学家、医生和生物学家也常常根据范围有限的、数量不足的观察事实，单凭直觉可能会引出错误的结论。比如，在没有对病人进行周密的观察之前，匆匆根据直觉作判断，医生就有可能作出错误的诊断。

（五）培养直觉思维能力的途径及方法

1）获取广博的知识和丰富的生活经验，这是培养直觉的基础；
2）容忍模糊；
3）每星期最少有一天陪伴小朋友玩耍，或自己扮小朋友；
4）到郊外去，细听大自然的旋律，如风声、鸟声、虫鸣等；
5）要培养敏锐的观察力，多注意"软"事实，如印象、感觉、情绪等。

四、灵感思维

（一）灵感思维的涵义

杨振宁教授认为："灵感是一种顿悟"，所以灵感思维也叫顿悟思维，它既指突如其来的对事物规律的认识，也指突然闪现的解决问题的创造性设想。研究表明，灵感的生理机制与大脑皮层兴奋和抑制的相互诱导有关，当一个人处于长期思考中，大脑皮层便形成一个优势兴奋中心，抑制着周围地区的神经活动，而紧张思考一旦松弛，被抑制的神经便得到活跃的机会，因而出现了一闪而过的灵机一现，忽然开窍。

在灵感问题上呈现多种体验：一些人觉得获得灵感很容易，而且作用很大，对其的评价很高；另一些人，则觉得它似有若无，无足轻重；还有一些人对灵感虽然早已心神向往，却又感到它朦胧不清、虚无缥缈，一辈子都未体验到灵感降临。因此，很多人以切身的经历为依据，根本不相信有灵感存在；更有人斥灵感之说为歪门邪道、荒诞不经。其实，只要对灵感现象的机制、特点及其出现的某些规律有所了解，并且有一定的捕捉和利用灵感的精神准备与敏感，那么每一个人都可能常常会惊喜地发现：自己已经或正在品尝到灵感的甘露。

（二）灵感思维的特征

灵感属于非逻辑思维，它除了具有与直觉思维相同的基本特性外，还具有以下特征：

1. 瞬时性

灵感的出现常常是像闪电似的稍纵即逝。我国宋代诗人文学家苏轼的"作诗火急追亡捕，情景一失永难摹"正是对灵感这一特征的生动写照。基于灵感的瞬时性这一特征，就需要我们在灵感一出现时，必须抓住它，尽量不要让它失之交臂而留下遗憾。

2. 飞跃性

灵感的出现所得的一些绝妙的想法和新奇的方案不是一种连续的、自然的进程，而是一种质的飞跃的过程。

3. 情绪性

从很多人产生灵感前后的状态表明，在灵感产生前往往伴随着激烈的情绪波动，灵感降临时，人的心情也是高度兴奋的，甚至陷入迷狂的境地。由于灵感能促进神经中枢的兴奋，因此，灵感具有情绪性的特征。

（三）捕捉灵感的方法

1. 捕捉灵感必须珍惜最佳环节和时机

英国科学家布朗经过大量的研究发现，浴室、床铺和农村田野是最适宜科学家催生灵感的地方。我国宋代的欧阳修在他的《归田录》中曾提到"三上"，即马上、厕上、枕上（清晨似睡非睡时），才有可能产生赋诗的灵感。

2. "原型"启发是捕捉灵感的一个重要途径

"原型"是指对解决问题起着启发作用的事物，如自然现象、日常用品、示意图、文字描述、口头提问或其他事物等，使创造者触发产生灵感。例如，鲁班受命营造宫殿，君命如山，木料供应不上，心急如焚。一天，他上山视察伐木，腿被丝茅草划破。就是这么一片区区的丝茅草叶子启发鲁班的灵感，从而发明了锯子，加快了伐木的进程。

3. 摆脱习惯性思维程序的束缚

长期用一个思路去研究问题，形成思维定式易使思路闭塞和思想僵化。如果打破思维定式，就能闪现灵感的火花。

4. 保持乐观镇静的心绪是捕捉灵感的重要条件

焦虑不安，悲观失望，情绪波动，都能降低人们的智力活动水平，特别影响创造性思维活动的顺利进行。在这种负性情绪作用下，是难以产生灵感的。而心胸开阔，情绪乐观，宽松的气氛，和谐的自由交谈，容易使人浮想联翩，灵感往往在这时产生。

5. 注意带着纸和笔，随时记录下思想的火花

灵感的爆发如同大自然的闪电迅雷一样稍纵即逝，能捕捉到并迅速记录下来就是幸运儿，倘若毫无准备，灵感闪电一经消失，就会无影无踪，而且在短期内不会重现，有的甚至终身难以再现。

五、发散思维

发散思维又称开放式思维，是一种多向的、立体的思维，从已知的有限信息中迅速扩散到四面八方。其一般的思维过程是：以要解决的问题为中心，从给定的信息输入中，考虑所有的可能性，产生众多的信息输出，找出尽可能多的答案，然后从众多的答案中寻求最佳的答案。然而，只用发散思维并不能使问题直接获得有效的解决，因为问题的解决最终优选方案只能是唯一的或是少数的。

收敛思维能使问题的解决方案趋向于优化目标。因此，在创新过程中，需要采用发散思维与收敛思维这两种思维的有效结合，组成了创造活动的一个循环，以此来获得问题解决的最佳方案。

第四节　观　察　力

一、观察的涵义

(一) 观察和观察力的概念

观察是在自然条件下，通过自身的感官或者借助于科学仪器，有目的、有计划地考察研究对象，从而获得有关观察事物知识的一种方法。

观察力是指主体正确地观察对象、认识对象的能力，是主体在观察活动中的智力体现，以此也可以反映出一个人创造力的高低。

没有观察，就没有科学。观察是一种受思维影响的、有意识的、系统的知觉活动，是人类获得知识的一个重要步骤，是认识世界的开始。英国科学家贝弗里奇（W. I. Beveridge）曾说："在研究工作中养成良好的观察习惯比拥有大量学术知识更为重要。"

从管理的角度看，对人的熟悉和了解，也是在观察的过程中逐步进行和完成的。因此，提高观察力，深入掌握和灵活运用观察，具有普遍意义，观察的一般程序如图 2-4 所示。

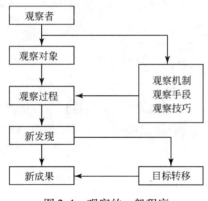

图 2-4　观察的一般程序

（二）观察的基本类型

按不同的划分标准，就会有各种不同的分类方法。通常，科学观察可分为如下类型：

1）根据观察目的不同，可将科学观察分为探索性观察和验证性观察。探索性观察是以发现某种科学认识为目的而进行的观察。例如，伽利略为了揭示亚里士多德关于不同重量的物体在自由落体时存在有先后的错误论点时，曾做了著名的斜面实验，通过科学观察记录，发现了物体在自由下落时是同时落地的，这就是著名的自由落体定律。

2）根据观察中有无使用仪器，可将科学观察分为直接观察和间接观察。直接观察又称纯感官观察，是指凭借人的感官直接对对象进行感知的观察；间接观察又称仪器观察。直接观察的特点是简便易行，同时避免了因观察仪器造成观察者在认识上的误差，至今在某些学科如气象学中仍得到广泛应用。间接观察是指人们利用科学仪器或其他技术手段间接地对自然事物或过程进行考察和描述的观察方法。间接观察克服了人的感官的局限性，使人们对客观事物的认识更客观、更迅速，从而使人类的观察能力发展到一个新水平。

3）根据观察结果是否对观察对象的数量特征进行了描述，可将科学观察分为定性观察和定量观察。定性观察也称质的观察，它是为获得观察对象的性质、特征及其同它所谓的定性关系而采用的观察方法。定量观察也称量的观察，它是在了解观察对象基本特征、性质的基础上，为了进一步探知观察对象在数量上的精确性，确定被观察对象的各种数量关系而采用的观察方法。定性观察先于定量观察，定量观察以定性观察为基础；定性观察使人们初步把观察对象与其他事物区分开，定量观察则使人们能深刻地认识事物，检验并修正定性观察结论。

二、观察应遵循的基本原则

在观察中，要始终注意防止谬误，应当遵循观察的客观性、全面性、典型性和理性指导等一些认识论与方法论原则，以确保提高观察结果的创造性。

1. 客观性原则

任何创新成果都直接或间接地来源于观察。事实的真实性和可靠程度决定了创新是否能成功。观察的客观性原则要求人们在观察中如实地按客观事物本来面目去认识事物，不加任何主观因素，实事求是地获取客观材料。

2. 全面性原则

要想做到观察的客观性，如实地反映研究对象，就必须全面地、多方位地进行观察。观察的全面性原则要求主体把观察对象放在与之相联的系统中，动态地观察事物，发现各种现象的内在联系，把握研究对象的本质和规律。

3. 典型性原则

典型性原则要求人们在观察中，要简化自然现象，撇开次要因素，减少可变因素和干扰因素，使研究对象的主要方面、过程充分暴露出来，选择典型进行观察。选择典型包括具有代表性的观察对象、合适的观察时机和观察地点等。美国遗传学家摩尔根（T. H. Morgan）正是选择了细胞中染色体最典型的果蝇，从而创立了遗传学的基因学说。

4. 理性指导原则

观察者对信息进行的挑选、加工和诠释，必然同人的知识背景相关，不同的理论指导，不同的生活经验，会使观察者对同一对象得出不同的观察结果。最终对观察结果的陈述也同样渗透着理性因素。不论是观察表述所用的语言还是对观察结果的判断、分析和概括都需要正确理论的指导。

三、创造性观察机制

1. 奇异现象剖析机制

许多创造发明都是在对奇异现象的观察、剖析中产生的。

1889 年，冯梅林教授（Baron Joseph Von Mering，1849～1908，德国内科医生）和闵可夫斯基教授（Oscar Minkowski，1858～1931，出生于俄国的内科医生、病理学家）在斯特拉斯堡为研究胰脏在消化过程中的功能时，用手术刀切除了一条狗的胰脏。一位实验助手发现，这条被切除了胰脏的狗，招来了成群的苍蝇。他将此事报告了闵可夫斯基，引起闵可夫斯基的警觉。他想道：为什么正常的狗不招苍蝇，而切除胰脏的狗会招引苍蝇呢？可能是胰脏切除后导致狗的代谢调节功能有变。经过对狗尿的成分分析后，发现了胰脏与体内糖的代谢关系，从而使我们认识了糖尿病，并由此获得了用胰岛素控制糖尿病的医疗方法。

2. "见异思迁"机制

从事科学观察，通常都有预定的目标。如果在观察中发现了不曾预见的异常现象，而且此现象很有价值时，就应转移观察目标，就有可能出现"种豆得瓜"式的创造，这就是所谓"见异思迁"创造机制。

1935 年，第二次世界大战前夕，英国的一位物理学家接受了上级委托他制造一种可以用来消灭远距离敌人或击毙敌方飞机上的飞行员的"死光"任务。所谓"死光"，就是指发射波长很短，但能置人于死地的电磁波。但就在他观察实验中，偶然发现运用电磁波的反射特性可以探测飞机的距离和方向，于是，他中断了制造"死光"的试验，转向研究电磁波反射特性的应用，根据这一反射特性，成功研制出最早的雷达，在第二次世界大战中发挥了重要作用。

3. 抓住机遇不放机制

出生于德国的著名化学家本生（Bunsen）于1854年研制出一种新式煤油灯，能手动调节火焰的大小和温度的高低，而且在点燃时，几乎不产生火焰，是化学实验理想的工具，被称为"本生灯"。一次，他在调节"本生灯"时，火焰缩回灯管，铜制灯管被烧热，突然火焰呈现出美丽的蓝绿色；当加大火焰加热玻璃管时，火焰又呈现出浅黄色；当他向火焰上撒一些食盐时，火焰立刻呈现出亮黄色。具有丰富的想象力，并善于观察和抓住机遇的本生，把看到的一系列现象联系起来考虑："是不是不同物质在灼烧时，火焰的颜色不同呢？"本生立即用实验来回答这个问题。于是，他分别用多种物质在"本生灯"上灼烧。经过实验，他发现：钾盐的焰色是紫色；钠盐的焰色呈黄色；钙盐的焰色呈砖红色；锶盐的焰色呈洋红色；钡盐的焰色呈黄绿色。本生萌生出通过灼烧各种物质就可以快速得知其化学成分的发明创意，这是一种极其重要的化学分析方法。为了攻克这道难关，本生特地邀请好友基尔霍夫（Kirchhoff）合作研究。

基尔霍夫是德国著名的物理学家，善于推理和从事物理学实验。本生和基尔霍夫携手合作，两人优势互补，合作攻关。他们的目标是找到一种分辨物质火焰的颜色的新方法，不仅能定性，而且能通过火焰的颜色进行定量分析。他们联想到牛顿用分光镜观察太阳和弗朗荷夫用分光镜发现了太阳光谱中的许多黑线的实验。本生把实验室布置成暗室，而基尔霍夫则改装分光镜，他们把一台单筒望远镜和一台三棱镜联结在一起，将光线从一道窄缝引入，通过三棱镜，然后再传送到望远镜的物镜上，于是，世界上第一台光谱仪就做成了。两人的合作实验就进入新的阶段：本生在一端灼烧各种物质，而基尔霍夫则在望远镜目镜那一端观察光谱。首先把钾、钠、锶、钡、铜等物质的光谱分别辨认清楚了，然后本生又悄悄把几种物质混在一起放到灯上燃烧，他一边烧，一边询问基尔霍夫："这次您看到什么谱线了？"基尔霍夫认真看了一会，坚定回答："您把锂、钠、钾、钙四种物质混在一块了，这四种物质的谱线我看得非常清楚；另外，您还混入了少量的锶，因为量很少，所以锶的光谱线很弱。""完全正确！"于是光谱分析的方法就这样诞生了，他们制造的第一台简陋的光谱仪成为具有重大科学价值的实验工具。本生和基尔霍夫的携手合作，既是化学家与物理学家的紧密结合，又是两门学科的集成发明，通过他们高超的观察力有效地推动着科学技术的进步。

四、观察能力的培训

我们应当从小注意培养，提高观察力，主要应做到下述要求：

1）循序渐进，逐步提高；

2）要明确观察的目的和任务；

3）要选定观察对象，制定观察计划；

4）要全神贯注，集中注意力；

5）要注意观察的敏锐性、准确性和全面性；

6）要学习和运用相关的知识；

7）要掌握和运用科学的观察方法；

8）要充分利用科学的工具，特别是现代仪器设备和相应的软件；

9）要吃苦耐劳、持之以恒；

10）要对观察情况进行记录、分析、总结提高。

做到了以上 10 条基本要求，就能够培养良好的观察习惯，提高观察能力和观察水平，产生良好的观察效果，取得观察的优异成绩。

第五节　发现问题能力

发现问题能力是指能够发现和提出问题并力求由自己回答或请别人协同回答问题的能力。

科学的发现往往始于问题的提出。爱因斯坦和英费尔合著的《物理学的进化》一书中曾指出："提出一个问题往往比解决一个问题更重要，因为解决问题也许仅仅是一个数学上或实验上的技能而已。而提出新问题、从新的角度去看旧的问题，却需要创造性的想象力，而且标志着科学的真正进步。"这表明发现问题能力对于创新者是多么的重要！

一、提高发现问题能力的途径

有效提高人们对问题萌芽的敏感度，并通过产生问题的各种不同路径，来发现问题和提出问题。

1）抓住观察的事实同已有理论的矛盾。每一个新的观察和实验结果以及多数反常现象，都可能与现有的理论概念发生冲突。这个时候，新的理论就会产生。

2）抓住理论的逻辑矛盾。如果一个理论系统的内部出现了逻辑矛盾，它就会推导出两个相矛盾的论断。因此，抓住理论的逻辑矛盾往往是发现问题并实现理论突破的关键。比如，爱因斯坦发现电磁学方程在伽利略变换中不具有融合性，这就意味着电磁理论同经典时空观存在矛盾，这一矛盾引导爱因斯坦探求出狭义相对论。

3）盯住争论。不同学派、不同学术观点的争论，是科学史上的常事。一个问题如果引发多个方面争论，这种激烈而尖锐的争论往往孕育着科学问题的突破。

4）盯住不同知识领域的交叉地带。近代科学的发展呈现出既分化又综合的趋势，一些有远见的科学家特别重视科学中的交叉地带，从中能找到许多有意义的课题，并做出开拓性的创造，比如系统论、控制论、信息论等。在创造哲学中，科学、技术与社会学的交叉以及与经济、政治、文化、教育的交叉，都促进着人们对科学本性的深化认识。

二、发现问题能力的培训

1）增强问题意识。每事问"为什么"，以求理解。问题意识是对问题的感受能力，创造活动源于问题意识。有人问爱因斯坦，他的那些最重要的科学概念是怎么产生的，爱因斯坦回答说，首先是从"我明显不理解的问题"而产生的。这句话也提醒我们对身边大量的现象要持"去理解"的态度，看一个事物或看一种现象，不管它是初次接触还是频繁出现，都应问一个"为什么"，养成"打破沙锅问到底"的好习惯。

2）增强好奇心。好奇心是诱惑人们走向未知领域的一个巨大力量，我们应该给自己的好奇心以足够的重视。如果你对某个领域有较深的了解，对这个领域有时产生的好奇心常会给你带来一些意外的创新。如1831年法拉第发明了产生电的方法，起初他并没有任何明确的目的，只是有一天他突然问自己："如果让一个铜线圈在马蹄铁形状的磁铁之间不停地转动会发生什么现象呢？"经动手实验后，出乎意料地发现铜线圈上产生了微弱的电流，结果一项伟大的发明产生了。

第六节　操作能力

操作能力也称实践能力、动手能力，是指为了实现解决问题的目标，运用一定的知识和信息，调动自身肢体的潜能，改变客体的现存形态，以适应主体需要的能力。操作能力还包括创造者对自己创新的有关活动能亲自组织、指挥、操作和演示的能力。

一、操作能力与创造创新的关系

研究表明，人的双手能做绝妙无比的动作和具有敏锐的感觉，人体用以进行各种操作活动的骨骼肌有 600 多条。在大脑的指挥下，它们相互配合，使双手能做出几十亿种动作，这是任何机械和智能装置都是无法比拟的。人类的直立行走、学会熟食和手脑并用是促进智力发达的三大要素。人通过操作获得敏锐感觉，通过手与脑的复杂联系，使大脑的创造性思维活动因反复受到刺激而活跃起来，人的智力，包括思维、想象、观察、记忆能力都在操作中获得提升和发展。因此，科技人员要真正成为一名创新者，必须参加实际操作组装、拆卸、维修和调试自己的设计产品等工作，通过操作，不但验证他们的设计，使概念产品变为实物产品，而且使他们变得心灵手巧，设计中百思不解的难题，可能就在操作过程中迎刃而解。更重要的是能诱导出进一步新的创意；此外通过操作活动可以锁定创新目标，明确创新方向。

二、操作能力的表现

操作能力表现的主要方式就是通过手、足等肢体去从事实际的设计、制作、实验、实施等具体活动，观察对象的实际变化，把头脑中的创意表现出来，将概念变成现实，因而也可看作是主体思想的物化能力。从大脑处理信息的角度看，操作能力主要是输出和应用信息的能力。

操作能力在一定程度上超出了智力的范围，它包含有非智力因素，这主要表现为主体的目的创意、意志情绪等直接融合于操作之中。这里，既有体力的支出，又有许多脑力的支出，是手脑并用，是心理对生理的支配，是信息的输出和应用。因而实践能力强、贡献大的人，往往被称作是眼明手快、心灵手巧、智慧超群的人。并且，正是因为手脑并用、身心协调，才促使人的智力得到了新的发展，变得更有智慧。

操作能力的品质表现在准确性、迅速性、协调性和灵活性四个方面，通过这些操作品质可以用来衡量一个人操作能力的大小和强弱。其中，操作能力的准确性要求是最重要的基础品质，准确的操作是成功地完成某项任务的基本条件；迅速性是讲操作的效率，要争时间，抢速度，不能拖拉和延误；协调性是强调各种操作动作要一致，程序要合理，技术要到位，技巧要熟练，组织要严密，这样才能协调一致，完成操作任务；灵活性是指要根据客观情况的变化，及时调整操作的程序、过程和方式，使操作活动顺利进行。

操作能力是非常重要的智力因素，是整个智力因素的集中体现，是智力外显和实现的基本途径，在人的创新活动和其他活动中起着关键性的作用。一切知识和智力是在实践中产生的，又通过实践（操作）来检验，并在实践中发展。人的任何聪明才智、伟大设想，都要通过操作来实现，没有实现的设想，只能是空想，因此，我们绝不能对操作能力视为可有可无。

三、操作能力的培训

操作能力分一般操作能力和专业技术操作能力，为提高操作能力应做到以下几点：

1）增强提高操作能力的自觉意识。任何创造活动都离不开实验、测量、制作、拆装等操作活动以及在操作过程中的相关思维活动。创造活动中的操作带有独创性和探索性，要始终保持培养自己操作能力的自觉性。在操作前，要对操作的目的、步骤和操作方法做认真细致的准备工作。在操作中，要随时注意和解决操作过程中出现的问题，要不断修改和补充原有的设想和方案，加深对客观事物的认识。

2）学习掌握操作能力的方法和有关原理。实施操作是一个复杂的过程，操作应以相关的知识和经验为基础，如果不掌握有关的基本知识，操作过程就会缺少预见性、计划性、方向性、步骤性和安全性，从而使创造活动半途受阻，甚至引发事故。因此，要认真学习与操作有关的方法和有关的原理，了解设备的操作规程，并制定详细的操作分工计划和确定操作步骤，特别要注意杜绝安全事故，防范突发事件。

3）树立良好的进取心。操作往往是由一系列动作组成的，操作的顺利完成有赖于对实现这些动作的熟练程度。进取的心态可以叫人反复练习，确保操作的准确性，并有助于人们积极思考操作中的各种问题：检查操作目的是否清楚、分工是否明确、操作方法是否合理、操作步骤是否恰当、操作过程是否完善、操作结果是否可靠等，以便发现问题、分析问题并解决问题。

4）刻苦练习专业技术操作技能。专业技术操作等专项技能操作课程要在技师或工程技术人员的指导下认真、刻苦练习，如操作数控机床并熟练掌握编程，参加机床零部件的组装、总装和检测等。

5）在日常生活中锻炼操作技能。如有机会，对下列项目认真练习或实践，以有利于把自己培养成一个"心灵、手巧"的创造者。①拆、装或修理自行车、童车、摩托车；②拆、装和维修各种电动工具；③拆、装或修理收音机、计算机；④修理桌椅板凳；⑤手工制作系列航模等；⑥手工制作工艺品；⑦钳工、木工、电工、机械加工、瓦工技能学习与实践；⑧装修住房等。

第七节　系统分析和系统决策能力

一、系统分析能力的涵义

所谓系统分析能力，是指人们运用系统理论，按照事物变化发展的过程，进行目标、因素、功能、环境及其变化性质规律的深入剖析，从系统整体的观点出发，对创新对象的整体与部分、整体与环境的相互联系、相互作用以及相互制约的关系进行综合考察，优选出实现预期目标研究方案的能力。这对从事科学技术研究、经济管理、实现技术创新具有重要意义。在发明创造领域中，系统分析要以能获得有效地、能动地反映事物整体性、最佳性、综合性、模型化和动态性为目标。

1. 整体性

世界上任何现象、事物或者过程都是相关要素组成的有机整体。例如，人类社会就是一个大系统，它是由社会生产力、生产关系、经济基础、科学技术、社会文化、上层建筑及其他各种元素有机组成的整体。

整体性就是要求创新者把研究对象作为系统来考察，由于整体是若干部分构成的，整体功能应远大于各部分的功能之和。但是，部分对整体有重要的影响作用，可从事物各个组成部分的相互关系中把握系统整体，从整体出发，研究它们的组成、结构、功能和运动变化的规律性。在对各部分进行认识和改造的同时，系统整合优化方法也不能忽视。

2. 最佳性

系统分析是为了最终目标获得最佳性。从多种可行方案中，经分析、筛选，确定出最佳的系统方案，用新的技术手段和处理方法把整个系统分成不同的层次、等级，并在动态中协调整体和部分的关系，从而使系统处于最优状态，并获得最优效果，以达到整体的最佳目标。

3. 综合性

凡是大的系统，其成分、结构、功能、联系方式及历史发展等方面均具有高度的综合性，现代化的新技术也都体现技术的综合性，由平面的综合变为立体的综合；由单项的综合变为多项技术的综合；由单层次的综合变为多层次的综合等。"综合就是创造"，在当代，综合技术越多，所产生的效应就越大。以综合国外技术见长的日本，就是依靠"三分欧洲的技术，七分美国的技术"综合成为自己的技术，使其实力由弱变强。

4. 模型化

模型化是实现系统分析定量化、系统试验科学化的必由之路。人们在从事研究规模庞大、因素繁多、结构复杂的项目时，必须遵循模型化原则，人们只有根据系统研究的最终目的，设计出相应的系统模型，并通过建立系统模型，才能合理确定系统的边界范围及其约束条件，借助模型揭示和定量描绘系统的联系规律，正确分析系统的组成要素及其相互作用。因此，人们只有建立系统模型，才能进行模拟实验，才能运用计算机进行系统仿真，从而不断检验并修正系统方案，逐步实现系统的整体最优化。

5. 动态性

动态性是系统分析方法的重要特征。研究对象是一个"活的系统"，系统的状态是在不断运动、变化和转换的。现实的任何系统都是开放系统，不断地处于物质、能量和信息的交换和变化之中。大至星系，小至亚原子，都是一个产生和消亡的过程，这就要求我们在研究系统时，要了解它的过去，掌握它的现在，预测它的未来，用动态的观点去分析、研究系统整体。

二、系统分析能力的培训

完备的系统分析，应当包括系统的目标分析、结构分析、功能分析、环境分析以及动态分析等诸多方面，并按以下步骤具体展开。

1. 目标分析

所谓目标分析，是指通过区分和分析系统目标的层次和主次，并分别了解实现该目标的约束条件，从中找出选择实现目标的最佳方案。这里，既包括对系统整体的总目标分析，也包括对系统要素的子目标分析。例如，导弹的摧毁力（k）的功能目标，是由导弹的爆炸力（Y）和命中率（C）两个子目标构成的，其关系式为：

$$k = \frac{Y^{2/3}}{C^2}$$

经计算，爆炸力 Y 提高 8 倍，摧毁力只增加 4 倍；而当命中率 C 提高 8 倍，即由 C 变为 $C^* = C/8$，摧毁力 k 可增加 64 倍。由此可见，提高导弹的命中率比提高导弹的爆炸力效果更好。

需要指出，在目标分析时，必须同时考虑相应的约束条件，进行全面、客观的权衡，使得出的分析结果符合系统的真实情况。

2. 结构分析

所谓结构分析，是指从系统的整体与部分、部分与部分之间的结构相互关系和联系上展开探讨和思索，通过分析和研究，了解各种相互关系的关键所在，并重新调整系统的结构，使其整体优势得以发挥。例如，经济领域中产业结构的分析和调整，领导班子中素质结构的分析和调整，以及人才培养中知识结构和个性品质的分析和调整等，都属于结构分析的范畴。处理好这一问题，能使系统的整体功能大为改善。

3. 功能分析

所谓功能分析，是指在结构分析的基础上，对系统各个组成部分在系统整体功能中所处的地位和作用加以分析和比较，从中确定其关键作用的功能。进行功能分析时，应从横向和纵向具体展开分析。

（1）横向分析

横向分析的主要任务是分析处于系统同一层次的各部分，在功能保持独立，不得交叉干扰和耦合，以实现本层次功能目标中所规定的作用。

（2）纵向分析

纵向分析的主要任务是在横向分析的基础上，分析处于不同层次中的各组成部分，从产品的市场需求、功能设计、设计参数选择、工艺参数确定、制造与装配，直至产品服务和回收，分析各层次在完成系统整体功能目标中所起的作用。

4. 环境分析

所谓环境分析，是指人们根据系统与环境的相关性，分析系统对环境以及环境对系统的作用情况，以便了解和掌握改善系统整体目标的措施和方法。

实际上，系统与环境之间的相互作用十分复杂，因为在系统与环境之间既存在物质和能量的交换，也存在信息的交流。环境可以对系统施加作用，系统也可以对环境施加反作用。因此，人们对每一系统层次的分析，既要分析该系统对当前和未来环境的适应情况，也要分析该系统对环境的反向影响。只有通过这种多角度、多层次、多方位的环境分析，才能使人们从分析中找到优化系统的条件或改善系统的措施，从而提高系统的整体性能。

5. 动态分析

所谓动态分析，是指人们根据事物动态发展的视角，分析系统及其环境条件的过去、现在和将来，以了解和掌握系统的历史起源、目前现状、存在问题和发展趋势。通过这种分析，人们可以把握系统的运动演变规律，制定出实现系统整体优化目标的具体措施和行动方案。

三、系统决策能力的培训

所谓决策能力，是指决定行动的策略或确定工作的方法。而所谓系统决策，就是依据系统的观点来指导人们开展正确的决策，以使获得的策略或方案符合系统整体化、最优化的要求。系统决策的有效实施可以通过下述步骤进行。

1. 发现问题

通过调查研究，发现问题、提出问题、界定问题、确认问题，它是人们对系统进行有效决策的基础。

2. 确定目标

在调查研究和对发现的问题进行充分分析的基础上，运用相关预测技术确定系统在一定环境条件影响和制约下所能实现的目标，包括业绩、时间和责任的界定。由于系统决策对象的复杂性，因而，确定目标时应当根据系统决策的不同层次提出不同的要求，即进行目标分解，并区分主次及轻重缓急，根据价值准则，指明约束条件给予确定或取舍。

3. 拟订方案

拟订方案主要是拟订实现系统决策目标的途径、方法、措施、时间、程序和责任。在此环节中，充分利用智囊技术、环境分析和价值准则，尽可能"多"

和尽可能"细"地设计出各种系统方案，并且应具有独创性和个性，保证有足够的方案可供人们选择和检验。

4. 分析评估

对已设计的各种方案进行可行性分析，为方案决策提供比较数据，并在决策技术的指导下，保证评估的真实性和可靠性。

5. 方案选择

在分析评估的基础上，依据决断理论和系统优化的基本思路和方法，从全局的角度对方案进行选择评优，确定所选方案。

6. 测试验证

按照所确定的方案，在小范围内进行局部试验，既是对所选方案的检验，也是为方案正式实施取得经验做准备。

7. 方案实施

方案实施就是根据最后选定的方案进行具体实施。

以上各个步骤，既相互联系，又相互制约，并构成完整的系统决策全过程，如图 2-5 所示。

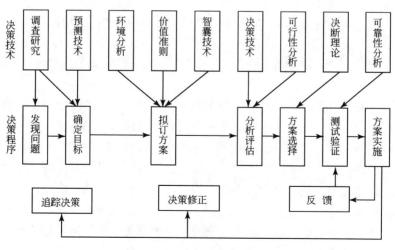

图 2-5 系统决策程序示意

系统分析和系统决策能力对创造工程的顺利进行至关重要，创造者应深入调查研究，在决策程序的各个环节中，灵活使用预测技术、环境分析、智囊技术、决策技术、可行性分析、决策理论和可靠性分析，在决策过程中应不断修正方案，在实施过程中应跟踪决策，切忌主观片面而导致全局性失误。

第八节　信息能力

1948年，美国数学家申农（C. E. Shannon）发表了《通讯的数学理论》一文，确定了信息量及其计算方式，标志着信息论科学的诞生。当今，信息已是维持人类社会活动所必需的一种资源，把信息、材料与能源并列为科技经济发展的核心因素。

信息是一个既古老又年轻的概念，但至今无统一、权威的定义，其原因之一是站在不同的角度对信息就有不同的理解。《控制论》创始人、美国科学家维纳（N. Wiener）认为："信息就是我们适应外部世界，并把这种适应反作用于外部世界的过程中，同外部世界进行相互联系、相互作用和相互交换的一种内容。"维纳的定义深刻地揭示了知识经济和创新经济时代信息的本质。从人的主观角度看，信息可理解为储存在人脑之中的思想、概念、知识等的形态；信息也能用某种编码的形式储存或通过特定的介质进行传送，如存储在书本纸张上的文字信息，记录在光盘上的声音、文字、图像信息，计算机系统中的各种数字、数据、程序信息等，我们称这些物理介质中的信息为文献信息。从技术角度看，一切人造器物、工程及其包含的技术、知识、人文特征，都是信息的表征。

一、信息与创新的关系

当今的时代，是以信息的产生和交换为主要特征之一的时代。重视信息，利用信息是现代社会和经济迅速发展的一个很重要的原因，创造者应及时、准确地获取所需要的信息，可使其开阔眼界、及时了解新情况、发现新问题、启迪智慧、成功地进行前人所未进行的创造。反之，则有因不掌握有价值的信息，导致与成功失之交臂的可能，或者因不能灵敏、准确、完整地掌握信息，而导致徒劳地重复着他人已进行完成的发明。例如，西德有一位化学家，花了一年时间，耗资1万美元，呕心沥血，绞尽脑汁，完成了一项课题，当他正得意洋洋、兴高采烈地把这一消息告诉一位在图书馆工作的好友时，他的好友漫不经心地说："你的成果别人早已完成了，只需花5美元的复印费，就可以得到详细资料。"这位化学家大失所望，1 万美元与 5 美元之间的反差，就是因为这位化学家不注意及时掌握同行研究领域中的信息，造成耗资万元的重复劳动。

一切创新活动都是在前人积累的知识基础上进行的，利用了已有的知识，包括理论、事实、数据、方法等。据统计，科技人员研究的各种问题中，95%～99% 是可通过科技信息，即借助于他人的经验或成果解决的，只有平均 1%～5% 的问题是靠创造者本人的创造性劳动完成的。

信息的产生、发表、传递、获取和利用，形成了科技信息的流动。而创新的整个过程都和信息的交流传递紧密相关，即使是发达国家，其本国提供的新知识也只占世界新知识总和的 20%～25%，而 75%～80% 是从国外吸收进来的。图 2-6 表明技术发明的各个阶段对信息的依赖关系。

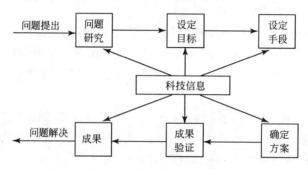

图 2-6　技术发明各阶段对信息的依赖关系

20 世纪 60 年代在一次调查美国和日本的一些化学研究人员的科研时间分配比例结果显示：查阅文献资料时间占 50.9%，研究试验时间占 32.1%，计划与思考时间占 7.7%，撰写科研报告的时间占 9.3%。

二、信息源

信息源是指人们获取信息的来源，一切创新活动总是从信息源开始的。

（一）信息存在的形式

信息以三种形式存在：一是存在于人脑记忆中，人们通过交谈、讨论、报告会等方式进行交流传播；二是存在于实物中（如产品、样机、样品等），人们通过采集、实地参观考察和举办展览等方式加以交流传播；三是用文字、图形、符号、音频、视频等手段记录在某种载体上，以文献形式进行交流传播。这三种存在形式共同构成信息源，人们习惯称这三种形式分别为口头信息源、实物信息源和文献信息源。

（二） 文献的类型

1. 按记录方式

1）手写型文献。手写型文献就是指手写未经过复印的信、笔记、会议记录、手稿等原始资料。

2）印刷型文献。印刷型文献就是指以纸张为载体，以打印、胶印、静电复印等印刷方式制作而成的文献。

3）微缩型文献。微缩型文献就是指以感光材料为载体，将纸张文献微缩、复制在感光材料上而成的文献。

4）视听型文献，又称声像型文献。视听型文献就是指以磁性材料或感光材料为载体，采用录音、录像或摄影技术直接记录声音、影像信息而形成的文献，包括唱片、录音带、录像带、幻灯片、电影片等，其特点是直观、真切、传递速度快。

5）电子型文献即电子出版物。电子型文献就是指以磁性材料为载体，把文献变成机读文字、语言、图像输入计算机，存储在磁带、磁盘或光盘上，阅读时又由计算机将其转换成文字信息或图像信息。

2. 按对文献内容加工的层次

1）零次文献。零次文献就是指未经过复印的原始记录，包括书信、手稿、笔记、会议记录等。零次文献有时具有重要的信息价值。

2）一次文献。一次文献就是指根据生产或科研成果撰写的首次发表的原始文献。

3）二次文献。二次文献就是指按照一定的原则、方法对一次文献进行加工整理而成的用于报道一次文献的文献，具有工具性、检索性、报道性的特点，如书目、索引、文摘等。

4）三次文献。三次文献就是指围绕某个专题对一次文献所包含的知识信息进行深入地分析研究之后，综合概括而成的文献，如专题评述、动态综述、文献指南等。

（三） 十大科技信息源

1）科技图书。科技图书大多是对已发表的科研成果、生产技术和经验或者就某一知识领域系统地论述或概述，是一种单独成册或成套的出版物，内容系统、全面、成熟。

2）科技期刊。科技期刊是有固定名称和出版编号、定期或不定期发行的出版物，内容通常反映最新的科技水平和动向。美国对数千名科学家的情报需求进行调查表明，他们需求的信息65%来自于期刊论文。

3）科技报告。科技报告是具体的研究人员和相关机构提交的围绕某一课题或项目所作的论证、总结、方案或介绍，内容详尽、专深，具有较高的参考价值。

4）科技会议文献。科技会议文献指在学术会议上宣读或交流的论文及会后汇编的论文集和专刊，其中国家级和国际学术会议论文质量高，专业性和科学性强，代表该学科技术领域研究的前沿。

5）学位论文。学位论文指大学生和研究生为获得学位而撰写的论文，水平高低不等，一般由授予学位的单位内部收藏。

6）专利文献。专利文献指专利申请书、专利说明书、专利公报等与专利有关的文献，内容一般是新颖、先进、实用的技术。

7）政府出版物。政府出版物指政府部门及其所属的专门机构发表出版的具有一定的技术性和学术性的行政性文件和科技文献，如法律法规、决议指示、方针政策和有关部门的科技研究报告、科技预测等。

8）标准文献。标准文献是对各类产品和工程质量规格及检验方法等所作的技术性规定，有一定的法律约束力。按技术标准的内容可分为基础标准、产品标准、方法标准，按其范围又可分为国际标准、区域性标准、国家标准、专业标准、企业标准等。

9）产品样本。产品样本是对定型产品的性能、构造原理、用途、使用方法和操作规程、产品规格等作具体说明的出版物。

10）技术档案。技术档案是围绕某一工程项目而形成的有关技术文件、设计图纸、施工图纸、图表、照片、原始记录等。

三、信息的检索

现代社会处于信息"爆炸时代"。例如，1965年世界信息总量约为72亿万字符，1985年世界信息总量为500亿万字符，20年间增加了约6倍，到1995年增长到1 200 000亿万字符，是1985年的2400倍。文献量的剧增，造成了情报累积与情报利用之间的矛盾，于是形成了一门研究信息检索理论和方法的新学科。

所谓信息检索，就是根据课题的需要，主要通过各种检索工具，采用合适的方法，从浩瀚的信息中检索出与课题有关的信息。

信息的检索有三种类型，即文献检索、数据检索和事实检索，其核心是文献检索。因此，创造发明者必须掌握文献检索的基本原理、方法和手段。

专利文献是实行专利制度的国家及国际性专利组织在审批专利过程中产生的官方文件及其出版物的总称，它是国家对创造性发明成果提供专利保护形成的技术性、权利性文件。国外许多企业实施专利战略，为了确保其竞争优势，不得不对其产品和工艺上所有革新谋求专利保护。检索者可以从中分析出对方的技术水平、技术路线和竞争优势，为检索者制定经营战略及技术创新战略提供科学依据。

四、专利文献的运用

（一）专利文献的性质和特点

1. 性质

集技术、法律和经济信息为一体，每一项专利文献都记载了解决某一技术课题的方案；同时，它又是宣布发明所有权和权利要求的文件，为技术的转让和交易创造了条件。

2. 特点

1）技术内容新颖。发明者为了获得专利保护，往往在发明获得成功的同时，立即申报专利。一项专利提出申请后，一般在 18 个月内就予以公布，大大加快了新技术的传播。国家专利与商标局统计，我国在 1963～1974 年的 15 年中，共颁发了 100 万件专利，其中约有 80 万件专利属第一次公开技术秘密，其新颖性非常突出，一般学术性的非专利文献是无法比拟的。

2）技术内容广泛，知识覆盖面大。专利文献对应用科学范围内的技术几乎无所不包，是极其丰富、珍贵的科技信息的宝藏，每年有 100 万件专利获得审批，累计专利文献总量约为 5700 万件，它是世界上搜集系统中最广泛、最精确、最严密的技术资料。它准确地反映了世界科技水平和成就，代表了人类智慧的结晶，对于创造者来说，专利文献是获取知识的最广阔的天地。

3）内容描述详尽。专利说明书中对发明技术的目的、用途、特点、背景、效果和采用的原理、方法等都有详尽的描述，往往还有图像、公式、表格，检索者可从专利文献的溢出效应中获得很多启迪。

4）分类科学，格式统一。凡是实行专利制度的国家，其专利说明书都必须按国际标准格式印刷，各著录项目都采用了统一的识别代码，标注统一的国际专利分类号，检索者有了专利号，就可以很快获得所需的资料，由于格式的高度标准和统一，也为利用计算机进行检索创造了条件。

（二）专利文献在创新中的作用

1. 有利于提高科研开发的效率和能力

专利文献融技术、法律、经济信息为一体，是反映当今世界科技发展最迅速、最全面的系统化信息资源。根据近百年的统计，专利文献较其他非专利文献要提前3~5年，有些甚至提前6~7年。90%~95%的发明成果都能从专利文献中检索到。创新者通过专利检索，能及早掌握行业和专业的最新技术信息。根据知识产权组织（WIPO）统计，充分利用专利文献可缩短科研周期60%，节约研究经费40%。另有一项调查表明，创造者如能系统搜集美、日、英、法、德等5个国家的专利，就可以了解到整个发达国家60%~90%的科技发展情况。因此，企业在制定研发计划和个人在选定科研课题时，都应先通过专利文献的检索和科学地整理分析，预测技术的发展方向和轨道，避免盲目和防止重复研究及侵权，从而大大提高研发效率和能力。

许多创新者的亲身经历证明，经常检索行业和专业的专利文献，通过联想、想象和归纳，可以导致迸发出新的发明"火花"，通过学习其他领域的新构思，能引发本行业的技术突破。在他人专利成果的基础上搞发明，从发现其疏漏来提升自己的发明，往往会产生意想不到的成功。当代伟大的创造发明家阿奇舒勒就是从大量的高水平专利的研究分析中，找到了技术进化规律，并创建了 TRIZ 理论。

有些专利保护已过期，其中有一些对我国仍然有很好的使用价值，可以结合本单位的实际，充分利用这些过期专利文献，提高企业的技术层次和研发效率。

2. 有利于技术引进的科学决策

引进技术固然是一种实施追赶的战略选择，但如果技术引进不与专利文献的检索结合起来，往往使企业蒙受不必要的损失。有些引进的技术不是最先进的技术甚至是过期的或很快进入衰退期的专利技术，不单是给企业增加不必要的经济负担，且影响到企业的发展战略和今后几年的竞争态势。因此，要鉴别专利的真伪，充分把握专利的法律状态，避免上当受骗。

只获得专利申请号而没有被授权，不是真正的专利。一项外国的专利未在中国申请注册，也不能得到中国法律的保护。因此，掌握专利的法律状态、保护范围、地域性和时间性是引进技术的重要环节和最重要的决策依据。

3. 有利于企业和个人维护专利技术成果和开拓国内外市场

经常检索专利文献，在掌握最新科技信息的同时，也可以核实本企业和创造者本人的发明是否拥有一项或多项高水平的发明或实用新型技术，可以通过申请专利获得法律保护，取得控制该技术的市场，如发现任何单位或个人侵犯了专利文献中提出的权利保护范围，专利权所有人就可以依据其专利权制约侵权者的行为。也可以监视他人的专利申请是否合法、有效，并运用法律手段对伪专利权提出行政撤销和请求对其宣告无效，以维护企业或个人的技术成果权利。我国有许多创新发明，由于专利意识差，没有及时在国内申请专利保护，更没有向有关国家申请专利保护，导致许多技术白白流失，甚至被别国模仿后抢先申报注册专利，造成极严重的经济损失。因此，全面学习和掌握 TRIZ 理论，运用生成专利申报软件，以维护企业和个人的技术成果是十分必要的。

五、创新者应具备的信息能力

要实现创新，必须具有较强的信息意识和检索、获取、分析、研究和利用信息的能力。

1）正确选用有关信息源的内容、特点和获取渠道；

2）正确掌握各种检索工具的内容、结构、特点和使用方法；

3）掌握各类信息的检索方法、制定检索策略，并灵活运用；

4）掌握通过有关网站和搜索引擎检索信息的方法；

5）有效利用有关图书和信息机构的馆藏、检索系统（包括光盘和国际联机检索系统）和服务设施；

6）掌握各类信息的加工、分析、研究方法，运用信息及时掌握发展动态和趋势，诱发创新思维，导引创新方向，提高创新能力。

在学习、掌握和运用信息的过程中，必须做到：

1）客观取舍信息。所获得的信息，在解决某个问题时有的参考价值较大，有的不太大，所以应客观地取舍。

2）析信义，求真值。信息的价值有真有假，发明专利中，只有 20% 有实用价值，有的信息资料中确实含有价值大的信息，然而它和众多的信息混杂在一起，因此，创造者就要善于对大量的信息进行科学分析，把握信息的真值，从而才能做到有效地利用信息。

3）开发挖掘，使信息增值。要使信息的价值增值，就必须发挥人的主观能动性，善于运用事物普遍联系的辩证方法，对信息的价值作推广放大的思考，从确定的信息价值中挖掘新的信息价值。此外，还要开发挖掘大量零散信息的价值，使零散信息在有序的整体中增值。

4）及时利用，加速信息转化。创新者在利用信息上，既要看得准，更要用得及时，使信息加速转化，创造出新成果。若缺乏时效观念，当用不用，犹豫不决，就有可能使有价值的信息成为"明日黄花"。

思 考 题

1. 创新思维的基本特征有哪些？

2. 创新思维方法是怎样分类的？

3. 说明归纳思维法和演绎思维法及其相关联系？

4. 怎样理解逻辑思维和非逻辑思维的互补作用？

5. 什么是想象思维？想象思维可分为哪些类型？

6. 联系你所从事的学科或行业，憧憬性地想象2020年将是何种景象？

7. 谈谈想象思维对创造的作用。

8. 联想思维有哪几种类型？

9. 什么是直觉思维？直觉思维有哪些特征？

10. 进入知识经济时代，主导创新发明的思维特征是什么？

11. 何为创新技能？主要有哪几种能力组成？

12. 在工作和日常生活中怎样养成良好的观察习惯？

13. 操作能力和创新的关系如何？怎样提高你的操作能力？

14. 在工作和日常生活中，如何提高你的系统分析和系统决策能力？

15. 信息和创新的关系如何，怎样提高自己的信息能力？

|第三章| 传统创新技法

　　传统创新技法是建立在认识规律基础上的创新心理、创新思维方法的技巧和手段，是实现创新的中介。大部分以逻辑思维为主的创新技法，如演绎法、归纳法，它们是从人类长期科研和创新的实践过程中总结和提炼出来的，有系统的公理支持，形成了较完整的理论和方法学，而大部分以非逻辑思维为主的创新技法目前尚处于初生阶段。要想获得技术创新的突破，首先要依靠来自创新技法的突破。

　　法国的天文学家和数学家拉普拉斯在其名著《宇宙体系论》中指出："认识一位天才的研究方法，对于科学的进步，甚至对于他本人的荣誉，并不比发现本身更少用处。科学研究的方法经常是极富兴趣的部分。"法国生理学家贝尔纳也特别指出："科学中难能可贵的创造性才华，由于方法拙劣可能被削弱，甚至被扼杀；而良好的方法则会增长、促进这种才华。"

第一节　传统创新技法的分类

　　许多创造学者认为，多数创新技法目前在理论上尚处于"初生期"，还远远未达到纯粹科学的水平，因此笔者称其为传统创新技法。自 1946 年，苏联"TRIZ 解决发明问题理论"（我国部分学者称"萃智理论"）的问世，特别是自1993 年该理论传入美国后，TRIZ 理论与众多现代设计方法、计算机软件技术等集成融合，已把创造技法从理论上推向了崭新的发展期。

　　根据有关资料统计表明，从 20 世纪 30 年代奥斯本创立第一种创造技法——智力激励法以来，全世界已涌现出有案可查的创造技法 1000 余种，常用的只有数十种。

　　将创新技法进行合理的分类，有助于人们更好地认识和掌握技法。然而，面对种类繁多的创新技法，要把它们逐一进行分类是一件比较困难的事情，因为多数创新技法都是研究者根据自己的实践经验和研究方法总结出来的，各种技法之间不存在科学的逻辑关系，没有一个公认的标准，难以形成统一、科学的体系。各种技法之间存在彼此重复、界线模糊的情况。

通常有以下几种分类方法。

（1）按照思维的主要形式分类

按照思维的主要形式可将创新技法分成两类：一类是以逻辑思维形式为主的技法，如演绎法、归纳法、类比法；另一类以非逻辑思维为主的技法，如智力激励法、联想法、形象思维法、缺点列举法等。

由于在运用创新技法解决发明问题的过程中，创新者的思维形式往往是通过逻辑思维和非逻辑思维组合、互补的形式挥作用的，因此必须强调：只能是按某技法的主要思维形式，而不是把它们绝对化，否则分类工作将难以开展。

（2）按照思维的方向分类

按照思维的方向可将创新技法分成两类：一类是发散式创新技法，即创新者尽可能多地提出与创造对象有关的各种设想，从中寻求创新成果的方法；另一类是收敛式创新技法，即创造者立足于创造对象，通过收敛思维达到创新的目的。

由于发散式创新技法属于非逻辑思维，而收敛式创新技法属于逻辑思维范畴，所以这与第一种分类方法基本雷同。

（3）按照技法本身的内在联系和层次高低来分类

按照技法本身的内在联系和层次高低可将创新技法分为联想型技法、类比型技法、组合型技法和 TRIZ 创新技法等四类。

1）联想型技法是以丰富的联想为主导的创新技法，其代表性的技法是奥斯本提出的"智力激励法"，在该技法中提出的"自由思考和禁止批判的原则"，是为创新主体抛弃束缚的关键措施，为创新者开放思维空间、展开大胆联想和群体协同创新创造了条件。联想型技法是技法的初级层次。

2）类比型技法较联想型技法较高一层次，是以大量联想为基础，以不同事物间的相同或相似点为切入口，充分运用想象思维，把已知事物和创新对象联系起来进行技术创新，其代表性的技法是综摄类比法，这一技法的中心部分是拟人类比、直接类比、象征类比、幻想类比等的思维技巧问题。

3）组合型技法是把表面上看似不相关的多个事物有机地组合在一起，产生奇妙、新颖的创造结果。它与类比型技法相比较，不是仅仅停留在对象的相似点上，而是把它们组合起来，产生意想不到的效果，因此，组合型技法比类比型技法的层次更高级，其具有代表性的技法是异类组合法，以不同的事物或在功能上或在形式上进行组合，创造出新形象。

4）TRIZ 创新技法综合运用各种创新原理，以技术系统进化法则为基础，以理想化为最终目标，促进和谐完美的技术创新，它属于创新技法的最高层次，已上升为理论方法和工具（在第五章中介绍）。

笔者综合上述的分类方法，将一些常用的创新技法进行了分类，如图 3-1 所示，并在后面的章节中简要介绍。

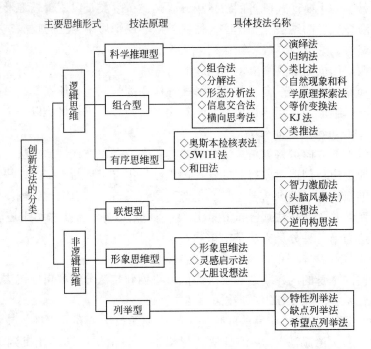

图 3-1　一些常用创新技法的分类

第二节　逻辑推理型技法

根里奇·阿奇舒勒在他的《创造是精确的科学——解决发明问题的理论》一书中充分阐述和论证了他的发明理论观点，不赞成把"灵感"、"直觉"、"机遇"神秘化，他认为：逻辑推理、控制思维才是发明创造的根本途径。在知识成为创造发明第一资源的今天，逻辑推理型的创新技法已越来越多地得到各行各业发明家的青睐。

归纳法和演绎法已在第二章第二节中做了简要介绍，这里不再赘述。

一、类比法

所谓类比法，就是指把两个或两类事物加以比较并进行逻辑推理，找出它们之间的相似点或不同点，采用同中求异或异中求同机制，实现创新的技法。它是由美国创造学家威廉·戈登于 20 世纪 40 年代提出的一种新颖独特和有效的创新技法，在 60 年代趋于完善并得到应用，对美国制造业的产品开发和创新有着深远的影响。

（一）类比法的分类

1. 直接类比法

直接类比法就是从自然界或者已有成果中寻求与创新对象相类似的事物，将它们进行直接比较，在原型的启发下产生新设想的一种技法。

瑞士著名的科学家奥·皮卡德（Auguste Piccard）原是从事大气平流层研究的专家，他设计的平流层气球能飞到 15 690 米的高空，后来他转向了对海洋潜水器的开发研究工作，运用直接类比法发明创造了世界上第一只能自由行驶的潜水器。

以前的潜水器，是靠一根钢缆吊入海水中，不能自行浮出水面，也不能在海底自由行动，潜水深度受钢缆强度的限制，一直无法突破 2000 米大关。尽管海和天是两个根本不同的环境，然而海水和空气都是流体，这是它们的共性。平流层气球由充满比空气轻的气体的气球及吊在气球下面的载人舱两部分组成，借助气球的浮力，使载人舱向高空升起。皮卡德把平流层气球的原理运用到设计能自由升降的潜水器上。认为如果在潜水器上加上一个浮筒，这就如同一只"气球"，能让潜水器在海水中自行上浮下沉。于是，皮卡德和他的儿子小皮卡德设计了一只由钢制潜水球和外形似船一样的浮筒组成的潜水器，在浮筒中充满比海水轻的汽油，为潜水器提供浮力。同时，又在潜水球中放入铁砂作为压舱用，借助铁砂的重力使潜水器下沉。如果要它浮上来，只要将压舱内的铁砂抛入海中，借助浮筒的浮力就能使潜水器再度升至海面。经配备动力后，即可使潜水器在任意深度的海洋中自由行驶了。第一次试验，就下潜到了 1380 米深的海底，后来又下潜到 4042 米深的海底。皮卡德父子设计的另一艘潜水器"里亚斯特号"下潜到世界上最深的海底——10 911 米，成为世界上潜水最深的潜水器，皮卡德父子也因此被誉为"能上天入海的科学家"。

利用直接类比来启发产生新设想的关键是要善于观察和判断，要保持开放的和有准备的头脑，不放过任何机遇，从事物的诸属性中获得新设想的启示。

2. 拟人类比法

拟人类比就是将人体比作创新对象或将创新对象视为人体，由人及物或以物拟人，从两者存在的差异与相似之中，领悟其中相通的道理，促进创新思维的深化和创新活动的发展，从而形成新构思。如根据人手臂的动作设计机械手，这是部分的拟人类比；新近设计的机器人，模拟人的综合动作，能存储大量信息，有一些思维能力和表情，能完成各种动作，这是系统的整体拟人类比。

拟人类比法亦称自身类比、亲身类比、人格类比或角色扮演，它是移情机制的具体化，从精神到机体上参与创造活动，体验情感，产生共鸣，在角色扮演中悟出一些与解决问题有关而平时又无法感知的因素，从而创造性地解决问题。著名科学家法拉第在总结其创立电解定律的经验时，曾强调其成功的关键在于："往里窥视电解质的实质，在脑海中呈现可见的原子活动"。这就表明，法拉第是在用自身类比的方法进行科学发明的。原苏联发明家和创造学家阿奇舒勒创造的小矮人建模法，就是运用拟人类比原理，解决了众多发明问题。

3. 象征类比法

象征类比亦称符号类比，是借助事物形象或象征性符号来类比所思考的问题，从而使人们在间接地反映事物本质的类比中，启发思维，开阔思路，产生创造性设想。

象征类比对开启人们的思路具有极大的作用。例如，我国古典哲学巨著《易经》中的"八卦"，早在几千年前就用极为简明的阴和阳两种符号来表示不同的数字和概念，并进行编码，用以"推天道，明人事"。这一古老的类比符号系统，诱导出对当今世界具有重大影响的两大发明成果：一是二进制数学，二是条形码技术。

17世纪，德国数学家莱布尼兹在研究乘法计算时，因寻找不到有效的计算方法而陷入困境。后来，他从海外归来的传教士那里得到来自中国古代的两张八卦图，一张是64次序图，另一张是64方位图。莱布尼兹从中看到了0～63的完整的二进制数字。受此启发，创立了二进制数学，并在此基础上，研制成功了计算乘法，这是象征类比的典范。

4. 幻想类比法

幻想类比亦称空想类比和狂想类比，它是神话机制的具体化，是通过幻想思维或形象思维对创新对象进行比较，从而寻求解决问题的答案的一种方法。幻想类比是同质异化原则的主要实施途径之一，其作用常常反映在以下三个方面：

1）使深奥、费解的事物变得清晰；

2）使人们的联想力和想象力变得丰富；

3）使解决问题的方案变得具体。

一般说来，幻想类比讲究"神与物"的相互渗透，人们正是在这种相互渗透之中去把握要点，悟出道理，并进而取得发明创造的成果。

纵观人类发展史，很多重大的发明创造都是通过幻想类比产生的。如今，人类遨游太空，在很大程度上就类似于古代人们关于嫦娥奔月的美丽幻想和出于近代人们对宇宙航行的迫切愿望。1865年，法国著名科幻作家儒勒·凡尔纳完成了一本关于宇宙航行的科幻小说，生动有趣地描述了初次到月球旅行的情况，尽管书中描写的内容都是虚构的情景，但它强烈地激起人们将幻想变为现实的雄心壮志。100年后，美国阿波罗登月计划获得成功，人类终于将自己的脚印踏在了月球的表面上。

在实际运用上述四种类比方式开展创新活动时，一般遵循"直接类比→拟人类比→象征类比→幻想类比"的顺序。人们在解决问题之初，通常喜欢从相似的问题中去直接寻找借鉴或答案。只有当尝试多次而失败或是问题过于复杂时，人们才会转用拟人、象征、幻想等越来越间接的类比方法，以求在奇思异想的启发下，创造性地解决问题。

1834年，英国发明家巴贝治运用直接类比和拟人类比，绘制出通用计算机图样；美国阿塔纳夫教授和他的学生贝利用幻想类比法于1942年设计出电脑，并最终制成世界上第一台阿塔纳-贝利计算机。

5. 综摄类比法

综摄类比法是英文Synectics的译名，国内还把它翻译为提喻法、集思法、分合法等。

（1）理论根据

戈登（Gordon）经考察大量的发明成果后发现，人的创新思维转换过程分为以下两个阶段：

1）变陌生为熟悉阶段。变陌生为熟悉阶段是把自己初步接触到的事物或新的发现，转换到自己早已熟悉的事物中去。如计算机领域"病毒"、"黑客"等就是运用人们熟悉的语言去描述计算机专业的术语。当一个新的问题提出的时候，尽可能多的去掌握它的细节和信息，借助于分析，把"未知"转变成"已知"，这是解决问题的前提。在这个分析问题、了解问题、变陌生为熟悉的过程中，可能会产生各种小的发现和得到一些比较肤浅的答案，但这并不能根本解决问题。

2）变熟悉为陌生阶段。变熟悉为陌生阶段就是有意识地用全新的方式、全新的角度去解决问题。通过新的发现来找出自己非常熟悉的事物中的不同之点，以全新的角度来分析、解决问题，从而产生全新的创造发明。如拉杆天线原是收音机用的，可以把它用作相机的支架、折叠伞、渔竿、教鞭等。隐喻、移情和类比可以促使熟悉变为陌生，可以使人们的思维范围得到扩展，使人们的思维角度得到改变。

以上两个阶段有不同的思维特点，在创造性思维过程中有着不同的作用。在创新过程中，实现由陌生变熟悉进而实现由熟悉变陌生，是能否成功实现运用综摄法的重要环节，也是能否取得创新成果的关键。

（2）运用程序

美国创造学家普林斯（Bunsen）明确地提出在运用综摄类比法召开会议和进行创造时所应该贯彻的 7 个步骤，如图 3-2 所示。

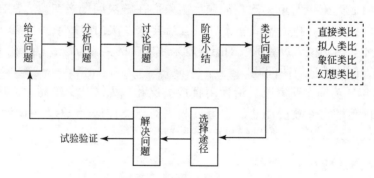

图 3-2　综摄类比法操作流程

1）给定问题。由会议主持人宣布研讨的事物和创造的对象以及相关的事项。

2）分析问题。主持人介绍背景情况、相关资料，并进行初步分析，以便与会者掌握信息，打开思路。

3）讨论问题。与会者畅所欲言，相互激励，提出不同的看法和见解。

4）阶段小结。会议主持人对与会者的发言进行阶段性归纳和分析，并加以系统的对比和排序，确定有待深入研讨问题的先后顺序。

5）类比问题。与会者在对上述排序问题做依次讨论和深入研究时，应采用直接类比、拟人类比、象征类比和幻想类比等方法，变熟悉为陌生，使研究思路向纵深渗透。

6）选择途径。当与会者用类比的方法使思维转移到陌生的领域，摆脱思维定式的束缚后，应从新的角度探寻解决问题的新途径和新方法。

7）解决问题。对所研讨的问题要能放得开，收得回，与解决问题的方案联系起来，并强行结合，将与会者的设想集中起来，综合各自优点，最终形成解决问题的方案。

在讨论开始阶段，不要把问题全部摊开，应不断地通过提问和提供资料进行启发和诱导，使与会者突出主题、各抒己见、积极构思直至产生一系列创造性设想。然后再披露主攻目标，引导全组成员针对创造主题的目标要求，提出各种各样的创造性方案，并展开具体化和可操作化的细致讨论。

6. 仿生类比法

模仿生物功能的创造创新方法称为仿生类比法。

自然界的动植物以其精妙绝伦的生存方式为人类孕育出新事物和新方法，提供了模仿形象。生物界所具有的精确可靠的定向、导航、探测、控制、调节、能量转换、信息处理、生物合成、结构力学和流体力学等生物系统的基本原理和结构，是人类创造发明的巨大智慧源泉。1960 年在美国诞生的边缘学科——仿生学，就是为解决技术上的难题而应用生物系统技能的学科。因此有人将仿生类比法称之为仿生学法。

PC 技术的发明人高登·艾吉（Gordon Aiji）领导的小组，通过反复研究发现，飞蛾的眼睛覆盖有一个精巧的十字图案，致使夜蛾的眼睛在吸收光线时并不反射光线，艾吉巧妙地把飞蛾的眼睛结构作为信息存储系统的基础，终于发明了记录信息的光盘。艾吉说："如果你希望解决一个问题，你可以参考一下这个问题在自然界的解决方案，作为进化的成果，生物总是有着最为经济实用的答案。"人体与机器人、人眼与人造眼、蛙眼与电子眼、苍蝇眼与复眼照相机、狗鼻子与电鼻子等，新发明由此不断问世。

7. 对称类比法

利用自然界中许多事物存在着对称关系，利用对称关系的规律进行的类比就叫做对称类比。在创造过程中运用对称类比，可以引发一个个诱人的假说，发现某种对称的新课题，就可能获得创新成果。

自然界中许多事物存在着对称关系，如物理学上的正电荷与负电荷，两者除了极性相反之外，其他都相同，换句话说，正电荷和负电荷是对称的。例如，1897年，汤姆生发现一个带负电荷的电子，接着卢瑟福发现了带正电荷的质子，但是，质子的质量是电子质量的1800倍，这就引起了物理学家的思考：质子与电子似乎太不对称了，自然界有没有和负电子质量相同而带正电荷的电子？1928年，英国物理学家狄拉克从理论上推算出正电子。三年后，美国物理学家安德森在宇宙线的实验中找到了正电子。正电子发现以后，物理学家很自然地联想到自然界可能存在着带负电荷的质子，它们与正质子的关系就好像正电子与负电子的关系一样，果然，这一推测很快被实验所证实。

8. 因果类比法

因果类比法是指根据彼事物的因果关系推出此事物的因果而有所发现、有所创造的一种类比方法。例如，在面粉中和入发泡粉可做出松软的馒头，底特律一家橡胶厂由此考虑能否在橡胶中放入"发泡剂"的设想，由此制造出了海绵橡胶。通过同样的类比，有人又在合成树脂中加入"发泡剂"，制成了质轻、隔热、隔音、性能良好的泡沫塑料；日本人铃木由此又联想在水泥中加入某种"发泡剂"，发明了隔热、隔音、质轻的泡沫水泥。

又如，18世纪，一位奥地利医生在给一个患者看病时，尚未确诊，患者就突然死去，经过解剖发现，其胸腔化脓并积了好多的脓水。能否在解剖前即能诊断出胸腔的是否积有脓水和积了多少脓水呢？一天，在一个酒店里，他看到伙计们正在搬啤酒桶。只见他们敲敲这个桶，敲敲那个桶，边敲边用耳朵听。他忽然领悟到，伙计们是根据叩击酒桶发出的声音来判断桶内还有多少酒的，那么人体胸腔的脓水的多少是否也可用叩击的方法来判断呢？他大胆地做了试验，结果获得了成功，这样，一种新的诊断法即"叩击法"从此诞生了。

9. 综合类比法

根据一个对象要素间的多种关系与综合相似的另一对象进行的类比推理叫做综合类比。例如，设计飞机时，为了了解其平衡性、阻力大小等综合数据，先按比例做成飞机模型，放在风洞中进行模拟飞行试验，这就可以综合飞机在飞行中的许多特征进行类比，发现设计中可能存在的各种问题，以提高实际试飞时的成功率。

许多新药都是运用综合类比法研制的。首先必须在动物身上进行试验，掌握动物在用药后的反应，在确定药物有效且基本没有副作用的情况下，才能在人身上进行试验。

（二）类比法的运用要点

1. 要选择好类比对象

类比法立足于把创新的对象和已知对象进行对比和类推，用以启发、开阔思路，为创新提供线索，导致创新成果的实现。在实际使用时，类比对象的选择一般应根据创新课题来决定，务必把握住两种事物的相似性。

2. 要拓宽知识面

两种事物的已知属性是类比推理的依据，进行类比创新，需要积累有关对象的丰富知识，需要学科之间的相互渗透。一般说来，创新者所积累的有关知识越丰富，类比时就越能运用自如。否则，在知识贫乏的情况下勉强地运用类比，就容易做出牵强附会的推理，而使创新误入歧途。

3. 要进行科学验证

在类比时，要从两种事物本质属性的相似和相异方面去推理，通过类比得出的新设想必须进行科学验证。比如牛奶是液体，可以干燥成奶粉，如果和酱油类比，设计出固体酱油也是具有开发价值的新产品；如果和汽油进行类比，把汽油也干燥成"汽油粉"，显然是荒谬的。对于初学者，类比创造法的运用有一定的难度，针对这一问题，目前，多家公司已开发出相应软件，可按产品功能设计要求迅速提供多种类比方案。

二、自然现象和科学效应探索法

大自然为人类提供了无穷的智慧和宝藏，通过创造者自身感官或借助于科学仪器对大自然的认真考察，为创造新事物开创思路。

大家知道，如果走路不小心，踩在香蕉皮上，很容易被滑倒。人们用显微镜观察发现，香蕉皮的结构是由上百个薄层构成的，层与层之间很易产生滑动。有人设想，如果能找到与香蕉皮构造相似的物质，岂不是能做成比石墨更好的润滑剂吗？经过对多种物质比较研究后，发现了二硫化钼与香蕉皮的构造相类似，结构层厚度仅为 0.1 微米，相当于香蕉皮层厚度的 1/2 000 000，其易滑性也就是香蕉皮的 200 万倍，且熔点很高（180℃），通过探求自然现象最终发现，二硫化钼是一种性能极其优良的新型润滑剂。

人们在长期的科学研究中，发现了许多自然现象中的深层次的奥秘，总结出上万条科学原理和效应，在当今科技大发展、知识大爆炸的年代，产品创新需要更多跨学科的知识和更完善的创新理论支撑。科学效应是由于某种原因产生的一种特定的科学现象，包括物理效应、化学效应、生物效应及几何效应等，它们是由各种科学原理组成，是构成各种领域知识的基本科学知识，科学效应在创新中起着重要的作用，每一个效应都可能形成创新问题的解决方案，可能产生新颖的创新方案。

1988 年，费尔和格林贝格尔各自发现了"巨磁电阻"效应，即非常弱小的磁性变化就能导致巨大电阻变化的特殊效应。这一发现解决了制造大容量硬盘最关键的问题：当硬盘体积不断变小，容量却不断变大时，势必要求磁盘上每一个存储独立区域越来越小，这些区域所记录的磁信号也就越来越弱。借助于"巨磁电阻"效应，转换成清晰的电流变化，使越来越弱的磁信号依然被清晰读出，1997 年，第一个基于"巨磁电阻"效应的数据"读出头"问世，并很快引发了硬盘的"大容量、小型化"革命。得益于"巨磁电阻"效应这一重大发现，最近 20 多年来，我们开始能够在笔记本电脑、音乐播放器等所安装的越来越小的硬盘中存储海量信息。为此，费尔和格林贝格尔在 2007 年荣获诺贝尔物理学奖。

到目前为止，研究人员已经总结了大概 10 000 多个效应，但常用的只有 1400 多个。研究表明，工程师自身掌握并应用的效应是相当有限的，一位普通的工程师所能知道的效应一般 20 多个左右，专家可能熟悉 100 ~ 200 个。要让普通的技术人员都来认识并掌握各个工程领域的科学原理和效应是极其困难的事。阿奇舒勒通过"从技术目标到实现方法"的转换，根据功能要求重新组织效应知识建成的"效应知识库"是 TRIZ 理论提供的重要工具之一，它是将各个领域效应知识地集合起来，并包括效应应用的工程实例，用以指导创新者有效地应用效应，进行各种创新活动。目前计算机辅助创新设计的工具已经把效应知识库作为主要功能模块之一。

三、等价变换法

（一）等价变换法简介

等价变换法是日本创造学家市川龟久弥 1955 年提出的创新技法，是一种借助原型来获得启示和推进创新的方法。市川指出："研发产品的生物学模式存在于凤蝶的成长过程之中"，在由幼虫变成蛹进而变成漂亮蝴蝶的变态过程中，存在着创造性开发完美的基本模式，并且把这种基本模式作为等价变换的理论提出来，即在事物发展过程中，初期的外形虽然被舍弃了，但是本质却进入了高级阶段，走进了新的秩序之中，终于选择了新的形态。市川认为：创新过程与昆虫变态类似，总是保留一部分旧质，摒弃另一部分旧质，再结合一些新事物的特有要素，构成了新事物，在新旧事物之间，存在着等价的因素，等价变换为"新的形态"。如果将各类事物的等价因素加以归纳成图，就可以按图检索，进行由旧事物向新事物的创新。我们的创造性开发也完全雷同于这一过程。

（二）等价变换法应用实例

日本"田熊式"锅炉当初开发的创新过程便是应用了等价变换法。田熊本是一位木材商人，文化水平不高，他革新锅炉的创造性设想来自他在小学自然课中学到的"血液循环"知识。他先画出一个锅炉的结构模型，再画出一个人体血液循环模型，将两者重叠在一起，并假设成为新的锅炉。他发现如下等价性：

心脏→汽包

瓣膜→集水器

毛细血管→水包

动脉→降水管

静脉→水管群

结果他提出了一个新的设想：在45°倾斜式水管群的上部设置汽包，下部安置水包，这样当水管群加热产生大量蒸汽时，蒸汽上升进入汽包，使汽包压力上升。随后，又设计了一个烟筒状的集水器，利用气压差将水吸入，通过降水管再进入水包。这一创新，使锅炉的热效率提高了10%，在整个发明过程中，田熊将"血液循环"里的动脉与静脉的分工以及心脏内防止血液逆流的瓣膜的功能，联想到"水流与蒸汽循环"，通过等价变换，从而发明了"田熊式"高效锅炉。

等价变换法是借助于产品原型，用等价变换来获得启示，运用组合和改进实现产品模仿创新。这种方法在日本广为应用，但该法对开发全新的产品作用不大。

四、KJ 法

人们对创造创新解决问题的过程，是一个信息收集和整理过程。1954 年，日本文化人类学家川喜多二郎在整理他在喜马拉雅山探险中获得的资料时，尝试着使用一种称为"卡片法"的技法，其特点是将所得到的有关议题的杂乱无章信息或设想记入卡片，通过排列、组合这些卡片，以寻找信息或设想间的逻辑关系，最后形成比较系统的解决问题方案。这种方法在启发创造性思维方面有神奇功效，于1965年正式提出。此法的出现，在创造学界引起了轰动，并逐步在各个领域传播开来。为了纪念川喜多二郎先生，人们以他的姓名的首字重新命名了该方法，称为KJ法，又称卡片整理法。KJ法的操作分以下六个步骤：

1）准备工作，确定主持人，拟定参加会议的人选（一般为4~8人），并准备好卡片和黑板。

2）获取设想，按智力激励法进行，获取30~50条信息或设想（卡片）。

3）制作卡片，将这些设想（卡片）分别用两行左右的短语写在黑板上，并让与会者抄录一套，制成"基础卡片"。

4）卡片分类：①每人按自己的思路将卡片进行分组，把在某点上内容相同的卡片归在一起，制成"小组卡"。不能归类的，每卡自成一组，并针对内容在小组卡片上写出标题。②将所有的小组卡放在一起，共同讨论，将内容相近的"小组卡"归在一起，制成"中组卡"。不能归类的，每卡自成一组，在每组卡片上，给出适当的标题。③把所有"中组卡"放在一起，经共同讨论，将内容相近的"中组卡"归在一起，制成"大组卡"。不能归类的，每卡自成一组，在每组卡片上，给出适当的标题。

5）图解，将所有的大组卡贴到黑板上，并用箭头表示不同组的卡相互间的隶属关系，形成综合方案的图解。

6）形成新设想，将上一步完成的图解，用文字形式表述成比较完整的新设想方案。

KJ法实质是在智力激励法的基础上，通过信息收集、整理和评价加以完善的技法。

五、类推法

类推法是在前提准确而数据不充分的情况下，人们进行逻辑推论的思考方法。这种思考方法在科学研究和产品设计方面有举一反三的独特作用，最后一个金属元素——铼的发现即是最好的旁注。

20世纪30年代，随着电气工业的迅速发展，很需要一种要比钨更为理想的新金属来做特殊灯丝材料。在门捷列夫元素周期表中预言的铝、硼、硅等元素已先后被人们发现了，但是在该周期表上钨元素的旁边仍有一个空格——75 号未知元素。门捷列夫根据元素周期律，类推出它的基本性质，并指出可能发现它的途径和方法。1925 年，德国化学家诺达克和塔克花了 3 年多时间，终于在铂矿中发现了这个新元素——铼。铼是为了纪念德国著名的莱茵河而命名的。与此同时，捷克斯洛伐克的几位科学家也在寻找 75 号元素。他们根据同族元素性质上相似这个规律推断，含有锰的矿物，也可能含有铼，而且由于性质上的相似，锰和铼必然很难分离，因此锰的化合物中会有微量的铼。于是，他们采用测定微量物质的方法——极谱仪分析法分析了许多种锰矿，终于找到了铼的踪迹，并成功分离出铼。

在金属元素中，铼是最后一个被发现的元素，这主要是由于铼在地壳中的含量很少，而且又非常分散。在自然界里，辉钼矿里所含的铼不超过千万分之一，尽管如此，人们用类推法，最终还是找到了它。

第三节　组合型技法

一、组合法

当今高技术的飞速发展，起主导作用的已不是单一的技术，而是由信息技术、生物技术、新材料技术、先进制造技术、海洋技术、空间技术、环境技术等通过相互联系、渗透、集成和重组的技术群，这种技术群在发展过程中，又会出现互相交叉、融合的技术领域，并产生一批新的学科和技术前沿。由此，把握高技术交叉组合的趋势，探索跨学科、跨领域的研究开发机制，大力推进组合创新，是企业、地区乃至整个国家创新制胜的基石。组合法也是 TRIZ 理论中 40 个发明原理之一。

（一）组合原理

组合法原理体现在两个方面：

1. 合并空间上的同类或相邻的物体或操作

比如：网络中的个人计算机；并行处理计算机中的多个微处理器，如图 3-3 所示；合并两部电梯来提升一个宽大的物件（拆除连接处的隔板）等。

2. 组合时间上的同类或相邻的物体或操作

比如：冷热水混水器，如图 3-4 所示。

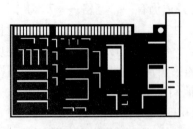

图 3-3　并行计算机的多个微处理器

图 3-4　冷热水混水器

　　瑞士军刀被人们公认为最精彩的组合发明，它由大刀、小刀、木塞拔、开罐器、螺丝刀、开瓶器、电线剥皮器、钻孔锥、剪刀、钩子、木锯、鱼鳞刮、凿子、钳子、放大镜、圆珠笔等 31 种工具组合而成。携刀一把等于带了一个工具箱，但军刀整体只有 10 厘米长，182 克重，作为十分精美的礼品赠送，深受人们欢迎。

（二）组合法的分类

　　组合法常用的有主体附加法、异类组合法、同物自组法和重组组合法等。

1. 主体附加法

　　以某事物为主体，再添加另一附属事物，以实现创新的技法叫做主体附加法。在琳琅满目的市场上，我们可以发现大量的商品大多是应用主体附加组合技法创造的产物。如能拍照的手机、能数显的游标卡尺、能导电的塑料等。

2. 异类组合法

　　将两种或两种以上的不同种类的事物组合形成新事物的技法称为异类组合法，其特点是：第一，组合对象（设想和物品）来自不同的方面，一般无明显的主次关系；第二，组合过程中参与组合的对象从意义、原理、构造、成分、功能等方面可以互补，相互渗透，产生 1 + 1 > 2 的价值，整体变化显著；第三，异类组合是异类求同，因此创造性较强。

　　例如，组合机床、数控加工中心机床、X 光机和计算机组合成"CT"机等。西班牙门泽乃斯发电厂堪称是多学科异类组合的绝妙产物，如图 3-5 所示，它包含有太阳能利用、温室效应、发电机、风力发电、建筑技术等多种学科原理，必须由建筑、热工、机电、暖通等各方面技术人才通力合作才能完成。

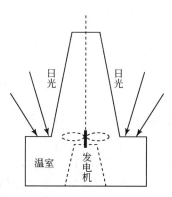

图 3-5　西班牙门泽乃斯气流发电厂示意

资料来源：黄杰等．2003．科学与科学技术管理．2：22

3. 同物自组法

同物自组就是将若干相同的事物进行组合，以图创新的一种创造技法。

随着现代科技的不断发展，计算机运算速度达到每秒上万亿次的超级计算机越来越显示出巨大的威力，它成功应用于气象预报、股市行情预测等。但是，超级计算机价格十分昂贵。日本科学家北野红明领导的一个科研小组利用同物自组法把 33 台个人电脑连接起来，使用 Linux 操作系统或美国阿尔贡国家实验室开发的并行计算用的操作系统，构成运算能力可与超级计算机相匹敌的廉价超级并行计算机，其运算速度可达每秒 68 亿次。

同物自组的创新目的是：在保持事物原有功能和原有意义的前提下，通过数量的增减来弥补不足或产生新的功能，从而产生新的价值。

4. 重组组合法

任何事物都可以看作是由若干要素构成的整体，各组成要素之间的有序结合，是确保事物整体功能或性能实现的必要条件。如果有目地改变事物内部结构要素的次序并按照新的方式进行重新组合，以促进事物的功能或性能发生变革，则是重组组合法的运用。组合家具、组合玩具、模块化机床等，都是重组组合法的创新智慧。

重组组合法是一种立足于改变事物原有结构的组合方式，其基本原理是改变事物各组成部分之间的连接关系，以引起事物的变化。如果这种变化能产生新的效果，就意味着重组具有创造价值。

二、分解(分割)法

(一) 技法原理

分解的原意是将一个整体分成若干部分或者分出某部分，它也是 TRIZ 理论中 40 个发明原理之一。

创造学中的分解法是指将一个整体事物进行分解后，使分解出来的那部分经过改进完善后，成为一个单独的整体，形成一个新产品或新事物。

(二) 运用要点

分解的具体方法有两种：一种是"分解成若干部分"仍然是"一个整体"，但有了新的功能，这是一种分解而不分立的创新。另一种是从"一个整体"中分出某个组成部分或某几个组成部分，由此构成功能独立的新实体，这是一种既分解又分立的创新。

分解法绝不是把组合创造的成果再分离成组合前的状况，其首要环节是选择和确定分解的对象，通过分解创造，使事物的局部结构或局部功能产生相互独立的变化或脱离整体的变化。对于任何一个整体，只要能分解成异于原先的状态，异于原先的功能，或者分解出新的事物，就具有进行分解创新的意义和价值。

分解创新不仅是创新的一种技法，也是认识事物的重要途径，可以使人们深入到事物内部，进行系统的观察与周密的思考。通过对事物的分解，可以看到很多巧妙的结构形态，认识各层次的结构功能，学到许多结构设计的方法，从而受到创新启迪，使我们发现更多的创新对象，有助于更多的创新设想和成果的产生。

例如，由牵引车头和拖车两部分组成的卡车使装载量增加，使用也更灵活，如图 3-6(a) 所示。将整体家具变为组合家具，既有利于批量制造，又便于拆卸、搬运和组装，活动房屋也是一样的道理，如图 3-6(b) 所示。将垃圾筒由最初的分隔成几部分到最终分成数个独立的筒来分类盛装垃圾，以利于环保和回收资源；百叶窗也是运用了提高物体分割程度原理，如图 3-6(c) 所示。

分解法和组合法虽然是不同的创新技法，但它们出自同一思路，均是以现有事物的功能为前提，以改变现有功能为目的，达到保留需要的原功能、增添新功能。组合创新技法早就引起人们的注意，并在实践中得到广泛应用，而分解作为

将卡车分成牵引车头和拖车
a.将物体分割成相互独立的部分

组合家具   活动房屋
b.使物体成为可组合的（易于拆卸和组装）的部分

垃圾桶
c.提高物体的分割程度或分散程度

百叶窗

图3-6 分解（分割）原理

一种技法却长期被人们忽视，许多人至今对这一创新技法感到陌生。

三、形态分析法

形态分析法是一种系统化构思和程式化解题的发明创新技法，也是常用的技法之一，广泛用于自然科学、社会科学以及技术预测、方案决策等领域，由美国加利福尼亚工学院教授 F. 兹维基（F. Zwicky）和美籍瑞士矿物学家 P. 里哥尼（P. Nigeni）合作创建。它是一种探求全方位的组合方法，其核心是把所需解决的问题首先分解成若干个彼此独立的要素，然后用网络图解的方式进行排列组合，以产生解决问题的系统方案或设想。

在形态分析法中，因素和形态是两个非常重要的基本概念。所谓因素，是指构成某种事物各种功能的特性因子；所谓形态，是指实现事物各种功能的技术手段。以某种工业产品为例，反映该产品特定用途或特定功能的性能指标可作为其基本因素，而实现该产品特点用途或特定功能的技术手段可作为其基本形态。例如，若将某产品"时间控制"功能作为其基本因素，那么"手工控制"、"机械控制"、"电脑控制"、"智能控制"等技术手段，都可视为该基本因素所对应的基本形态。

（一）技法原理

从本质上看，形态分析法是将研究对象视为一个系统，将其分成若干结构上或功能上专有的形态因素，即将系统分成人们借以解决问题和实现基本目的的因素，然后加以重新排列与组合，借以产生新的观念和创意。

一般情况下，创新对象的总系统可以分解成被称为基本因素（或称为目标标记）的子系统 A、B、C、D…，而对应于每个基本因素都存在很多可能的基本形态（或称为外延标记）。比如，机器系统的基本因素之一是驱动能量，以 A 表示；则对应该基本因素的可能基本形态，即实现驱动的可能技术形态有：电能 A1，机械能 A2，液压能 A3，压缩空气能 A4，太阳能 A5，辐射能 A6 等，将所有的基本因素和基本形态列成矩阵或画成网络，如图 3-7 所示。然后从该矩阵或该网络中，依次从每个基本因素中选出一个基本形态就可组合成不同的总系统，即不同的设想方案。

形态学矩阵					形态学网络				
目标标志	外延标记				B4	B4A1	B4A2	B4A4	B4A4
A	A1	A2	A3	A4	B3	B3A1	B3A2	B3A3	B3A4
B	B1	B2	B3	B4	B2	B2A1	B2A2	B2A3	B2A4
C	C1	C2	C3	C4	B1	B1A1	B1A2	B1A3	B1A4
D	D1	D2	D3	D4	A1	A2	A3	A4	

图 3-7　形态学矩阵和形态学网络

（二）形态分析法的突出特点

1）所得总构思方案具有全方位的性质，即只要将研究对象的全部因素及各因素的所有可能形态都排列出来后，组合的方案将包罗万象；

2）所得总构思方案具有程式化的性质，并且这些构思方案的产生，主要依靠人们所进行的认真、细致、严密的分析工作，而不是依靠人们的直觉、灵感或想象所致。

由于形态分析法采用系统化构思和程式化解题，因而只要运用得当，此法可以产生大量设想，包括各种独创性、实用性、创新程度比较高的设想，可以使发明创造过程中的各种构思方案比较直观地显示出来。例如，20 世纪 40 年代初，F. 兹维基在参与美国火箭开发研制工作过程中，分析了火箭的各主要组成要素及其可能具有的各种形态，认为任何火箭都必须具有六大基本要素：使发动机工作的媒介物；推进燃料的工作方式；燃料的物理状态；推进动力装置的类型；点火的类型；做功的连续性。而这些基本要素则各有若干种可能的不同形态，如使发动机工作的媒介物有真空、大气、水、油等（4种）；与发动机相结合的推进燃料的工作方式有静止、移动、振动、回转（4种）；推进燃料的物理状态有气体、液体、固体（3种）；推进的动力装置的类型有内藏、外装、免设（3种）；点火的类型有自点火、外点火（2种）；做功的连续性有断续的、连续的（2种）。这样，这些基本要素的组合的可能状态就有 $4 \times 4 \times 3 \times 3 \times 2 \times 2 = 576$ 种不同的火箭方案。其中许多方案对以后美国火箭事业的发展做出了巨大的贡献。特别令人感兴趣的是，在他得出的这些方案中，已经包括了当时法西斯德国正在研制并严加保密的带脉冲发动机的"F-1型"和"V-2型"巡航导弹，因而等于获得了技术间谍都难以弄到的技术情报。

四、信息交合法

信息交合法是由我国学者许国泰创建，具体做法是：把若干种信息排列在各自的线性轴标上，将它们进行交合，形成"信息反应场"，每轴标上的各信息依次与另一轴标上的各点上的信息交合而产生新的组合信息。其实质就是将现有事物进行分解，然后借助于辐射状的标线重新组合成新事物。这种方法在他所著的《产品构思畅想曲》一书中有较详细的介绍。

（一）技法原理

信息交合法又俗称为"魔球法"。该"魔球"可定义为：由多维信息组成的全方位信息反应场。在这个"魔球"中，包含着信息、信息标和信息反应场等三要素，像一个有标线的原子模型，如图3-8所示。

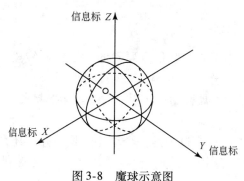

图 3-8　魔球示意图

例如曲别针的用途有哪些，一般人能够根据自己的实践经验说出几十种，其用途不外乎勾、挂、别、夹等可数的几种用途。然而，魔球法却能突破这种格局，利用信息标与信息反应场，能创造性地交合出曲别针无以计数的用途，如图3-9所示。先把曲别针总体信息分解成材料、重量、体积、长度、截面、韧性、颜色、弹性、硬度、直边、圆弧等11个要素，把这些要素用直线连成信息标的 X 轴；然后，再把与曲别针有关的人类实践（各种实践活动）进行要素分解，连成信息标 Y 轴；两轴垂直相交，思维的奇迹就产生了。

举例说，将 X 轴上的"圆弧"的要素与 Y 轴上的"文字"标相交合，曲别针就可弯成 A、B、$C\cdots$，又 Y 轴上的"电"标与 X 轴上的"直边"要素相交合，曲别针可用作导线，Y 轴上的"磁"标与 X 轴上的"直边"要素相交合，曲别针可做出指南针，等等。

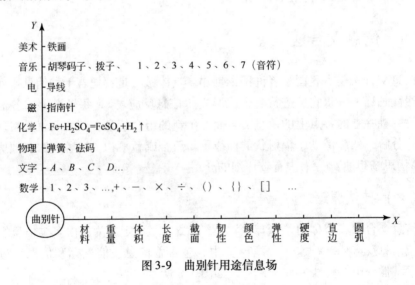

图 3-9　曲别针用途信息场

（二）信息标概念

所谓信息标，是指用来串联信息要素的一条指向线段。在运用信息交合法时，人们可将一个信息设定为一个要素，对于同一类型或同一系统的信息则可按要素展开，然后依照信息展开的顺序用指向线段连接起来，以帮助人们进行信息交合。

就本质而言，人的思维过程是一个动态过程，并且还是一个有向过程，引进信息标概念，不仅有利于人们进行科学思考，而且有利于人们进行有序联想，在创新过程中，可以使信息群的展开更具有系列性、层次性、逻辑性和完整性。

（三）信息反应场的构成

从本质上进行分析，任何新产品都是相关信息交合的产物。为实现这一目标，人们应提供一个可使信息在一起发生"反应"的场所，这个场所就是所谓的信息反应场。

至少应有两维信息标才能构成"信息反应场"，信息交合过程越复杂，所需要的信息标就越多。因此，为了构思结构复杂或功能完备的系统，可以多设置几个相互联系的信息标，为信息交合创造条件。

许国泰提出了信息交合法由两个公理和三个定理构成。

两个公理：

公理1：不同信息的交合，可以产生新信息；

公理2：不同联系的交合，可以产生新联系。

上述的两个公理构成了信息交合法的基本论点，即信息是事物间本质属性及联系的印记，人类通过信息认识事物，事物在相互作用中又衍生出新信息，即子信息，该子信息就可能转化为创新成果。

三个定理：

定理1：人们心理世界的构象，即人们头脑勾画的映象，由信息和联系组成；

定理2：任何新信息和新联系均是在相互作用中产生；

定理3：具体的信息和联系均有区域性，即有特定的范围和相对的区域与界限。

上述的三个定理则进一步说明了信息交合法的性质与特点。

定理1说明：心理活动是大脑中信息与联系的输入反映、运演过程和结果表达，并以下列形式体现出来：

1）不同信息与相同联系间产生的构象。例如，X射线照相装置与计算机断层扫描仪技术是两个不同的信息，但它们与计算机交合在一起，则构成CT扫描仪，可诊断颅内或体内肿瘤。

2）相同信息与不同联系间产生的构象。例如，同样是灯，安装在街道灯柱上则成为路灯，安装在矿工帽盔上则成为矿灯。

3）不同信息与不同联系间产生的构象。例如，独轮车与锅碗瓢盆本来就不是相同信息，并且没有相同联系，但技艺精湛的杂技演员却能将它们联系起来，表演"高车踢碗"的绝技。

定理2说明：没有相互作用就不能产生新信息和新联系。事实上，只要条件具备，任何信息与任何联系之间，总能发生不同程度的相互作用。例如，将"沙发"与"床"交合，可导致沙发床问世；将"镜子"与"电视"交合，导致反画面电视机诞生。

定理3说明：任何具体事物都在一定的时空范围内活动。由于人类活动、科技条件、客观环境以及认识能力都存在相应的局限性，它没有知识库和软件的支持，因而信息交合法的运用范围及作用效果也只能局限在研究心理信息运演的范围内，人们不应对其抱不切实际的幻想。

五、横向思考法

人的思维方向或路线可以形象地分为纵向思维和横向思维两种。纵向思维可以看成是沿着单一专业方向，往纵深方向探索。横向思考法就是为了提高创新成功的机会，广泛地获取一切领域的信息和技术，全方位地进行思维和探索的方法。例如机械加工中的高能成形法就是以炸药、高压放电、高压气体等作为动力的高速高压成形方法，具有模具简单、设备少、工序少、光洁度和精度高的特点，简单有效地解决了那些用普通冲压设备无法成形的复杂零件的加工。又如静电除尘器，它是应用了电学原理来有效地完成除尘的。

每当构思某一问题时，一般来说，首先是从自己熟悉的专业知识范围内进行思考，当达到一定的深度而仍然找不出解决办法时，就应及时停止这种纵向思考，转而进行横向思考。

综观我们已经取得的众多创新成果，很多创新实质上是横向领域技术在工程上的全新应用。如果我们在面对某一具体问题时能及时了解到不同学科领域解决此类问题的有效办法，尤其是其他领域中我们所不熟悉的技术，将会对我们有极大的启发。

在人类发明创造史上，有不少重大创新是用其他领域知识解决本专业领域的重大问题，也有不少重大的发明根本就不是本专业人员搞出来的，这些都验证了开展横向思考的重大意义。原苏联杰出的发明家阿奇舒勒明确指出：解决发明问题所寻求的科学原理和法则是客观存在的，同样的技术创新原理和相应的解决方案，会在后来的一次次发明中被重复应用，只是被使用的技术领域不同而已。例如，在 TRIZ 理论中提出的第 28 个发明原理——替换机械系统原理，各行各业都应用了这一原理开发出无数的新产品，如以交流变频技术代替传统的减速箱变速；以各种电、磁、光传感器代替机械测量；利用光、电控制替代机械控制开发出上万种光机电一体化产品等。

横向思考的具体办法也很多，首先要养成遇到问题就能纵横交叉思考的习惯，其次是需要有一定的知识储备，知识面越广越好。运用计算机辅助创新技术学习和掌握效应知识库，是促使人们扩展知识范围的得力工具。

第四节 有序思维型技法

一、奥斯本检核表法

由美国创造学家奥斯本发明的检核表法又称设想提问法或分项检查法。奥斯本检核表法应用面极广，几乎适用于所有类型与场合的创新活动，以及非创新性常规问题的分析研究活动。因此在创造学界属于很有名气，也是很受欢迎的一种创新技法。

所谓"检核表"，如表 3-1 所示，是人们在考虑某一问题时，为了避免疏漏，把想到的重要内容扼要地记录下来，制成表格，以便于以后对每项内容逐个进行检查。

表 3-1 奥斯本检核表

序号	检核项目	新设想名称	新设想概述
1	有无其他用途		
2	能否借用		
3	能否改变		
4	能否扩大		
5	能否缩小		
6	能否代替		
7	能否调整		
8	能否颠倒		
9	能否组合		

（一）奥斯本检核表的具体内容及应用实例

奥斯本检核表包含以下九项具体内容：

1）"有无其他用途"即是否可直接产生新的用途，或经改造后产生新的其他用途。

例如，谐波减速器研制成功后，用在登月车上，解决了登月车的减速器问题，将其用于机器人上，又可使机械手运动自如，将其用于全方位自动焊机上，解决了船内管子的焊接问题。

2）"能否借用"即能否应用其他的、过去的或别人的"经验"。

例如，两位新西兰发明家借用橡胶吸盘的"经验"，发明了用橡胶吸盘固定停泊在码头上的船只，只需按一下电钮，3 秒钟就能系住船只，取代了需要 12 个水手紧张地工作 15 分钟才能完成的传统缆绳系船法。

3）"能否改变"即能否改变形状、颜色、运动、声音、气味、样式和类型等。

例如：日本奈良林木实验室将圆木用巨型微波炉加热到 100℃使其变软，再通过加压使圆木变为方木提高了木材的利用率。

4）"能否扩大"即是否能增高、增大、增厚、增加材料，延长时间，或提高频率、增大幅度等。

例如，南京大学物理学教授用"气相沉积法"在各种刀具、手表表面、装饰品表面涂上一层金刚石薄膜，大大提高了硬度和耐磨度，使其延长了使用寿命。

5）"能否缩小"即是否可以缩小、微型化，是否可以分割，或做到浓缩、更低、更短、更轻或更加省略等。

例如，2000 年 5 月，英国科学家宣布研制成功新型医用摄像机，它的外形很像普通的感冒胶囊，里面装有微型视频摄像装置、光源和信号发射器。病人只需将其吞入腹中，借助于人体消化器官的自然蠕动在一天内进入胃、小肠、大肠等器官，最后由体内排出。在此过程中，它可以连续 6 小时提供高质量的图像。利用系在腰带上的接收器，就可收到它发出的内脏器官的无线电图像信号。与传统的内窥镜相比，这一装置的最大优点就是体积非常小，使用起来没有痛苦，病人将其吞下后几乎感觉不到它的存在。病人可以回家，也可以工作。检查结束后，只需把腰带和接收器送回医院，医生将其接入电脑，就可以对屏幕上的内脏图像进行检查。

6）"能否代替"即是否可以采用其他材料、其他素材、其他制造工序或其他动力，或选择其他场所、其他方法或是其他音色等。

例如，显微镜价格昂贵，贵就贵在镜头上，现在已经采用光学塑料压注的办法高效生产镜头，可以使显微镜价格大幅下降。

又如，机械方面用工程塑料代替钢材的齿轮，用球墨铸铁曲轴代替钢制的曲轴。

7）"能否调整"即是否可以重新排列，替换要素，调整比例，改变顺序、布局，置换原因和结果，改变步调等。

例如，在大型建筑工地，施工的程序进行适当的调整，往往可以大大提供工程的进度。

又如，服装厂根据社会的实际需求调整各种尺码服装的生产计划，也可以提高其销售量。

8）"能否颠倒"即是否可以颠倒，正负替换，或改换方向等。

例如，把原先装在飞机前部的螺旋桨改装在飞机的顶部，就成了直升飞机。

又如，曲柄滑块机构，曲柄主动，滑块从动，可制成水泵。倘若颠倒过来，滑块主动，曲柄从动，则可制成内燃机。

9）"能否组合"即是否可以组合、统一。

例如，陕西省一家工厂把平刨机、凿眼机、开榫机、木工钻、木工车床组合在一起，制成一种多功能的小型木工机床，很受小型木工厂和家庭木工作坊的欢迎。

上述九项检核内容，没有固定的顺序，也可先将研究对象进行改变或扩大或缩小或调整或颠倒之后，再组合，即先经分部改革后再进行组合。

不难看出，奥斯本的检核表内容比较广泛，有利于创造者进行多角度的思考，有利于突破习惯性思维和突破难以提问的心理障碍。

在创新过程中，从给定信息出发对照检核表的九个项目，逐项提问思考，就可产生出相应的新信息、新设想。这种方法适用于各种类型和场合的创造活动，故而被创造学界誉为"创造技法之母"。很多创造技法都是在"检核表法"的基础上发明出来的。

（二）奥斯本检核表法的特点和运用要点

1. 奥斯本检核表法的特点

1）检核表法的逐项提问思考是一种强制性有序型技法，有利于突破不愿提问的心理障碍；

2）检核表法的逐项提问思考是一种发散性思维和收敛性思维相结合的思维方式；

3）检核表法提供了创造创新活动最基本的思路，使创造创新者集中精力朝着提示的目标进行有序思考。

2. 奥斯本检核表法的运用要点

1）要进行技法培训。奥斯本检核表法实际上是多种技法的综合，在检核表上列出的九项内容中，第一和第二项实际上属于移植法；第三至第七项与列举法相当；第九项是组合法。因此，在使用检核表法之前应组织培训，对所涉及的各种技法，理解其涵义，学会分析思考，掌握运用要点。

2）检核表的内容可作适当改变。虽然奥斯本的检核表是九项内容，但具体使用时应灵活掌握，应根据创造活动的主要目的、检核创造对象的具体特点、已发现的老大难问题及市场上同类产品的行情来设计检核表。

3）检核表的设计应当稍微大些，除了将设想的概述填写在检核表上外，还应附有详细的说明，必要时应画图，以便于筛选者能了解创新者的本意。

二、5W1H 法

5W1H 法也是一种有序检核表法，它的将奥斯本检核表由九项浓缩成六项，并充分利用了英文词汇的特点提出来的。该六项的内容是：

1）Who（谁）？

2）When（何时）？

3）Where（何处）？

4）What（什么）？

5）Why（何故）？

6）How（怎样）？

取上述六项英文词汇的首个子母，就组成了本技法的名称——5W1H 法，由美国陆军首创。该法的通用性极强，可以广泛用于改进工作、改善管理、技术开发和价值分析等方面。

通过以下的实例来说明 5W1H 法的实施步骤：

某航空公司在机场二楼设了一个小卖部，生意相当冷清。问题出在哪里？开发部门运用 5W1H 法分析了原因，提出了改进建议：

1. 按 5W1H 法分析原因，先检核六个要素

1）Who —— 谁是顾客？

2）Where —— 小卖部设在何处？顾客是否经过此处？

3）When —— 顾客何时来购物？

4）What —— 顾客购买什么？

5）Why —— 顾客为何要在此购物？

6）How —— 怎样方便顾客购物？

2. 分析关键要素，找出原因

1）究竟谁是顾客？是出入境的旅客还是接送客人的人？显然，在二楼徘徊的接客者并不热衷在此购物，因为他们有的是时间到市内的各大商场去采购。因此，机场小卖部应当把出境的旅客当顾客才对。

2）小卖部设在何处才好？出境者经海关检查后，都从一楼通道离去，根本不需走二楼。因此，应将小卖部设在旅客的必经之路上。

3）出境的旅客何时购物？只有当他们把行李交付航空公司海关经检查之后，才有闲情去逛小卖部，看看有何纪念品和生活必需品值得购买。然而，原先机场规定，旅客只有在临上机场前才能将行李交付航空公司，自然旅客就不可能有购买东西的时间。

3. 提出改进措施

把旅客当主顾，充实旅行用品和纪念品，以满足旅客的消费需要；将出境旅客的海关检查路线改为必经小卖部，增加旅客光顾小卖部的机会；允许旅客随时可以把行李交给航空公司，使之"无箱一身轻"，有了轻松购物的充裕时间和心情。

机场根据开发部门的建议进行了改进后，果然取得了很好的效果。

三、和田十二法

和田十二法是我国创造学者将首先在上海和田小学开展的创造发明活动方法归结起来，从十二个方面给人以创造发明启示的方法。此法深入浅出、通俗易懂，具体内容如下：

1. "加一加"

在原来物品上添加些什么或把这件东西与其他什么东西组合在一起，会有什么结果？加高、加长、加宽会怎样？这里的"加一加"是为了发明创造而有意地"加一加"。

一美国商人用0.2美元从我国购回一种工艺草帽，添加一条花布帽带，再加压定型，结果在美国市场上十分畅销，价格也翻了数十倍。

2. "减一减"

将原来物品减少、减短、减窄、减轻、减薄……设想能变成什么新东西？将原来的操作减慢、减时、减次、减程序……又会有什么效果？人们用减一减的方法创造了许多新产品。普通眼镜将镜片减薄、减小、再减去镜架，就变成了隐形眼镜。

3. "扩一扩"

将原来的物品放大、扩展，会有什么变化？

两人合用一把伞，结果两人都淋湿了一个肩膀。"扩一扩"将伞面扩大，呈椭圆形，成了一把"情侣伞"，在市场上很畅销。

4. "缩一缩"

把原来物品的体积缩小、缩短、变成新的东西。

只需要在病人腹部划开能插入一把钥匙孔大小的孔，伸进微型器械在腹腔内手术，就是"缩一缩"在医学上的成果。生活中常见的微型相机、掌上电脑、微型液晶电视等都是"缩一缩"的产物。

5. "变一变"

改变原来事物的形状、尺寸、颜色、滋味、浓度、密度、顺序、场合、时间、对象、方式、音响等，产生新的物品。

"变一变"小到服装款式、生活习惯，大到经营方式、产品更新，万般事物无穷无尽的变化，为我们提供了发挥才能的广阔舞台。

6. "联一联"

把某一事物和另一事物联系起来，看看能产生什么新事物？

西安太阳集团创始人从美国的土豆片风靡世界联想到用不同原料、调料和不同做法，将锅巴等各种小食品相继开发问世。

7. "学一学"

学习模仿别的物品原理、形状、结构、颜色、性能、规格、动作、方法等以求创新。

日本一些企业很善于学习别人的长处，加快自己的步伐，低投入，高产出。当索尼公司首先研制出"贝塔马克斯"牌录像机时，松下公司马上分析这种录像机的优缺点，再研制出比"贝塔马克斯"更能适合用户的录像机，销售量也超过了索尼。原来，松下有个原则：不当先驱者，而做追随者。松下几乎没有投入大量资金去进行新技术开发，而只是默观他人之长，然后拿来为自己所用，取而代之，从而节省了人力、物力，收到事半功倍之效。可见，模仿学习有时能得到更新的技术，使其得以"跃过"创新者，开发出卓越的产品。

必须注意的是：这种"学一学"，不能侵犯他人的知识产权。另外，"学一学"不是照搬，而是从现象中寻找规律性的东西，学习中求改进，学习中求创新。

8. "改一改"

从现有的事物入手，发现该事物的不足之处，如有不安全、不方便、不美观、不适用等，然后产生创新。

"改"与"变"含义差不多，但"改一改"则带有被动性，常常是在事物缺点暴露出来后才用消除缺点的方式来进行改进。"改一改"技巧的应用范围很广，如原有的注射器改为一次性注射器、电话机由拨盘式改为键盘式、普通门锁改为 IC 门锁等。

9. "代一代"

用其他事物或方法来代替现有的事物或方法，从而导致创新的发明思路。

爱迪生测量一个灯泡型玻璃瓶的容积，是将水注满这个瓶子，然后再倒入带刻度的量杯中直接读出。这里用的就是"方法替代"。

产品中材料的"替代"是最常见的，如纸拖鞋、纸帽子、纸口罩等。

10. "挪一挪"

把原有事物、设想、技术挪到别处，会产生什么新的事物、设想和技术？

"挪一挪"往往是获取创新产品最值得推广应用的基本方法。如激光技术"挪"到了各个领域：激光切削、激光磁盘、激光唱片、激光测量、激光美容等。又如，原本用来照明的电灯，经"挪一挪"后有了紫外线灭菌灯、红外线加热灯、信号灯等。

11. "反一反"

将原有事物的形态、性质、功能以及正反、里外、前后、左右、上下、纵横等加以颠倒，从而产生新的事物。

人们知道气体和液体受热后要膨胀，受冷后要收缩。伽利略把它反过来思考，即胀—热，缩—冷，从而发明了温度计。

12．"定一定"

这是指对新的产品或事物定出新的标准、型号、顺序，或者为改进某种东西以及提高工作效率和防止不良后果作出的一些新规定，从而导致创新。

"定一定"技法适合小革新或小发明。如一位小同学把"可使用"的标签做成"定时"退色的字样，把它粘贴在需要时间限制的食品罐上。当消费者在购物时看到"可使用"特种标签的字样已退色，也就知道此物品已过期，不能再买了。许多企业、老字号或单位，也用"定一定"的办法总结出自己独特的经营特色或服务风格，或对追求目标"定位"，并坚持发扬光大，都取得了骄人的业绩。

第五节　联想型技法

一、智力激励法

智力激励法，亦称头脑风暴法，韦氏国际大字典定义其为：一组人员通过开会方式对某一些问题出谋划策，群策群力解决问题。它是 1939 年美国纽约BBDO 广告公司副经理奥斯本创立的，起初用于广告的创新构思方面，1953 年汇编成书，是世界上最早传播的一种创新技法，其特点是以丰富的联想为主导，从心理上激励群体创新活动。奥斯本在提出此法时，借用了一个精神病学术语"brain storming"（头脑风暴）作为该技法的名称。"头脑风暴"是指精神病人在失控状态下的胡思乱想，奥斯本借此描绘创造性思维自由奔放、打破常规、无拘无束，创造设想如狂风暴雨般倾盆而下。

（一）技法原理

奥斯本在研究人的创造力时发现：只要是正常人就都有创新潜力，并可以通过群体相互激励的方式来实现，因此创新方法学的群体原理是该创新技法的理论基础。

一些科学测试证实，在群体联想时，成年人的自由联想可以提高 50% 或更多。国外有人对 38 次智力激励会提出的 4356 个设想进行分析，结果表明：其中有 1400 条设想是在别人的启发下获得的。

实施智力激励法的精华和核心在于它的四项原则，即自由思考、推迟评判、量中求质、综合集成。智力激励法的有效性取决于人们对这些原则的贯彻程度。

1. 自由思考原则

规定此原则的目的是：①让与会者尽可能地解放思想，不受任何传统思维和观念的束缚，自由畅谈、随意想象，使思想始终保持自由发射的状态，想法越新、越奇越好；②让与会者充分发挥想象力，通过发散、侧向、逆向思维和联想、幻想、想象等形式，从广阔的学科领域寻找独特的创新方案。

2. 推迟评判原则

日本创造学家丰泽雄曾说："过早地评判是创造力的克星。"因此，会议期间绝对不允许批评别人提出的设想，任何人在会上不能做判断性结论。发言者胆怯的自谦之语、讽刺挖苦的否定之语、夸大其词和漫无边际的吹捧之语，甚至怀疑的讥笑神态、手势等，都是智力激励会的大忌。美国心理学家梅多联合教育学家帕内斯在做了大量试验和调查之后得出如下的结论："采用推迟评判，在集体思考问题时，可多产生 70% 的设想；在个人思考问题时，可多产生 90% 的设想。"

3. 量中求质原则

量中求质原则的关键是"质量递进效应"。谋求数量原则的目的，是"以数量保证质量"。奥斯本认为：理想结论的获得，常常是在逐渐逼近过程后期提出的设想中。有实用价值的设想后期提出所占的比重要比初期提出的比重高；在群体激励的过程中，最初的设想往往并非最佳。有人曾用实验证明，一批后半部分的设想，其价值要比前半部分的设想高出 78%。另据统计，一个在相同时间内比别人多提出两倍设想的人，最后产生有实用价值的设想的可能性比别人高 10 倍。因此，智力激励法强调与会者要在规定的时间内，加快思维的流畅性、灵活性和求异性，尽可能多地提出有一定水平的新设想。

4. 综合集成原则

综合集成原则的依据是"集成就是创造"。与会者应认真听取他人的发言，并及时修正自己不完善的设想，或将自己的设想与他人的设想集成，确保提出更有创意的方案。奥斯本曾经指出："最有意思的集成大概就是设想的集成。"

上述四项原则各有侧重，相辅相成。第一条原则突出求异创新，这是智力激励法的宗旨。第二条原则要求人们思维轻松、会议气氛活跃，这是激发创造力的保证。第三条原则强调互动即相互启发、相互补充和相互完善，这是智力激励法能否成功的关键。

（二）运用程序

激励法的运用程序如图 3-10 所示。

图 3-10　激励法运用程序

1. 准备阶段

（1）确定会议主持人

合适的会议主持人对智力激励法的成功运作有很大作用，因此作为会议主持人应具备以下条件：

1）熟悉智力激励法的基本原理和方法程序，有一定的组织能力；

2）对会议所要解决的问题有明确的理解，能在会议中作启发诱导；

3）能坚持智力激励会规定的原则，充分发挥智力激励作用机制，调动与会者的能动性；

4）具有民主作风，能平等对待每位与会者，促使会议形成融洽气氛；

5）能灵活处理会议中出现的各种情况，以保证会议按预定目标顺利进行。

（2）确定会议主题

由会议主持人和问题提出者共同研究，准确定位本次会议所讨论的主题。

（3）确定与会人数

1）智力激励会的人数以 5～10 人为宜。人数过多，无法保证与会者有充分发表设想的机会，使思维目标分散而降低激励效果；人数过少，会造成专业面过分狭窄，达不到为解决问题所需不同专业知识的互补，难以形成信息碰撞和思维共振的环境和气氛，同时，也容易因缺乏足够的思考与联想实践而造成冷场，从而影响智力激励的效果。

2）人员的专业构成。应保证大多数与会者都是熟悉专业的行家，要注意与会者知识结构的多样性。也要有少量外行参加，有利于相关学科的交叉融合，克服纵向思维定势障碍。

3）人员的智力水准。应尽可能注意到知识水准、职务、资历、级别等应大致相近。

4）尽量吸收有丰富实践经验的人参加，确定数名在提出设想方面才能出众者作为激励会的核心，然后再视情况配备其他与会人员。

（4）确定举行会议的地点和日期

应提前几天将会议通知下达给与会者，使他们在思想上有所准备，提前酝酿解决问题的设想。会议通知以书面请柬形式为好，内容包括两方面：一是会议时间和地点；二是要解决的问题及背景。

2. 热身阶段

智力激励会安排与会者"热身"的目的是使与会者尽快进入"角色"，使他们暂时忘却个人的工作和私事，形成轻松、热烈的气氛，如讲幽默故事等使与会者思维活跃起来，进入"临战状态"。

3. 明确问题阶段

在此阶段，主持人首先向与会者说明会议必须遵守的四项基本原则，然后简明扼要作一番有关问题的介绍，使与会者对会议所要解决的问题，获得准确的理解。所谓简明扼要，是指主持人只向与会者提供有关问题的最低数量的信息，切忌将自己的初步设想和盘端出，束缚与会者的思路。因此，主持人只是点出问题实质，选择有利于激发大家热情和开拓大家思路的方式；还可以将问题分解成不同因素，并从多角度提出问题。

一旦与会者对所议问题的目标理解后，会议即可转入下一个阶段。

4. 自由畅谈阶段

这是智力激励法的核心步骤，也是能否成功的最关键阶段。该阶段应极力形成高度激励的气氛，使与会者能突破心理障碍和思维定式，让思维自由驰骋，提出大量有价值的创造性设想。

在自由畅谈阶段，除了必须遵守前述四项原则外，还要遵守下述规定：

1）不准私下交谈和代表他人发言，始终保持会议只有一个中心；

2）不应以权威或群体意见的方式妨碍他人提出个人的设想；

3）应力求简明扼要地表述设想，且每次只谈一个设想，以有利于该设想引起与会者的共振和受到启发；

4）所提设想不分高低，一律记录；

5）与会者不分职位高低，一律平等相待。

自由畅谈阶段的时间可由主持人灵活掌握，一般以不超过一小时为宜。通过此阶段，对所要解决的问题，多数都会提出 30 条以上的设想，由此，即可转入下一阶段的工作。

5. 加工整理阶段

智力激励会结束后，主持人应组织专人对各种设想进行分类整理，筛选出具有实用价值的设想，因为在激励会上提出的设想大都未经仔细考虑和评价，有待进一步完善。该阶段的任务和做法如下：

1）增加和补充设想。在畅谈会的第二天，由主持人或秘书用电话或面谈的方式收集与会者在会后产生的新设想，这是不可忽视的一步。因为通过会后休息，人们的思路往往会有新的突破或转换，有可能产生有价值的新设想。奥斯本就曾发现：在第一天的激励会上提出了百余条设想，第二天，又增补了 20 多条设想，其中有四条设想比第一天提出的所有设想都更有实用价值。

2）评价和发展设想。评价设想和发展设想是相互联系的两个方面。对与会者提出的各种设想，既要进行筛选评判，又要进行综合完善。为便于筛选和评价设想，最好先拟定一些评价大纲，如设想是否可行、结构是否简单、工艺是否可行、费用是否节省等。具体拟定哪些纲要，应根据问题本身的性质和解决问题的要求来决定。

参与评价和发展设想的人员，可以是设想的提出者，也可以是对问题本身负有责任的人。一般情况下，人数应该为奇数，经验证明，5 ~ 7 人为最佳人数。在美国，这一工作委托专家或问题提出者来处理。在日本，则多是召开第二次会议，由设想提出者自己来进行群体评议，以省去对设想要做重复说明的麻烦。

对筛选评价出来的设想，必须逐一进行分析、比较、发展、完善，做到优中选优。可以一个方案为主，吸收采纳其他方案的长处形成新的设想，或以两个或多个方案进行集成，优势互补，组合成新的方案。

智力激励法可以造成自由探讨、相互激励的气氛，但其程序并非一成不变，可根据问题性质和实际条件加以变化和灵活运用。

（三）小结

智力激励法是充分调动集体创造力的一种创新技法。通过规定几条原则和要求造就激励创新的氛围，使与会者的创造力得到充分发挥，从而获得大量新颖设想。此法只适用于解决比较单纯明确的问题，而且只是创造性解题过程中提出设想这一阶段，不能代替解题过程的其他阶段工作和其他方法的运用。没有总结出科学规律是智力激励法的最大缺陷，故智力激励法不能用于复杂问题的求解。

美国伊莱恩·丹敦（Elaine Dundon）长期对智力激励法研究，指出了该法当前面临挑战的主要原因是：①缺乏程序化；②缺少熟练的引导者；③缺少熟练的参与者；④罗列的规则成为形式；⑤有关问题不能达成一致；⑥缺乏创意激发源；⑦不是与会者都有创意的压力；⑧急于求成；⑨缺少跟进措施。"头脑风暴"小组实际上在不停地重复"发明"已经有过的东西，却在这一过程中错过了潜在的诸多伟大的创意。

二、联想技法

从一个概念想到另一个概念，从一种方法想到另一种方法或从一种形象想到另一种形象的心理过程叫联想。所谓联想技法，就是在创造过程中，对不同事物运用其概念、方法、模式、形象、机理等的相似性来激活想象机制，从而产生新颖、独特设想的一种创新技法。

（一）技法原理

一般说来，人们在长期的科学研究和生产实践中获得的知识、经验和方法都储存在大脑的巨大记忆库里，虽然记忆会经时光消磨，逐渐远离记忆系统而进入记忆库底层，日见淡薄、模糊甚至散失。但通过外界刺激——联想可以唤醒沉睡在记忆库底层的记忆，从而把当前的事物与过去的事物有机地联系起来，产生出新设想和方案。实际上，底层的记忆在很大程度上已转化为人的潜意识。所以，通过联想使潜意识发挥作用，对人们开展创新活动能够提供很大帮助。记忆与联想的路径关系如图 3-11 所示。联想是发明创造活动的一种心理中介，它具有由此及彼、触类旁通的特性，常常会将人们的思维引向深化，导致创造性想象的形成，以及直觉和顿悟的发生。

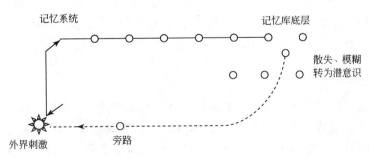

图 3-11　记忆与联想的路径关系示意

（二）联想法的类型

由于事物之间的关系是错综复杂的，因此，联想的类型也必然是多种多样的，可以是概念和概念之间的联想，也可以是形象和形象之间的联想；可以是像桌子和椅子这样两个客观存在的物体之间的联想，也可以是牛郎和织女两个传说中的、虚构的人物的联想。此外，联想还可以在已有的和未知的（幻想中的）、真实的和虚假的事物之间进行。

1. 接近联想法

从空间上或时间上由一事物联想到比较接近的另一事物，从而激发出新创意、新设计、新发明的过程称为接近联想。例如：你看到蝌蚪会联想到青蛙，因为二者在空间上接近；看到花猫联想到老虎，则是它们的形态相接近。一般来说，空间上接近的，时间上也必定接近；时间上接近的，空间感知也势必接近，时空的接近往往有内在联系。德法战争期间，德国侦察兵发现法军阵地后方的空地上有一只家猫经常出没，它每天早晨八九点时总在晒太阳，该空地是一片坟地，而坟地周围又没有村庄和房舍。这位善于联想的侦察兵从空间接近联想到，里面很可能有个掩蔽部，而且还可能住有高级军官，因为法军中，只有高级军官才可以有家猫。于是向总部发出通报，德军即刻组织六个营的炮兵集中轰击。事后查明，这里的确是法军的一个高级指挥部，经炮击后，掩蔽部内人员全部丧生。

2. 相似联想法

不同事物间总是存在某些相似的地方，从原理、结构、性质、功能、形状、声音、颜色等方面分析事物之间相似之处进行的联想，导致新的创造发明，这就是相似联想。美国著名发明家柏西·斯本塞在做大功率的磁控管实验时，发现微波能使周围物体发热，放在他口袋里的巧克力被微波加热融化了。由此，他联想能否利用微波来加热食品？正是运用了相似联想方法，斯本塞发明了微波炉，广泛应用于木材、铸造砂芯的干燥和食品的加热。

3. 对比联想法

从周围事物的对立面或相反方面进行联想，这就是对比联想。任何事物都是由许多要素组成的，其中包含着事物本身的对立面或反面，例如由黑暗想到光明，由温暖联想到寒冷等。对比联想往往在一对对立事物之间进行，既反映事物的共性，又反映个性。如黑暗和光明，共性是二者都是表示亮度的，个性是前者亮度小，后者亮度大。这种联想容易使人们看到事物的对立面，具有对立性、挑战性和突破性。对比联想属逆向思维，常常会产生意想不到的效果。

4. 自由联想法

自由联想法是一种没有明确目标、没有方向、不受限制的任意联想，主要形式有自由漫谈法和输入输出法（简称入出法）两种。

（1）自由漫谈法

自由漫谈法是美国洛克希德航空公司率先采用的，其实质是头脑风暴法（智力激励法）的变种。自由漫谈法要求首先禁止互相批判，形成一个联想创新的"自由"环境。其次，把具有不同方法、经验和见识的人召集到一起，他们的发言可以互相启发、互相补充，有利于广开思路、举一反三，引起思维连锁反应。史蒂文斯大学人类工程学实验室的测验表明，当进行集体自由联想的时候，成年人的联想能力可以提高65%～93%。

（2）入出法

此方法的特点是：把所期望的结果作为输出，以能产生此输出的一切可以利用的条件作为输入，从输入到输出要反复交替，经历自由联想、提出设想及用约束条件评价设想等过程，最后得到理想的输出。此方法与其他自由联想法相比，多了一个评价过程，因而，利用入出法得到的创造性设想往往更趋成熟和实用。

5. 定向联想法

定向联想是一种有控制的联想，其联想的方向和目标已被锁定，与会者需要按照锁定的方向和目标进行联想，具体有查阅产品样本法、焦点法和T. T. STORM法三种形式。

（1）查阅产品样本法

查阅产品样本法是将两个以上、彼此无关的产品或想法强行联系在一起，从而产生独特想法的方法。这个方法非常简单，只需打开产品样本或其他印刷品，如专利说明书等，随意地将某个项目、题目、词句挑出来，使两者合二为一，产生独创的设想。这种方法的特点是：思维随着这种看起来毫无关系的两件事的"联系"而进行，产生比较大的跳跃，能够克服个人思维的束缚，产生新设想。

日本著名发明家丰田佐吉是蒸汽驱动织布机的发明者，在最初丰田并不是要研究织布机，只是为了寻找一种使企业获得发展的技术，对专利文献进行搜集和调查，通览了日本政府专利公报和一些国外的专利公报，从而综合各种织布机的优点，研制出蒸汽为动力的自动织布机。这一发明的成功曾使当时以纺织工业著称于世界的英国大吃一惊，反过来购买了丰田佐吉的这项专利。丰田佐吉的工作向我们表明：查阅产品样本和专利，不仅对设计新产品有用，而且对于提高产品的质量、性能以及改造老产品都是有意义的。

（2）焦点法

焦点法是由英国惠廷（C. S. Whiting）等在综合定向联想和自由联想的基础上所形成的创造创新技法，此方法与查阅产品样本法不同，不是任选两个项目，而是只能任选一个，而另一个则是指定为进行创造性联想的"焦点"。紧紧围绕"焦点"进行联想，不仅可以从任选的某一事物联想到焦点，也可以反过来，从焦点联想到任选的事物。

企业各部门都有各自的一定职能，然而，企业各部门所关心的产品以及工作方式等基本是一致的，这些都可以成为大家关心的焦点。

（3）T. T. STORM 法

STORM 是"实现目标的系统思考方法"的字头缩写，这个技法是由日本经营合理化中心武知考夫（T. T.）提出的，因此被称作 T. T. STORM 法。该方法包括集中目标、广泛思考、探索相似点、系统化、择优、具体化等六个步骤，其特点是比较完整，它不仅包括产生设想的步骤，而且包括对于设想的评价、选用以及试制的准备等步骤，把系统思想融合在开发新产品和改善经营的创新活动中。由于在进行探索相似点和具体化这两个步骤时必须应用强制联想法，因而把T. T. STORM 法归入强制联想法来介绍。

以某个产品或其某个功能为目标，实施 T. T. STORM 法的具体步骤如下：

1）集中目标：明确提出物体及任务要求；

2）广泛思考：自由联想提出多个方案；

3）探索相似点：由多个方案中抽出各自的关键词，对这些关键词做强制联想，以形成若干个比较完善的方案；

4）系统化：将所得到的方案系统化，通过评价按优劣排序；

5）择优：将所得到的方案进行比较、评价后选择优质方案；

6）具体化：将选定的方案具体化，并同其他功能或目标强制联系，求得整个产品方案的相互衔接和具体化。

三、逆向构思法

逆向构思法又称反面求索法。逆向思维和正向思维是两种相反的思考方法。正向思维是按既定的目标，一步一步向前推进的思维形式；逆向思维着手针对既定的结论进行反向思考，提出相反的结论。逆向构思也是 TRIZ 理论中 40 个发明原理之一。

　　1934 年，比罗发明了圆珠笔，但这种笔有一个致命的缺点，当用它写到 2 万个字左右时，笔上的滚球由于磨损常会脱落，油墨随之污染书本，弄脏衣服，因此一度风行的圆珠笔到 20 世纪 40 年代很快受到消费者的嫌弃。许多圆珠笔厂商力图找到妥善解决的办法，他们的主攻方向是要提高滚球的耐磨性，经过多年试验仍无突破性进展。1950 年，中田藤三郎一反大多数人的做法，不再在耐磨度上下工夫，而是设法控制笔中的油墨量，使它刚好写到 15 000 字左右时油墨就用完了，随之就换上新的笔芯，这就解决了因磨损而漏油的问题，使圆珠笔又获得了普遍的应用。

　　逆向思维的创造性主要通过"逆向思考"、"相反相成"和"相辅相成"三个方面体现出来。所谓"逆向思考"是指人们有意识、有计划地寻找事物的对立面，从而发现新概念，产生新创意。法国微生物学家巴斯德发明了高温灭菌法，为酿造业和医学作出了重要贡献；英国科学家汤姆逊以相反的条件去思考，创造了低温消毒法，达到了同样的目的。所谓"相反相成"是指人们将两个或多个对立面联系在一起时，能够发现它们之间有时不仅不起破坏作用反而起促进作用，在它们相互补充和相互融合的作用下，可以发现事物新的功能和作用。所谓"相辅相成"是指将对立面置于一个统一体系中，保持着相互间一种必要的引力、融合，而且能适时地相互转化，使事物同时具有两种对立的性质，能在两种极端的条件和状态下相继发挥作用。按这种思路进行科学研究、技术发明和系统管理，能创造出新的、科学的理论体系、科学概念、技术方法和设计方案。例如，将两种膨胀系数不同的金属片压合在一起，可用于温度测量和制造温敏开关。

　　创新的实践表明，人们可以用具有挑战性、批判性和新奇性的逆向思考去开拓思路、启发思维，因为这种从事物对立的、颠倒的、相反的角度去考虑问题的方式，往往能帮助人们有效地破除思维定式、克服经验思维、习惯思维或僵化思维所造成的认知障碍，为发明创造开路。

第六节　形象思维型技法

一、形象思维法

　　形象思维法就是将思维可视化的方法，就是将思想画成图形的创造方法。有人说，21 世纪是人们读图的时代，即在思考问题时，必须充分利用图形的方法。大家都会有这样的体会，当我们演算一个较复杂的数学或物理习题时，如果能画出一个示意图，根据这个图形找到事物间的关系，也就便于问题的解决。

在创新设计过程中，若能借助于图形、符号、模型、实物等形象进行思考，对于提高创造思考效率是很有好处的。

在常用形象思维法进行创造性思考过程中，一是要借助于参考形象，二是要创造新形象。参考形象就是把思考时被参考的东西形象化；创造新形象就是把创新的各种方案形象化。例如，要发明一种水陆两用汽车，首先必须参考已有的陆用汽车、船舶、潜艇、已有的水陆两用汽车或某些水生动物的形象，然后要充分想象各种水陆两用汽车的方案，并及时将它们形象化地描绘成各种图形、符号、模型等，以便进一步借助形象进行创造新形象。

形象思维，特别是想象，是创造性思考的非常重要的手段和必不可少的过程，想象能力是创新者应必备的重要能力。

二、灵感启示法

所谓灵感启示法，是指人们依靠灵感的启示作用，对那些在创新活动过程中久思不得解的关键问题，在时间上、空间上、方法上、认识上得到突破并获得解决，是人们对事物本质特性的突然领悟和对事物发展规律的飞跃认识。

（一）原理

灵感这个词对人们来说并不陌生，它是人脑过量思考、超常思索后的一种心理反映，是人的一种思维状态。只有当人们长期探求和过量思索某一问题，才为灵感的产生创造了必要条件。

灵感是以人们丰富的想象和大胆的猜测为基础。人们在进行长期探求和艰苦思索中，运用想象和猜测这种思维武器，在全方位和多层次上寻找解决问题的突破口。灵感又是以人们所接触到的偶然思维为触发点。人们在长期的探求和思索中，总会找到一些片断的、暂时的、个别的联系，这些看起来不太引人注目的联系，一旦受到某种启迪，便会产生神奇的催化作用和黏合作用，它们就能有机地串接在一起，架起思维的桥梁。

（二）灵感产生的条件

根据大量的统计资料表明，灵感产生的条件和过程大致如下：

1）当开展创新活动时，在人们头脑中，首先要有一个待解决的中心问题，这是灵感产生的必要条件。

2）要有大量的知识储备和丰富的观察资料，这也是灵感产生的重要条件。丝毫不懂做诗技巧的人，绝不可能出现写诗的灵感；丝毫不懂专业技术的人，决不会出现科技创造的灵感，其根本原因就在于他们不具备必要的知识，缺乏产生灵感的加速器和催化剂。

3）针对要创新的问题，要反复地、艰苦地、长期地进行过量思考，如痴如醉，呈现出思维饱和状态并陷入特殊境界。例如，安培在探索电学理论期间，竟在马路上把马车的黑色车厢当成课堂上的黑板进行演算；爱迪生在从事发明电灯期间，有次到税务局去交税，面对税务员的填表提问，竟然出现连自己叫什么名字都回答不上来的窘态。

4）人们在进行过量思考并进入思维特殊境界状态后，可把有待创新的问题暂时搁置一边，使大脑皮层放松，也可从事其他性质的工作，或放下手头的事情，去散散步，在心理学上这称为思维搁置阶段。在此时，有利于人们头脑中潜意识信息的转化和积聚，一旦遇到相关的刺激，就会突然产生灵感的闪念。也可以围绕待解决的中心问题，运用 TRIZ 理论的知识库、发明原理、方案库，在多种解题软件程序的诱导下，使灵感尽快显现。

5）人脑一旦有了灵感的闪念，说明灵感已在产生，这时最为重要的是要及时准确地抓住灵感，并通过逻辑思维活动对灵感进行鉴别和判断，将有用的灵感进行有目的的强化并使之清晰明朗。

现代科学已经充分证明：人脑处于灵感激发状态最富于创造性，这是因为此时思维中的形象转移非常灵活、非常鲜明而又非常丰富。

创新者应当了解，尽管灵感是人们向往和追求的目标，但其产生却来之不易，它必须经过人们艰苦的探索和过量的思考，爱迪生认为科学界的天才之所以成功，靠的是"百分之一的灵感和百分之九十九的汗水"。事实正是如此：要想取得百分之一的灵感，只有付出百分之九十九的汗水，才有可能获得那极其宝贵的百分之一的灵感。

三、大胆设想法

所谓大胆设想法就是彻底冲破现存事物的约束，对现在尚没有，但有可能产生的事物进行大胆设想的方法。以下列举一些常用的大胆设想做法。

1）摆脱现有技术和事物的约束，深入研究技术的发展规律，不能认为现存的技术和事物已能满足人们的需要；更不能认为现有的技术和事物经过多年的发展已完整无缺到了顶峰，再无法提高和突破；也不要迷信权威和经典。人的需求是永无止境的，这是人的本能，当一种需求满足时，还会提出更高级的需求。

2）必须有大胆怀疑的精神，对现有的事物、技术、经典理论、权威都可以怀疑，同时要进行认真分析，分析它们是什么时候、什么情况下、为什么需求而产生的？它应用的是什么原理？使用价值如何？要怀疑它总会有问题，有不能满足需求的地方，有不理想的地方，甚至怀疑它有根本性的、原则性的错误，考虑能否将它取消或用别的东西代替，至少要考虑它能否改进。

3）对已经熟悉的老事物、老产品、老技术有意识地以陌生的姿态对待它，做法是对某一老事物、老产品或老技术的结构、方法或原理有意识地避而不管，而当作一件被你重新设计的新事物，根据其应有的功能，应用自己所具有的知识经验和创新方法，结合最新出现的技术重新对其进行创新思考。经认真思考创造出来的该类事物，一般都会与原来的事物有一定的区别或根本的区别，有区别的地方往往是应改进或创新的部分。

4）要海阔天空地想。人的思维活动有无限广阔的天地，犹如万马奔腾，凡可想到的领域或方面都可以去想。哪怕是看起来很荒唐的想法，例如，可以设想不用洗的衣服、找一个机器人来做朋友等。

5）要别出心裁。当人们的基本生存得到充分满足以后，他们的需求将主要由对功能的需求转向心理需求，例如，现在人们穿衣服已不再是为了防寒、防晒和遮体，而主要是出自美的心理需要，更喜欢追求时尚。成功的独出心裁往往就能有效地激发人们的需求。

6）大胆创意。创意的威力之所以强大，就在于它能促使人们对未来进行创造性地思考。例如，当人们创意将现代电子技术如何应用到手表上的时候，就出现了电子表；在随着汽车的不断增多，撞车事故频发的时候，人们就产生了汽车防撞装置和自动驾驶的创意。因此，大胆创意是激发人们从事创新的源头。托夫勒构思的人类"第四次产业革命"或"第三次浪潮"创意，不但激荡了整个美国社会，而且引起了全世界的重视和反响，众多国家政府都积极在对之探索对策。

创意的目的是最终产生理想的概念和创新方案，应该从技术进化的方向去设想，并运用发明原理、知识效应库、标准解等多种工具去大胆设想。

第七节 列举型技法

列举型技法是把同解决问题有联系的众多要素逐个罗列，把复杂的事物分解开来分别加以研究，以帮助人们克服感知不足的障碍，寻求科学方案的技法。例如，将一个熟悉的老产品的细节包括缺陷统统列举出来，强制性地分析、配对、组合，试着用别的东西代替等。

一、特性列举法

特性列举法是美国内布拉斯加大学新闻学家克劳福德发明的创造技法。以任何事物都具有一定的特性为基础，通过对发明对象的特性进行详细分析和逐一列举，激发创造性思维，从而产生创造性设想，使每类特性中的具体性能得以改进或扩展。所以，该法也称作分析创新技法。

（一）特性列举法的应用程序

1）将对象的特性或属性全部罗列出来，犹如把一架机器拆分成许多零件，每个零件具有何种功能和特性、与整体的关系如何等全面地列举出来，并做出详细记录。

2）分门别类加以整理，主要从以下几个方面考虑：①名词特性（性质、材料、整体和部分制造方法等）；②形容词特性（颜色、形状和感觉等）；③动词特性（有关机能及作用的特性，特别是那些使事物具有存在意义的功能）。

3）在各项目下设想从材料、结构、功能等方面加以改进，试用可替代的各种属性加以置换，引出具有独创性的方案。进行这一程序的关键是要尽可能详尽地分析每一特性，提出问题，找出缺陷。

4）方案提出后还要进行评价和讨论，使产品更能符合人们的需求为目的。

譬如，要改良一只烧水用的水壶，使用特性列举法可先把水壶的构造及其性能按要求予以列出，然后逐一检查每一项特性可以改进之处，问题便迎刃而解。

- 名词特性

整体：水壶；

部分：壶嘴、壶把手、壶盖子、壶身、壶底；

材料：铝、不锈钢、搪瓷、铜等；

制作方法：冲压、拉伸、焊接、铸造等。

通过以上特性便可提醒人们有许多可着手改进之处。例如壶嘴会不会太长，壶的把手可不可以改用塑料、壶盖可否用冲压的方法以免除焊接加工的麻烦，等等。

● 形容词特性

水壶的颜色，有黄色、银白色等；重量有轻、重之分；形状有方、圆和椭圆；图案更有多种。水壶的高低、大小均有不同。

由此也可以发现许多可改良之处，就造型、图案一项而言，各人的眼光各不相同，可以用仿生学原理制作各种果实（如葫芦）形状和动物形状的壶，也可以从节能、美观等方面考虑，设计出有现代感的水壶。

● 动词特性

功能方面的特性，冲水、盛水、加热、保温等。从中可以发现许多可改良之处，如将水壶改为双层并采用保温材料，或给壶嘴或壶盖加上鸣笛，当水开时可以发出鸣叫，电热壶在水开后自动断电等。目前人们非常重视产品的实用性，如果能在功能上多想些点子，肯定有助于扩展产品在市场上的份额。

（二）特性列举法的应用规则

1）必须全面列举这一事物的所有属性，尽量避免遗漏。

2）特性列举法一般应用于解决问题比较单一的项目。如果研究对象是一个大的项目，就应分成若干个小项目来进行。例如研究新型汽车，可按系统组成来划分，如图 3-12 所示。在运用特性列举法解题时，每次只考虑其中一个子系统，如发动机。对发动机进行分析，罗列特性，然后考虑从哪些方面来改善发动机的性能，如图 3-13 示，对汽车发动机进行改进的方案可能有好几个，逐个进行评估分析，选出最佳方案。

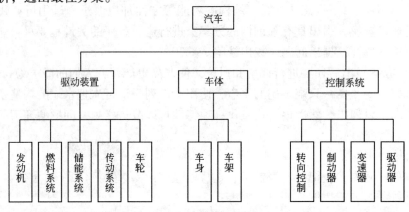

图 3-12　汽车的组成

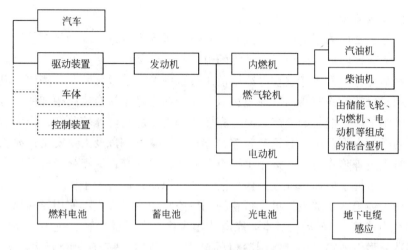

图 3-13　汽车发动机可能改进的设想方案

当前，产品更新换代很快，使用特性列举法，可以主动寻找改进产品的创意，可以把类似的产品都拿来分别列举其名词特性、动词特性、形容词特性，然后把这些同类产品的特性加以比较，取长补短，以获得最佳方案。如同样的 26 型自行车，有的材料价廉（名词特性）、有的物美（形容词特性）、有的坚固耐用（动词特性），将所有优点集产品于一身，就能造就价廉、物美、坚固耐用的新型自行车。

二、缺点列举法

缺点列举法是让人们用挑剔的眼光，有意识地列举、分析现有事物的缺点，然后，提出克服缺点的方向和改进设想的一种创新技法。由于它的针对性强，常常可以取得较好的效果，目前被广泛应用。

（一）缺点列举法对创新活动的积极作用

缺点列举法之所以对创新活动具有积极作用，主要是它有助于直接选题，能帮助创新者获得新的目标。创新的第一步就是要提出问题，许多有志于创新的人，虽有强烈的愿望，却无法获得目标，面临错综复杂的研究对象不知从何下手。对现有事物的缺点进行列举，在平常认为没有问题的地方发现问题，在平常看不到缺点的时候找到缺点，利用事物存在的缺点和人们期望尽善尽美间的矛盾，形成创新者的创新动力和目标。

下面以电冰箱的创新构思为例。

电冰箱是常用的家电产品，人们对其进行了多方改进，一些显而易见的缺陷已经克服或改善。但目前市场上销售的电冰箱并不是尽善尽美的产品，例如可以通过观察与思考，重点考察在电冰箱使用过程中产生的各种问题。例如，电冰箱使用氟利昂冷却剂，容易污染环境；电冰箱冷冻食品中带有里氏德细菌，可引起人体血液中毒或造成孕妇流产；患有高血压的人不能给电冰箱除霜，因为冰水会使人手的毛细血管及小动脉迅速收缩，导致血压骤升，危及人身安全；冰箱压缩机工作时发出阵阵噪声等。运用了缺点列举法，这些潜在缺点就暴露无遗了。

当人们掌握了电冰箱存在的各种潜在缺点以后，即可着手构思改进方案。例如，针对上述第一个缺点，可进行新的制冷原理研究，开发不使用氟利昂制冷剂的"绿色电冰箱"。最近，日本有家电冰箱生产企业独辟蹊径，应用半导体制冷器来制造新型电冰箱。半导体制冷机的原理源于珀耳帖效应。1843 年，法国科学家珀耳帖研究发现，当两种不同属性的金属材料或半导体材料紧密连接在一起时，在它们的两端通以直流电后，就会相应出现吸热或者放热的物理现象，从而取得制冷或制热的效果。应用半导体制冷技术制造的电冰箱，因不使用氟利昂制冷剂，使人们在享受高科技成果的同时，还保护了人类赖以生存的环境，且不产生噪声。

（二）缺点列举法运用要点

采用缺点列举法进行发明创造的具体步骤和运用要点如下。

1. 做好心理准备

缺点列举法的实质就是发现产品的缺陷，寻找事物的不足，从而进行改革与创新。但由于心理惯性和思维惯性作怪，人们往往意识不到这些缺点的存在。应该明确，世界上的任何事物都不可能尽善尽美，总是存在这样或那样的缺点和改进余地，只要勤于寻找缺点，善于分析缺点，找出改进的途径，就能实施有意义的创新。因此，在运用缺点列举法时，人们必须首先培养起"怀疑意识"和"不满足心理"，要用"怀疑意识"的"显微镜"去寻找缺点，要用"不满足心理"的"放大镜"去分析缺点，使事物的缺点与不足暴露无遗。

2. 详尽列举缺点

列举事物的缺点，不能仅凭热情，还要依靠科学的方法。用户意见法、对比分析法和会议列举法都能为人们详尽地列举事物的缺点提供帮助。

（1）用户意见法

如果需要列举现有产品的缺点，最好将该产品投放市场，请用户提意见、找毛病，通过这样方式获知产品的缺点最有参考价值。例如，将普通单缸洗衣机投放市场并收集用户意见后，便可列举出下述缺点：①功能单一，缺乏甩干功能；②使用不便，需要人工进水和排水；③洗净度不高，尤其是衣领、袖口处不易洗净；④不同颜色衣服同时洗时，容易造成衣服染色；⑤排水速度太慢，洗涤剂的泡沫难以迅速排放；⑥洗涤时，衣物往往被搅在一起，不易快速漂洗；等等。针对用户所提缺点，迅速有的放矢地改进，就可制造出性能更佳、功能更强、效果更好的新型洗衣机。

需要指出，采用用户意见法收集产品缺点，应事先设计好用户意见调查表，以便引导用户列举意见，且便于分类处理。

（2）对比分析法

没有比较就没有鉴别，通过对比分析，人们可以更清楚地看到事物存在的差距，从而列举出事物的缺点。

例如，轴承是各种机器传动系统不可缺少的组成结构。早期设计的滑动轴承，使机械设备得以运转、劳动强度得以减轻、工作效率得以提高，是一项划时代的创造。但随着科学技术的进步，被滚动轴承取而代之，因为它揭示了滑动轴承摩擦阻力太大的缺点。20 世纪 80 年代初，空气轴承的出现，使人们在比较中发现了滚动轴承的若干缺点：①空气轴承的摩擦阻力只有滚动轴承的百分之几；②空气轴承的转速可达每分钟几十万转，理论转速甚至可达每分钟 80 万转以上，滚动轴承望尘莫及；③空气轴承可在低至 −260℃、高至 1500℃的温度区间内正常工作，滚动轴承则无法比拟；④空气轴承可用普通钢材制造，甚至工程塑料就可代用，而滚动轴承需用特殊轴承钢制造；⑤空气轴承可连续工作 20 年，甚至不需要维修，滚动轴承则无法比拟；⑥空气轴承噪声微弱，滚动轴承则噪声严重；⑦空气轴承没有污染，滚动轴承则污染严重。尽管空气轴承有很多优点，但径向承受的负荷有限制，最近又出现了磁浮轴承。就轴承而言，至今尚有巨大的改进空间。

（3）会议列举法

通过缺点列举会，可以充分汇集群体的意见，较系统、更深刻地揭示现有事物存在的缺点，其步骤是：

1）由会议主持者根据活动需要，确定列举缺点的目标对象；

2）确定会议人员，一般 5～10 人召开主题会议，根据会议的主题畅所欲言，尽可能多地列举事物的缺点，并将缺点逐条写在准备好的卡片上；

3）对列举的缺点进行分类和整理，找出主要缺点；

4）召开有关人员会议，研究克服缺点的办法。每次会议的时间控制在 1～2 小时。会议讨论的主题宜小不宜大，如是大的课题，应将其分解成若干小课题，便于迅速取得成效。

3. 仔细分析鉴别

将所列举的缺点进行仔细分析和鉴别，首先要从产品的标准、性能、功能、质量、安全等影响重大的方面出发，进行仔细筛选，找出有改进价值的主要缺点作为发明创造的目标，从而使新设想、新方案更具有实用价值。在事物存在的缺点中，既有显性缺点，也有隐性缺点，在某些情况下，发现隐性缺点比发现显性缺点更有创新价值。

4. 进行改进构想

经上述步骤明确了需要克服的缺点之后，进行有目的和有针对性的创造性思考，并通过改进性设计以获得更为完善的方案，从而产生更为合理和先进的新产品。在此阶段，除需对缺点进行列举、分析和思考外，还应采用逆向思维，做到化弊为利。

缺点列举法不仅可以用于改进或完善某种具体产品，解决属于"物"一类的硬技术问题，而且可以用于改进或完善设想计划方案，解决属于"事"一类的软技术问题。因此，其对创新活动的促进作用切不可忽视。

三、希望点列举法

希望点列举法是从人们的理想和需要出发，通过列举希望来形成创新目标和新的创意，进而产生出趋于理想化的创新产品。与缺点列举法不同，希望点列举法是从正面、积极的因素出发考虑问题，凭借丰富的想象力、美好的理想大胆地提出希望点。实际上，许多产品正是根据人们的希望而研制出来的。例如，人们希望使用洗衣机时更省心、更便捷，于是就有人发明全自动智能洗衣机；人们希望走路时也能听音乐，于是就有了"随身听"；人们希望上高楼不用爬楼梯，于是就发明了电梯；人们希望像鸟一样在天空翱翔，于是发明了飞机；人们希望像鱼一样在水中遨游，于是发明了潜水艇；人们希望冬暖夏凉，于是发明了空调；等等。古今中外的许多发明创造，都是按照人们的希望而产生的科学结晶。

在电话刚出现的时候，美国创造学家艾可夫曾对理想的电话罗列了下列希望点：①只要想用电话，就能在任何场合使用它（手机）；②知道电话是从何处打来的，可以不去接那些不想接的电话（来电话号码自动显示）；③如果拨电话给他人，遇到占线，待对方通话完毕后即可自动接上；④当无暇接电话时，可以告示对方在电话里留言（录音或发短信）；⑤能使三个人同时通话（会议电话）；⑥可以选择使用声音和画面（电视电话）。事实上，我们当今所用的电话，正是早年艾可夫所希望的电话。

希望列举法主要是运用理想化的原理，采用发散思维和收敛思维的方法，促使人们全面感知事物，对希望点加以合理的分类、归纳，在重视消费者内在希望的同时，应对现实希望、长远希望、一般希望和特殊希望区别对待，审时度势，做出科学的决策。如果仅以表面希望来构思创造发明，就会导致失误。例如，有位假肢厂的工程师，设计了一种功能颇多、能伸到几米以外的假肢，但却不能得到残疾人的赞赏，因为残疾人的内心只是希望能够像正常人一样走路。

希望点列举法不宜用于较复杂的项目，也不能达到最终解决问题的目的，应与其他方法（如 TRIZ 方法中的理想解）结合起来加以应用。

思 考 题

1. 创新技法是如何分类的？
2. 分析逻辑思维方法在知识经济时代的重要作用。
3. 演绎技法有哪三种基本方式，举例说明。
4. 什么是综摄类比法，类比法有哪些类型？
5. 寻找自己生活、工作和学习中的难题，试用仿生类比提出解决难题的设想。
6. 举例说明当代重大技术创新项目和科学效应的密切关系。
7. 什么是组合法，举例说明。
8. 什么是分解法，举例说明。
9. 什么是形态分析法，如何应用形态分析法创新？
10. 说明信息交合法的原理，请用立体交合法产生一项新产品的创意。
11. 什么是和田十二法，请用每一种方法完成一项创意。
12. 联想技法的原理是什么，它有几种类型？
13. 逆向构思法的原理是什么，运用要点有哪些？
14. 说明形象思维特点和在创新中的重要性。

|第四章| 战略计划阶段技术创新方法和工具

第一节 概 述

一、当今世界经济的新特点

(一)"创新经济"的到来

"创新经济"是由创意的想象力和创新力主宰的新经济阶段,即通过企业的自主创新推动经济的发展。2005 年 8 月 8 日美国《商业周刊》公开宣布:"创新经济"已经悄然出现!"知识经济"向"创新经济"的转变开始成为当代世界经济发展的主流。2005 年 11 月《改变世纪的机器》的第一作者沃麦克(Janes P. Womack)在北京将这种世界性的经济变革称为"一次全球性的革命"。

面对"创新经济","知识经济"已黯然无色。因为,过去在美国公司主宰的知识经济环境下,与大部分价格、质量和相关的知识与数字化是美国公司的主业,但是现在这类工作已经迅速向劳动力低廉、训练有素的亚洲和东欧国家,如中国、印度、匈牙利、捷克等国转移。

(二) 技术创新的重点转向制造前端

制造业技术创新的过程从大的方面分三个阶段:

1. 制造前阶段

制造前阶段包含了战略计划和概念设计两个分阶段。技术创新战略和技术创新计划组成了战略计划分阶段;而识别顾客需求、识别技术、创意生成、创意评估、生成产品概念、概念评估、生成创新方案等七个过程组成了概念设计分阶段。

2. 生产制造阶段

生产制造阶段包括研发和详细设计、原型制作与修改和生产制造等三个重要过程。

3. 制造后阶段

制造后阶段主要是制造产品的商业化，即销售服务和技术创新评价两个过程。

著名的"微笑曲线"如图4-1所示。20世纪60年代前，世界处于工业经济时代，生产制造尚处于价值链的较高位置。90年代，人类进入知识经济时代，生产制造效益下降，而生产制造前端的研发、咨询、金融、租赁、物流和后端销售服务等逐步向价值链的高端转移。进入21世纪，人类进入创新经济时代，生产制造前端和后端服务都进一步向价值链的最高端转移，而生产制造则处于价值链的低端，资源消耗急剧升高，对环境的负面影响越加突出。

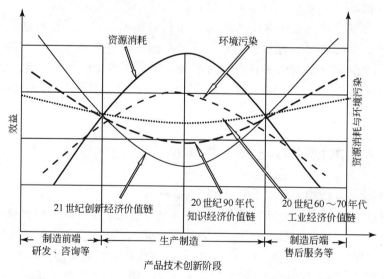

图 4-1　当前技术创新过程的"微笑曲线"

一位旅美华人学者在国内的一场报告中讲了一个真实的故事。

美国某公司设计出一种可发出声的地球仪，只要触摸地球仪上任何国家的位置，就会自动报出国名。这确实是一个很好创意产品，经过市场调查，其每台定位价值为88美元。于是他们下订单给香港公司，确定收购价40美元/台，香港公司以 20 美元/台的价格将订单给广东省某外贸公司，外贸公司将订单以 15 美元/台的价格承包给广东的某工厂，工厂把成本压缩在 12 美元/台，包含必须进口的原材料器件、人员工资、税收等。如果工厂生产顺利，那么就可能有 3 美元/台的利润；如果不考虑工厂的设备投资、风险、利润率，似乎还可以。但是，这 3 美元的利润只占总利润 76 美元的 3.9%。

这种地球仪原理简单，结构并不复杂，如果是生产厂家自己设计并拥有自主知识产权，自产自销，那么就是不参与生产制造也可以获得 73 美元的利润，如果工厂与美国的公司直接建立联系，摆脱中间环节获得该订单，也可以获得 28 美元的利润，问题在于我们的企业一方面缺少产品创新能力，另一方面对世界市场缺少直接的了解和沟通，因此，只能赚取微薄的加工费。

中国大量企业的命运远不如生产地球仪的工厂。请看：

一台售价 79 美元的国产 MP3，国外要拿走 45 美元的专利费，制造成本为 32.50 美元，中国企业获得的利润只有 1.5 美元。

一只中国生产的鼠标，在美国市场的价格是 24 美元，其中品牌商能赚 10 美元，渠道商能赚 8 美元，而我国的制造商只赚 0.30 美元的利润。

也许你的企业现在贴牌生产的某产品利润还可以，日子也许还能过得去，但是，可以肯定的是，好景不会长，一旦跨国公司发现成本更低的加工企业，随时都可能转移，你过时的设备和流水线，可能立即变成一堆垃圾，曾位居世界市场占有量第一的三星微波炉，已开始把生产线从中国转移到泰国和马来西亚。

二、技术创新方法和工具体系模型

技术创新方法和工具体系模型如图 4-2 所示。

产品技术创新总体上分为三个阶段，即制造前端、生产制造和制造后端。制造前端由战略、计划和概念设计三个分阶段组成。完成产品技术创新大体需要经历 14 个过程，每一过程都有相应的技术创新方法和工具的支持，如图 4-2 所示。例如在制定技术创新战略时，常采用技术预见、情景分析和技术预测三种方法工具，同时 TRIZ 理论、技术路径法、领先用户法也能在制定战略的过程发挥指导作用。

在制定技术创新计划时主要采用技术预测、技术路径、高标准定位三种方法工具，而当今 TRIZ 理论也成为制定技术创新计划的重要理论工具。

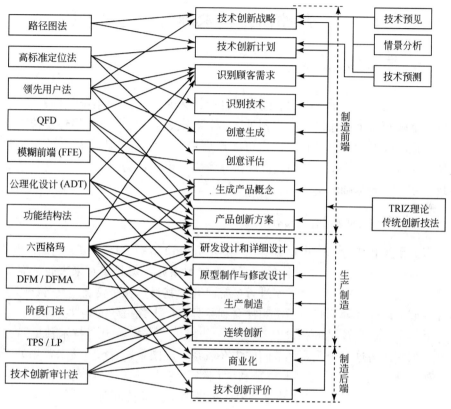

图4-2 技术创新方法和工具体系模型

在识别顾客需求方面，主要采用 QFD 和领先用户法，识别技术常用 TRIZ 理论的技术进化法则、效应知识库和创新方案库。

创意的生成采用 TRIZ 理论、领先用户法、模糊前端和 QFD，其他还有公理化设计、功能结构法、六西格玛法、DFM/DFMA、TPS/LP、阶段门法、技术创新审计法以及各种创新技法分别或组合应用于技术创新各阶段和过程。总体上说，我国的科研设计人员对生产制造阶段常用的创新方法和工具如公理化设计理论（ADT）、六西格玛（6σ）、DFM/DFMA、TPS/LP 等方法工具有一定的了解，而对制造前端生成自主知识产权和进入价值链高端销售服务领域的创新方法和工具缺乏了解，下面分别予以介绍。由于篇幅的限制，有关制造后端的技术创新（包括管理）方法及技术创新审计等，本书不予介绍。

第二节　战略阶段技术创新方法和工具

一、技术预见

技术预见是对科学、技术、经济和社会的未来进行远期系统化探索的过程，其目的是政府和企业通过"技术预见"，对未来技术可能的发展趋势及带来这些发展变化的因素能有所了解，选定可能产生最大经济与（或）社会效益的共性新技术，对其重点支持，从而提高经济竞争力。可以认为，"技术预见"是政府科技战略决策的基础。

（一）技术预见的定义和特征

来自于英国技术预见专家马丁（B. Martin）在 1995 年给"技术预见"（technology foresight）下了这样的定义："技术预见"就是要对未来较长时期内的科学、技术、经济和社会发展进行系统研究，其目标就是要确定具有战略性的研究领域，以及选择那些对经济和社会利益具有最大化贡献的共性技术。

近年来，技术预见的概念又有进一步的发展，它揭示出"技术预见"与计划、未来和网络这三个重要环节间的内在联系，如图 4-3 所示。技术预见处于中心位置，外围是"计划"、"未来"和"网络"三个环节："计划"指的是战略计划；"未来"是指技术的发展愿景；"网络"是指相关利益主体间形成的关系和知识网络。

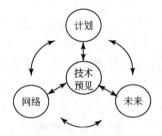

图 4-3　技术预见概念关系

（二）实施技术预见的基本流程

技术预见的基本流程如图 4-4 所示。

技术预见前期的准备和研究阶段，主要由来自政府、大学、研究机构、中介

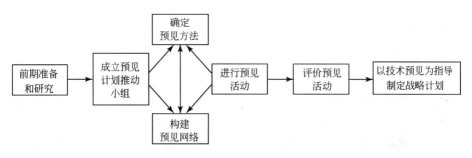

图 4-4　技术预见基本流程

或者其他组织的上层内部进行交流，就实施技术预见达成共识的阶段。

当政府部门决心实施技术预见之后，有必要组织一个预见计划推动小组来全面负责预见的相关事宜。

在预见活动的最后阶段，应按照以下准则对预见活动进行评价：

1）预见活动中的有效性，如政府部门的关注度、专家的参与程度等；

2）预见活动的响应力大小。假如该结论在社会上无响应，那么预见的社会功能就无法实现；

3）开展预见活动的次数也是作为评价的一个标准。

一旦得到了较好的响应，则进入下一阶段：以技术预见为指导制定战略计划，并从政策上、资金上予以支持。

（三）技术预见的方法

技术预见的实施方式是多样化、系统化的。20 世纪 70 ~ 90 年代，多数国家在实施预见活动时，是围绕德尔菲法并辅以其他方法进行的。90 年代后，TRIZ 理论方法在技术预见中得到重视和采用，技术预见方法如表 4-1 所示。

表 4-1　技术预见方法分类表

分类	技术预见方法
确定预见主题的方法	TRIZ 理论方法、SWOT 分析法（SWOT analysis）
探索性方法	TRIZ 理论方法、类推法、天才预见法（genius forecsting）、德尔菲法（Delphi）
创造性方法	TRIZ 理论方法、专家小组法、情景分析法、头脑风暴法
优先级别法	关键技术法（critical or key technologies）、技术路径法（technology roadmapping）

在表 4-1 所列的方法中，类推法、头脑风暴法在第三章中已有介绍。以下着重介绍 SWOT 分析法、天才预见法、专家小组法、关键技术法以及德尔菲法。其他方法将在后面的章节中分别介绍。

1. SWOT 分析法

SWOT 是强项（strength）、弱点（weakness）、机会（opportunities）和威胁（threats）四个英文单词的缩写。SWOT 分析法是一种常见的用于分析企业或者行业内外部战略要素的方法。其做法是作一个 2×2 的矩阵，然后在每一格中对应填入企业或行业的强项、弱点、机会和威胁的列表，并要求在每一格中都要按照优先级排序。正确的优先级排列有助于战略决策者全面地把握战略要素。比如在强项这一格中，一共可以总结出五点，则应该按照其重要程度自上而下地排列。

SWOT 分析法在技术预见中实际应用时，经常和高标准定位法结合使用，这主要是因为强弱是相对而言的，高标准定位法能帮助预见人员更准确地对环境做出判断。

2. 天才预见法

社会上的确有一些人，具有高超的预见才能，他们能注意到被常人忽略的一些未来技术和社会发展的可能性，这些人通常被称为未来学家。如阿尔文·托夫勒所著的《第三次浪潮》，其影响力之大难以估量。

未来学家通常具有超人的知识面和敏锐的想象力，他们的结论虽然并不总是完全正确的，但是对这些天才们的预见加以系统化的研究可以获得有益的启示。

3. 专家小组法

在许多技术预见活动中，专家小组是其中的核心环节，在我国得到较好的应用。

在小组中来自于各领域的专家，包含来自于企业界以及社会各界的代表，他们必须是能传递正确的市场需求信息和掌握了技术进化规律的专家。

圆桌会议是专家小组的一种常见形式，通常由 12～15 名专家组成，这些人在指定的时间对特定的问题加以讨论。和德尔菲法相比，专家小组法的效率非常高，可以通过连续召开会议方式，快速得出预见结论。

4. 关键技术法

关键技术法主要是美国运用的一种技术预见法，关键技术法在预见突破性的技术方面有较好的作用。关键技术法一般也是通过问卷调查的方式进行，问卷通常包括以下几个问题：

1）你认为哪些是研究中的重要领域？

2）你认为哪些是应该得到政府重点支持的关键技术？

3）你在确认关键技术的时候所采用的标准是什么？

4）你认为如果要通过政策来推动关键技术实施的话，哪些具体政策措施是最重要的？

关键技术法实施的时候通常分为四个阶段：①需要对各领域专家进行广泛咨询；②由第一阶段问卷产生一份技术清单；③制定关键技术评价的标准，初步认定关键技术；④描述关键技术的主要特性、应用领域和需要解决的问题，并给每项关键技术一个编号进行规范化处理。

5. 德尔菲法

"德尔菲"本身在古希腊语中是"预言"之意，它早在20世纪60年代由美国兰德公司推出。在技术预见中通常采用的德尔菲法，其调查涉及的面广、人数多，最终的数据处理也较复杂。

（1）在德尔菲法进行中应把握住的问题

1）保密性，要对被调查者的身份保密。

2）分类，一种可以使用的方法是建立被调查者专家库，并且评定级别。一般是对被调查者进行五级评定（从专家到不了解），调查时按项目需要从专家库中分布在不同级别的被调查人中选定即可。

3）时间保证。预见活动的组织者必须设法准时收回足够数量的答卷。

4）涉及的主题针对性强，预见中的目标主要是共性技术。

（2）德尔菲法结果报告涉及内容

德尔菲法的结果报告要包含对未来技术发展四个阶段的预测：

1）问题的初生阶段，主要是从理论和实践两方面对现状给出界定；

2）发展阶段，即该项技术的原型产生阶段；

3）成熟阶段，即该技术首次实际使用的时间和领域；

4）广泛应用阶段。即该项技术得到推广，并对社会产生重大影响的阶段。

（3）基于德尔菲法的技术预见流程

基于德尔菲法的技术预见流程如图4-5所示。

二、技术预测

企业通过技术预测，可以对关系到企业战略的重大技术发展趋势有一个明确认识，用来指导战略计划的制订，以求在未来的市场中取得优势。

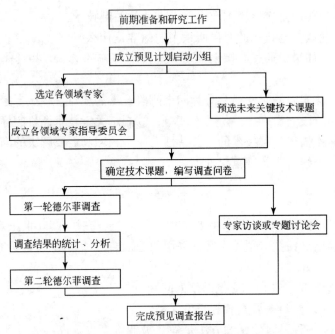

图 4-5　基于德尔菲法的技术预见流程

（一）技术预测流程

技术预测的一般流程如图 4-6 所示。

图 4-6　技术预测的一般流程

1. 提出课题

课题的提出是由相关专家或者由科技情报部门根据企业的具体需求确定，预测内容包含有预测目标和预测期限。

2. 组建团队

技术预测必须依靠一个团队才能实施。对此团队而言，第一，团队成员需要有来自相关各领域的专家，以保证预测结果的科学性和全面性；第二，需要有企业高层的代表参与团队讨论，以确保预测方向和企业战略保持一致；第三，有必要对团队成员进行预测方法论方面的培训。

3. 收集资料

收集的资料包括两个部分：第一，与预测相关的技术现状和技术进化趋势的数据，以及预测所需的方法论文献；第二，同行企业实施技术预测总结的信息数据，这些资料数据有着很好的参考价值。

企业应该通过对相关的技术进行长期跟踪积累并建立知识库。

4. 分析资料

收集来的信息资料往往是海量的，可以利用知识管理的相关软件进行处理、分析、归纳，筛选出实用的信息。

5. 选择预测方法

选用预测的方法和收集到的资料有关。如果资料过少，就不得不依靠主观的预测方法；如果资料详尽，则可运用"技术预测的四阶段模型"方法。

（二）技术预测的四阶段模型

技术预测的四阶段模型如图4-7所示。每个阶段都将输出一个相对应的要素信息，它们分别是定性、定量、定时和定概率。这四个要素信息排列有序地进行输出，即只有在确定完成前阶段任务之后，方能进入对下一阶段的预测工作。

对每一阶段而言，都需要选择一个合适的方法（如德尔菲法），并需要追加额外所需的一些外部信息输入。四个阶段完成之后，最终的输出就是一个完整的预测结果。

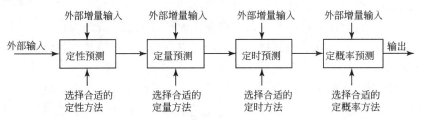

图4-7 技术预测的四阶段模型

（三）技术预测方法

对应于每一阶段的技术预测，都存在有与之相对应的预测方法（表4-2）。表4-2中重点罗列了目前比较实用、有效的一些方法，下面将重点介绍几种方法的适用场合和功能。

表4-2　技术预测方法的分类表

四要素	具体方法
预测中的定性方法	相关图法、类推法、形态分析法、空缺分析法、德尔菲法、TRIZ 理论方法（技术进化法则）
预测中的定量方法	相关树法、德尔菲法、TRIZ 理论方法
预测中的定时方法	TRIZ 理论方法（技术进化法则）
预测中的概率方法	德尔菲法

1. 相关图预测法

将各种技术系统和子系统按时间顺序，勾画出各个不同阶段间关系的图解式模型，同时附上按照发生的时间顺序排列的文字描述，以确定某种特定技术在历史进化过程中各阶段的位置。如果在主流上再画上支持技术或子技术，那么这张图就更一目了然了。

随着技术系统矛盾被突破，在原有的主流以外出现新的发展时，则应对原图进行修改，并画出支流。

实例：飞机机翼和发动机的不均衡进化的相关图（图4-8）。

飞机的主要特性之一是它的飞行速度。在飞机发展的最初阶段，为了使飞机能够飞起来，机翼面积必须很大，采用双机翼或三机翼。由于飞机的发动机功率很小，为了提高飞机的飞行速度，需不断地设法提高飞机发动机的功率。至第一次世界大战期间，飞机发动机功率显著提高，飞机的飞行速度达到 200 千米/小时，但双翼飞机阻力大，既造成了过大的燃油消耗，也妨碍了发动机的进一步发展，限制了飞行速度的进一步提高。机翼成为阻碍飞机发展的瓶颈。

随着机翼的改型和高强度材料的使用，飞机的设计向着单翼机进化。单翼机能够减小阻力。同时，由于发动机功率进一步提高，至第二次世界大战结束时，飞机的飞行速度达到 700 ~ 750 千米/小时。此时，往复式飞机发动机已经竭尽其进化资源，于是转向功率更加强大的喷气式发动机，对于相同的单机翼设计，喷气式发动机使飞机的飞行速度达到声速。若要超过声速，则需要从平直机翼转变

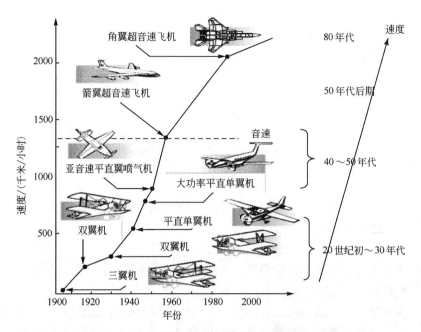

图 4-8　飞机机翼和发动机的不均衡进化的相关图

到气动特性更好的后掠机翼，之后，三角机翼又取代了后掠机翼，从而使得飞行速度达到声速的 2 ~ 3 倍。

2. 空缺分析预测法

作为技术预测，我们所关心的是这些技术本身的不完整和不配套，这不仅是为了满足需要，也是为指明通往未曾预料的新活动的道路。

元素周期表的诞生是门捷列夫应用空缺分析法的最好实例。在这以前，其他科学工作者企图把已知元素按其化学、物理性质相关的某种数值次序进行排列，然后根据原子量对元素进行分类，但他们都失败了。门捷列夫则构造了一个其中留出空缺的元素矩阵表而获得成功。就门捷列夫的元素周期表而言，本质上是一种基于矩阵的空缺分析法。

空缺分析法还可以推广到三元系统以及更为广泛的系统中去，如图 4-9 所示。假设某物质由 A、B、C 三种成分组成，那么在三角形中的任意一点都代表某种配方。那么由这一方法就可观察出在哪些点上还可能存在新的配方的可能性，此法在材料学科预测中得到应用。

空缺分析法还可以推算到一些数学规律，比如斐波那契数列，此数列中，从

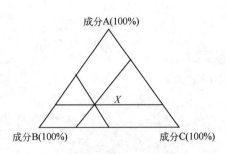

图4-9　三元空缺分析法

最初两个数以后，每一项的数值都是前两项的数值之和。这样，若最初两个数都是1，则斐波那契数列是：

$$1\ \ 1\ \ 2\ \ 3\ \ 5\ \ 8\ \ 13\cdots$$

自然界中很多现象都符合斐波那契数列的增长规律，比如某些生物的增长规律，某些新产品性能增长也符合这一规律。

在天文学中，空缺分析法也得到了广泛的使用。根据理论计算，会在某些轨道应该存在有某种类型的星体，那么即使在这一轨道上尚未观察到任何天文现象，通常就把这个轨道作为空缺，以后会进行重点监测。

三、情景分析

（一）情景分析的界定及特征

面对企业可能遇到的那些可预测性较低，但对战略影响却是非常巨大的环境突变，比如新市场的出现、突破性新技术的产生、金融危机的显现等，企业的高层应从理念和方法上引入真正意义的风险管理，避免原有战略的失效。

情景分析是一种科学的风险管理方法，是将显性和隐性的未来技术预测反映到战略规划中，从而能为企业从容面对环境变革，实现真正的风险管理。

情景分析是一种方法论组合，通过整合情景构架和战略规划两个过程，帮助企业理解和管理未来，并指导组织多方位市场竞争。

情景分析是对未来可行性的生动描述，有别于预测和愿景，如表4-3所示。愿景一般是描述一个企业期望实现的未来，愿景与预测都具有规避风险的功能。而情景分析实际上是要回答一系列问题，比如环境可能怎样？如果这样的话，会发生怎样的变化？情景分析则更加具有针对性。预测可以作为一个输入，而情景经常作为一个输出。

表4-3 情景、愿景、预测之间的区别

情景	预测	愿景
可行的未来	可能的未来	期望的未来
基于不确定性	基于确定的关系	基于价值
诠译风险	隐藏风险	隐藏风险
定性、定量	定量	通常定性
需要指导组织决策什么	需要决策的勇气	激发
很少使用	日常使用	较经常使用
中长期、高不确定性	短期、低不确定性	用来激发自发性变革

（二）情景分析流程

情景分析是一个严格的方法论体系，可以实现同其他预测和规划方法匹配使用。情景分析流程如图4-10所示，整个流程大致由以下六个环节组成：

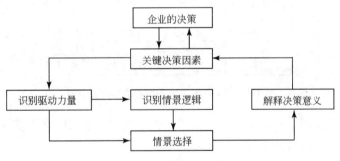

图4-10 情景分析流程

1. 企业的决策

在情景分析过程中，管理团队特别是高层管理者必须有足够的耐性，首先要明确决策的焦点，识别、讨论和确定企业技术创新决策焦点是情景分析的核心。

由于前景分析针对的是趋势和不确定性，而不是短期行为，往往有较长的时间跨度（5~10年）。因此，一般来说，情景分析所基于的决策焦点是战略性而非战术性的，其宗旨是"谋势"不"谋利"。

2. 关键决策因素

确定关键的决策因素就是要明确我们必须知道未来的那些关键点。比如对于一个制造企业来说，决策因素可能包括：市场规模、增长率和变化率、源于新技术的竞争产品和替代产品、长期的经济前景和物价趋势、政府政策变化、资本市场和成本变化以及技术突变情况等。

决策因素与企业内部因素以及外部环境因素密切相关。由于外部因素往往是不可控制的，因此，创新团队在进行情景分析时，要以外部不可控因素为主。只有当前景分析结束和开始执行企业决策时，才将工作的重点转移到内部因素的管理上。

3. 识别驱动力量

驱动力量是外部环境的主要因素，重点是要对少数最重要驱动力给予认定，主要通过"不确定性程度"和"影响程度"两个纬度进行评估。在实际操作中，一个简单、可行方法是通过矩阵排序法加以分析，如图4-11所示。

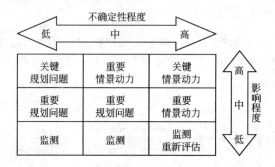

图 4-11 用于甄别驱动力量的矩阵排序法

通过矩阵分析进行排序后，管理团队针对当前规划可以将注意力的重点放在影响程度高和不确定性程度低的环境力量上。

4. 识别情景逻辑

情景逻辑的识别与建立，主要是构成了事件的推理基础，实际上就是构建企业情景的规则，在这个过程中，创造性思维起关键的作用。

企业面临千变万化的不确定性外部环境因素，由此可能导出的未来情景更是多变的。情景逻辑的识别和建立，能够将众多的情景筛选几个可行的情景。如果没有情景逻辑，决策制定者就不可能对情景的可行性作出评估。

5. 情景选择

情景的选择直接关系到情景分析结果的可操作性。在情景选择的过程中，务求以最小的情景数量来描述关键的不确定性，通常在选择的情景中可以包含 3 ～ 4 个情景的组合。

（1）情景选择标准

1）可行性标准，即情景必须在设想中优选，是对未来可行性的准确描述。

2）差异性标准，即所选择的情景之间必须具有明显的结构性差异。

3）内部一致性标准，即情景逻辑的合理性。

4）决策制定支持性原则，即每一个情景都应该最大限度地影响战略决策的制定。

5）挑战性原则，即所选情景应该对企业传统经验具有挑战性。

（2）情景陈述报告要领

情景组合选定之后，管理团队必须形成详细的报告，形成情景组合描述报告必须遵循下列三点：

1）情景描述报告的题目应该尽可能简单，尽量选择能唤起企业对未来幻想的主题。

2）要有说服力的描述性语句。情景不是仅对企业最终状态的描述，情景的重点在于描述中间状态是如何演化的。

3）要多采用对比性描述的图表形式。一般而言，将第三环节识别的关键驱动力量都涵盖在图表当中，为决策者提供框架性提示。

6. 解释决策意义

情景分析的结果是制定战略规则的起点而非终点，由此，情景分析结束之后，必须充分挖掘解释情景选择对决策的支持意义。

一般来说，可以通过以下三个途径来解释情景对决策的支持意义：

1）运用SWOT分析，确定环境变革给企业造成的机会和威胁，从而为企业战略选择方案作进一步的深入分析。

2）运用"实验室"方法，即利用前景分析对当前的战略进行评价，提供分析企业现行战略在每一个情景中的适应性来实现战略规划目标调整。

3）运用战略发展法，即在情景的框架内形成企业新的战略规划。

目前，TRIZ理论方法中已包含情景分析的软件，有条件的企业应推广使用。

第三节　计划阶段技术创新方法和工具

一、路径图法

（一）路径图的定义

路径图的实质是技术规划图，它是通过视图，把顾客对产品功能需求与特定技术群联系起来，用图的形式来表明这些技术在整个生命周期的变化情况。

通过预测和规划，展现技术发展的时间维度，并突出强调公司已有的战略计划。

通过制作一系列典型的专门产品路径图，不仅可以系统演示现有的技术和未来技术，还可使企业得以排列长期新产品计划的顺序。此外，路径图还可以有效地促进组织内部的业务沟通，特别是较好地建立了研发部和市场部之间战略及行动上的联系。

（二）编制产品技术路径图的作用

路径图的种类非常多，对企业技术创新来说，最为重要的当属产品技术路径图，它是由具体的产品计划结合市场地位和技术趋势制作而成，突显出产品的替代，包括连续技术替代和突破技术替代。摩托罗拉、飞利浦和其他公司都用过这个方法。

路径图是某一个领域技术发展可能性的创意库，从中可以提供更多的有目标的研究。为了充分利用技术发展优势，企业必须对技术发展的时间表充分了解，拥有多方位的用来支持技术发展的资源渠道，使得这些技术能应用于企业几代产品的开发。从路径图可以反映出所有的"计划"，如图4-12所示。

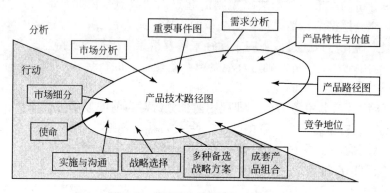

图 4-12　路径图反映所有"计划"

法尔（Phaal）、法鲁克（Farrukh）和普罗波特（Probert）将市场、产品和技术这三个因素称为"know-why（目的）、know-what（传递目的的方式）、know-how（实现目的的知识和技术）"。因此，路径图有以下三个方面的主要作用：

1）建立市场、产品和技术三者的优先地位；

2）通过使用预测设定目标并扩展它们；

3）把市场、产品和技术三者连接起来，判断研发投资的方向和协调责任群体之间的工作。

在编制路径图的过程中，鼓励跨组织创意沟通，鼓励进更多组织参与和形成交叉学科结成网络并形成产学研结合团队。

TRIZ 理论方法中技术进化法则实际是最系统的路径图方法，并有知识库、方案库及相关软件的支持，TRIZ 理论方法和路径图方法有机结合，更有利于企业产品战略规划的制定。

二、高标准定位法

（一）高标准定位法的定义

所谓高标准定位法，就是以行业中领先的、最有名的标杆企业为基准，将本企业的技术创新产品、服务和管理措施等方面的实际情况与基准进行定量化评价和比较，分析这些基准企业的绩效达到优秀水平的原因，在此基础上选取改进的最优策略。其实质就是通过学习和借鉴他人先进的技术创新实践经验、创新思想、技术创新管理的方式方法等，根据自身条件，确定合适的跟踪、模仿、赶超策略，从而提高竞争力。

（二）高标准定位活动焦点问题

施乐曾是复印机的代名词，但第二次世界大战后的日本公司，在诸多方面模仿美国企业的管理、营销等操作方法，逐渐抢占了市场。从 1976～1982 年，施乐公司复印机的市场占有率从 80% 降至 13%。巨大的市场落差使得施乐公司迫切需要寻求有效的管理方法。1979 年，施乐公司管理人员源于对生产经营中单位产品成本问题的反思，第一次运用高标准定位了 10 个焦点问题，它们是：

1）什么是影响公司成功与否的最关键的因素？（例如，顾客满意度、费用组成、资产回报率的情况）

2）什么因素造成最大的困惑？（例如，绩效未达到预期）

3）提供给顾客的是什么产品或服务？

4）哪些因素决定顾客的满意度？

5）已经认定哪些属于组织问题（营运方面）？

6）企业的哪些部分感受到竞争压力？

7）企业里的主要成本组成是什么？

8）哪些产品功能所占的成本百分比最高？

9）哪些功能最有改善的空间？

10）要使企业能在市场上与竞争对手差异化，从哪些功能着手最佳（或最有潜力）？

1987年美国开始了设立国家品质奖，确定以高标准定位作为申请奖项的指导原则，激发了美国公司对高标准地位法的高度重视。

1989年美国施乐公司获得国家品质奖。施乐公司将自己的成功经验大部分归功于高标准定位，与此同时，该公司负责高标准定位的高级经理罗伯特·坎普（Robert C. Camp）写了《高标准定位：寻求导致超级业绩的最佳实践》一书，详细描述了施乐公司实施高标准定位的经验，高标准定位法从此受到人们的进一步肯定。

（三）技术创新高标准定位的理论模型

技术创新是一项复杂的系统工程，它源于新创意的产生，经过研究、开发、制造、营销直到产品为消费者接受。这一过程的成败，又与企业外部环境及企业内部因素有关，牵涉众多的方面。

陈劲等在综合以往学者研究和企业应用经验的基础上，提出了一个新的技术创新高标准定位理论模型，如图4-13所示。信息获取、技术获取、产品开发和工艺创新是技术创新的组成部分，是技术创新的核心过程；战略管理、资源管理和组织环境是技术创新的一种推动力，是技术创新得以顺利进行的必备条件；技术创新业绩和技术创新能力是输出因素。

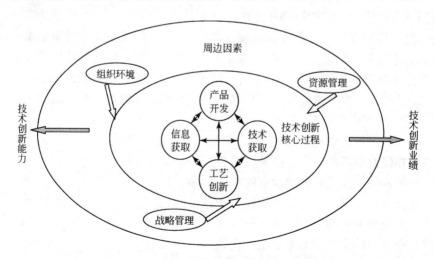

图4-13　技术创新高标准地位理论模型

（四）各项高标准定位要点

获取信息高标准定位要点如表 4-4 所示；获取技术高标准定位要点如表 4-5 所示；产品创新高标准定位要点如表 4-6 所示；工艺创新高标准定位要点如表 4-7 所示；技术创新战略管理的高标准定位要点如表 4-8 所示；组织环境高标准定位要点如表 4-9 所示；资源管理高标准定位要点如表 4-10 所示。

表 4-4　获取信息高标准定位要点

技术创新的创意从何而来	如何获取市场信息	在哪些方面利用现有顾客
企业研发部门	对市场需求进行系统调查	创新战略制定
企业其他部门	有广泛的市场信息网络	创新目标制定
TRIZ 理论方法	用户反馈信息	创意获取
供应商	企业家的洞察	产品原型开发
竞争对手		产品测试
咨询公司		产品改进
学校、科研机构		产品的商业化
学术会议、专业期刊、展览会		

表 4-5　获取技术高标准定位要点

技术获取的战略如何	从何处获取技术	如何从学校、科研院所获取技术
对技术系统监测	企业技术中心的研发	在研发项目中合作
运用 TRIZ 获取技术	企业各事业部的研发	咨询技术问题
评估竞争对手的技术能力	研发外包	参与培训课程
评估企业的核心技术和竞争力	外界公共的研发	公用设备和实验室
技术获取方式的组合	购并创新企业	到学校招募人才
内外技术的集成	参股创新企业	选送员工进修
	建立合资企业	利用教授们的假期
	企业间研发合作	
	购买许可证或购买专利	
	购买硬件或软件	
	与科研院所机构的关系	
	引进顶级技术人才	
	从 TRIZ 理论的相关知识库	

表 4-6　产品创新高标准定位要点

产品创新过程如何	产品开发计划如何
项目管理制度	以市场为导向的计划过程
产品开发计划	以 TRIZ 理论为导向的计划过程
质量控制方法	应用企业内外多部门合作共同制订开发计划
有明确的产品概念定义	长中短期项目的结合
有阶段性的反馈和总结	新技术开发计划
对已完成项目进行总结	

表 4-7　工艺创新高标准定位要点

如何进行工艺创新	如何实施新工艺
运用 TRIZ 理论方法	将工艺改善和六西格玛质量管理相结合
工艺创新与产品创新匹配	在设计和制造的有效协调
分配足够的资源开发新工艺	新组织结构以利实施工艺创新
多种工艺创新源泉	业绩考核反映工艺重要性
创新过程有阶段总结和提高	

表 4-8　技术创新战略管理的高标准定位要点

一般目标	具体目标	企业战略	技术创新战略与企业战略关系
支持企业的生存	开发新产品	技术领先	技术创新战略与企业战略一致
产品创新	开拓新市场	适应需求战略	技术创新战略服务于企业战略
工艺创新	扩大市场份额	成本领先	技术创新战略是企业战略的核心
	降低成本	混合战略	
	改进产品质量		
	减少环境污染		
	改进工作条件		

表 4-9　组织环境高标准定位要点

研发活动在进化模型中处于何种状态	技术创新活动如何组织	如何从信息交流方面克服组织障碍	用组织实施变革克服组织障碍
研发孤立地关注于重大突破	围绕产品/市场进行组织	经常性召集内部会议交流思想和经验	建立半自治的创新任务小组
研发通过收益依赖关系进行集成	围绕事业部进行组织	与行业协会、政府机关加强合作	将责任转移至更小、更低层的单位
研发的跨职能集成	围绕技术学科进行组织	在企业内构建非正式的联系网络	强调多学科专家组的作用
研发置于战略考虑中	围绕项目进行组织	以 TRIZ 理论方法为指导，改进技术信息系统（数据库等）	调整奖赏和激励机制
	围绕组织学习 TRIZ 理论方法		
	其他形式		

续表

用人力资源培训 克服组织障碍	技术创新的 氛围如何	公司总裁的 作用如何	技术副总裁的 作用如何
鼓励技术人员多与外界交流 部门间人员岗位轮换 加强 TRIZ 等创新理论方法培训	全员明确企业的创新政策 鼓励冒险、开拓和创新的企业文化 研究人员能够自由地进行研究 允许失败 奖赏和鼓励成功的创新	制定技术策略 建立研发预算 分配技术资源	参与企业全局战略的制定 控制研发资源 领导研发活动 联系外部技术组织 决策在外部技术上的投资

表 4-10 资源管理高标准定位要点

管理研究优化人力资源	如何确定研究开发预算	应用了哪些有助于 创新的系统和方法	如何管理企业的 知识和技术资源
有明确的人力资源计划 有长期的培训和发展计划 设计了员工的职业生涯 公正评价和激励员工的业绩 技术创新各个环节安排合适的人选	分析产品的进化路线 分析行业和企业的技术水平 分析企业的市场地位和目标 分析技术创新的风险 分析研发投资的比例	使用产品设计方法 使用 CAI 等先进概念设计软件工具 使用六西格玛管理方法 建立信息知识库、数据库、网络等	掌握多种学习机制和学习方式 强调内部知识到交流域共享 强调利用外部的知识 建设学习型组织 建立知识库

（五）高标准定位的基本阶段

企业实施高标准定位活动的基本阶段如图 4-14 所示。

实施高标准地位的目的是在于"超越"对手。因此，企业实施高标准定位活动实际是由"标准"和"超越"两个基本阶段构成。

标准阶段实际上是一个"知己知彼"的过程。首先，通过调研策划，选定标杆。其次，进入分析阶段，分析"标杆"在哪些方面是最优秀的，我们的差距究竟在哪里？通过解剖和对比，寻找原因。然后，组织企业全体员工开展全方位的学习活动，以期在统一思想、统一认识的基础上达到持续、有效的统一行动。

在"标准"阶段"知己知彼"的基础上，进入"超越"阶段，拟定出超越对手的策略和实施计划，将计划落实到部门和人员，并适时总结经验，写出建议报告，为后续工作打好基础，将高标准定位列为长期化行为和常规化工作。

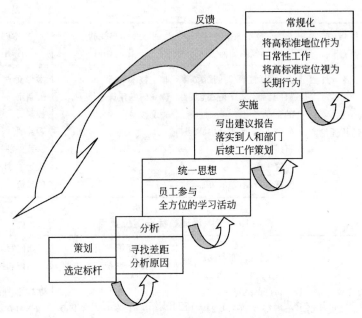

图4-14　企业实施高标准定位的基本阶段

思 考 题

1. 从"微笑曲线"来认识创新经济时代的特点。
2. 企业技术创新通常分哪三个阶段，每个阶段包括哪些过程？
3. 技术预见的主要作用是什么，其基本流程如何？
4. 技术预见常使用的方法有哪些？
5. 技术预测主要内容是什么，基本流程如何？
6. 简要说明情景分析的基本构成要素及其流程。
7. 技术预见、技术预测和情景分析有何不同？
8. 高标准定位有哪些焦点问题？
9. 简要说明企业获取信息、获取技术、产品创新、战略管理、组织环境及资源管理六方面高标准定位要点。

第五章 | TRIZ 理论方法

TRIZ（萃智）是由原俄文字母的缩写（Теория Решения Изобретательских Задач，ТРИЭ），并按 ISO/R9 – 1968E 规定，转换成拉丁字母 Т→Т、Р→I、И→R、3→Z 即 TRIZ，其含义是发明问题解决理论。

根里奇·阿奇舒勒（G. S. Altshuller，1926～1998）是原苏联的一位天才发明家和创造学家，年仅 14 岁时，就发明了从过氧化氢的水溶液中提取氧，用于海军潜艇的逃生装置，并在他 15 岁时，申请到了第一项专利。1946 年毕业于苏联军事专科学院的阿奇舒勒，由于其出色的发明，成为苏联海军专利局的一名专职审查员，这为他从事对专利发明的研究，继而转向对创造发明规律的研究创造了极好的条件。在他的带领下，持续 50 多年对数以百万计的专利文献加以搜集、研究、整理、归纳、提炼，建立起一整套体系化的、实用的解决发明问题的理论方法体系，这就是 TRIZ 理论。

较长时期来，由于冷战，TRIZ 理论不为西方国家所知。直至苏联解体后，随着 TRIZ 研究人员移居到欧美等西方国家，TRIZ 理论很快引起世界各国学术界和企业界的极大关注。特别是经传入美国后，成立了 TRIZ 研究咨询机构，在密歇根州等地继续进行研究，使 TRIZ 理论得到了广泛深入的应用和发展。该理论在我国也已开始得到学术界的重视，为显示中国的特色，并出于 TRIZ 的谐音，经科学技术部有关部门和一些创新问题专家们研究后，特将 TRIZ 理论在中国命名为"萃智"理论。

第一节 概　述

一、TRIZ 的发展历程

TRIZ 理论的提出始于 1946 年，用了将近 50 年的时间，TRIZ 理论经历了产生、发展、到成熟的过程，其发展历程如图 5-1 所示，14 面旗帜显示了 TRIZ 理论发展的 14 个里程碑。

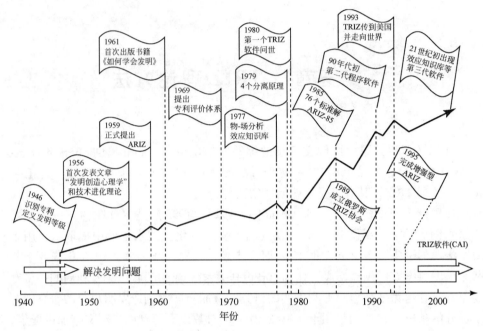

图 5-1　TRIZ 理论发展历程

　　1946 年阿奇舒勒开始研究隐藏在发明背后的规律，提出了识别专利的理论框架，并定义了 5 个发明等级，初步提出了技术进化的理念。

　　1956～1980 年，阿奇舒勒通过对 4 万个高水平专利分析，总结出 40 个发明原理和 39 个通用工程参数，于 1959 年提出了解决发明问题程序 ARIZ 的概念；1961年首次出版了《如何学会发明》一书；1969 年正式提出了专利评价体系，它是成就 TRIZ 理论的基础；1977 年提出了物-场分析模型；1979 年发表了有关解决物理矛盾的 4 个分离原理；经 7 年的努力于 1980 年推出了第一代 TRIZ 软件。

　　从 1985 年到 90 年代末是 TRIZ 发展的成熟期。1985 年在物-场分析模型的基础上，提出了 76 个标准解；同年推出了发明问题解决程序 ARIZ-85，这标志着TRIZ 理论体系的进一步完善，TRIZ 理论开始从专家的研究应用走向教育普及。

　　1989 年由阿奇舒勒发起，在彼德罗扎茨克成立了俄罗斯 TRIZ 协会（即后来的最权威的 TRIZ 学术研究机构——国际 TRIZ 协会），阿奇舒勒担任首届主席。TRIZ 理论专家们开始研究 TRIZ 与其他理论方法（如价值工程）的结合，并出现了第二代 TRIZ 软件。

1993 年 TRIZ 正式进入美国，TRIZ 理论也从此开始走向世界。

一批基于 TRIZ 理论的发明咨询专业公司迅速崛起，1995 年完成了增强型 ARIZ，1999 年美国阿奇舒勒 TRIZ 研究院和欧洲 TRIZ 协会相继成立，TRIZ 理论体系获得进一步充实和发展，尤其在美国相继开发出效应知识库等第三代计算机辅助创新（CAI）软件，有力地推动 TRIZ 理论在世界各国的传播和应用。

伴随着 TRIZ 在欧洲、日本、韩国及中国台湾地区的大规模研究与应用的兴起，世界各地的 TRIZ 研究者和应用者们广泛吸收产品研发与技术创新的最新专利成果，TRIZ 的技术创新理论体系将会得到更进一步充实和发展。

二、TRIZ 理论体系

TRIZ 理论体系如图 5-2 所示，它是首先由阿奇舒勒通过对 4 万份（后来扩展到 250 万份）高水平发明专利的研究、分析、归纳、总结，揭示出隐藏在专利之中的奥秘，萃取了数以百万计发明家的智慧而创建的卓越成果，得出了技术系统进化法则以及理想化等基本原理。它以技术系统功能分析、技术冲突与矛盾分

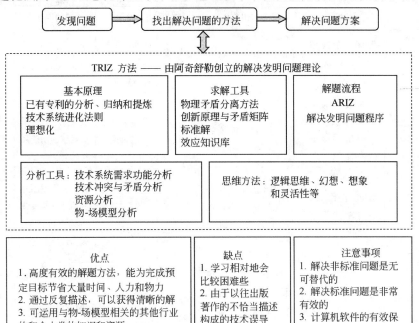

图 5-2 TRIZ 理论体系

析、资源分析和物－场模型等为分析工具，对于一般性标准的发明问题可以运用发明问题标准解法、效应知识库、技术矛盾创新原理和物理矛盾分离方法四大工具予以求解；对非标准问题则可运用发明问题解决程序（ARIZ）工具予以求解。由此，将一个复杂的、不确定因素丛生的解题过程，转化成为一门精确的科学运作过程。当前，世界众多国家和政府都在致力于研究和运用 TRIZ 理论，并和传统的创新技法和多种现代创新方法结合，用以解决技术领域中的各种创新课题。

三、发明等级

发明等级的划分及其特征如表 5-1 所示。低水平的发明往往只是重复的、简单的改进，缺乏创造性。发明等级越高，对社会乃至对世界人类的贡献就越大。当前，最需要的是 3 级、4 级甚至 5 级的发明。

表 5-1　发明等级及其特征

发明等级	各个发明等级的特点					
	初始状况	问题来源及解题所需知识范围	复杂程度	转换规律	解题后引起的变化	课题比例
第一级合理化建议	带有一个通用工程参数的课题	问题明显且解题容易；基本职业培养	课题没有矛盾	在相应工程参数上发生显著优化	在相应特性上产生明显的变化	80%
第二级适度新型革新	带有数个通用工程参数、有相似结构模型的课题	存在于系统中的问题不明确；传统的职业培训	标准问题	选择常用的标准模型	在作用原理不变的情况下解决了原系统的功能和结构问题	
第三级专利	成堆工作量，只有功能模型的课题	通常由其他等级系统中衍生而来；发展和集成的创新思想	非标准问题	利用集成方法解决发明问题	在转换作用原理的情况下使系统成为有价值的、较高效能的发明	16%
第四级综合性重要专利	有许多不确定的因素，结构和功能模型都无先例的课题	来源于不同的知识领域；强烈的相关概念，渊博的知识和脱离传统观念的能力	复杂问题	利用效应知识库解决发明问题	使系统产生极高的效能、并将会明显地导致相近技术系统改变的"高级发明"	3%

续表

发明等级	各个发明等级的特点					
	原始 状况	问题来源及解题 所需知识范围	困难 程度	转换 规律	解题后引 起的变化	课题 比例
第五级新 发现和基 础性专利	没有最初目标， 也没有任何现 存模型的课题	来源或用途均不确 定，选择的动力没 有先例	独特异 常问题	科学和技 术上的重 大突破	使系统产生突 变、并将会导致 社会文化变革的 "卓越发明"	1%

四、学习和掌握 TRIZ 理论的重要意义

1）树立创新理念。TRIZ 理论的公理就是客观规律控制着所有技术的进化和发展（The evolution of all technical system is governed by objective laws），因此，企业可以明确研发的方向，把握技术发展的趋势，对战略计划的制订和产品概念的生成极其有利，为企业获得具有自主知识产权的名牌产品开路

2）克服思维定式，树立创新思维模式。传统的应用"试错法"搜索发明的方法如图 5-3 所示，在思维定式和"假如这样……将会怎样？"的发散思维指导下，采用逐个"试错"—"抛弃"的方法来进行搜索，最终或许能获得成功，但很多发明家是付出了毕生的代价。因此，可以肯定地说："试错法"是绝对低效率的，尤其在当今世界，利用"试错法"来实现创造性地解决发明问题是绝不可能的。TRIZ 完备的理论体系和法则、程序，各种分析工具及创新工具可以帮助人们有效地控制发明过程，将众多极端复杂的发明问题变为相对简单的解决程序，引用阿奇舒勒的话说："TRIZ 如此简单地解决极端复杂的发明问题的方法是不可替代的（TRIZ is simply irreplaceable for solutions to extremely difficult problems）。"从应用漫无边际的发散思维和排列组合的"试错法"发明方式，转向按程序步步逼近的逻辑方式找到准确的答案。如同代数学的解题思路一样，实现解决发明问题的有序、快速和高效。80% 的发明问题属 TRIZ 标准问题，一旦熟练掌握 TRIZ 理论方法后，一两步就能快速实现解题，而不再需要去一味等待令人难以驾驭的灵感和顿悟的降临。

3）快速复制"创新专家"。企业通过建立智力资产管理平台，把过去只有专家/学者才能使用的高深技术和理论，变成了众人易学好用的创新工具。通过开展 TRIZ 理论培训活动，能够使企业科技人员从 TRIZ 理论知识库中广泛获取

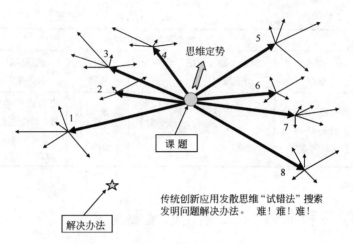

图5-3 用"试错法"搜索发明问题解决办法

知识，掌握与发现发明的规律，实现"集万名发明家于一身"，从而能快速提升企业科技人员的创新能力，提升企业总体竞争力，大大降低了企业引进高级人才和购买专利的费用。

4）提升发明等级。根据阿奇舒勒提出的五个等级的发明标准，对于第1~2级类的发明问题，利用 TRIZ 理论提供的标准解和方案库很快可以得到求解；对于第四类发明问题，利用 TRIZ 理论提供的效应知识库综合其他工具同样可以迅速得到求解；对于约占发明问题总量1%的第五级发明问题，高等级的创新解题成功，意味着新的技术原理和技术系统的出现，它涉及的变量将会达到1万个以上，甚至高达数万个。应用 TRIZ 理论提供的工具不可能直接求解，但可以利用 TRIZ 理论、方法、规则去消除思维定式，获取高难度问题的解决方案。

5）缩短开发周期，降低研发成本，提高市场竞争力。TRIZ 理论的核心是基于消除矛盾的逻辑方法，使设计人员在设计过程中不断地发现并解决矛盾，推动产品的不断进化，快速准确地发现现有方案中存在的问题，明确研发的方向，把握技术发展的趋势，防止许多错误，避免走弯路，避免不必要的时间、资源和人力的浪费，一步一步地走向理想化创新产品设计的实现。TRIZ 理论是基于技术系统进化法则，为实现技术突破概念设计提供了高起点、高效率、高质量、能迅速获得的、独特的集成创新方案；当代 TRIZ 理论是基于对1500万件发明专利的分析、归纳和提炼，从而保证了提供解题方案的有效性和可操作性，并大大提高了研发效率和成功率。据有关资料介绍，在解决实际发明问题中，利用 TRIZ 理论的标准解来求解，其成功率可达到90%，其余的10%可利用 TRIZ 的非标准解

ARIZ 来求解。但是，利用传统的设计开发方法，其成功率只能有 5% 以下。

6）自动生成专利。TRIZ 辅助创新软件（CAI）能科学地评价人们的创新成果，帮助申报专利并能有效地回避现有竞争专利。

7）在学生中广泛开展创新教育和 TRIZ 理论的学习，有益于培养学生树立正确的科学发展观；培养创新意识和创新能力，提高自身科学素质，形成有竞争力的就业能力，早日进入企业的研发流程。这是关系到我们国家能否持续开展自主创新的后劲，是关系到后继有人的头等大事。

8）在全国开展 TRIZ 理论的学习，有助于为国家培养具有创新能力的人才，提升国家整体科研实力，开展名副其实的自主创新，建立创新型国家，从"制造大国"走向"科技强国"，继而走向世界强国，为世界人类做出我们应有的贡献！

第二节　产品与技术系统的进化

产品是多种功能的复合体，由多个子系统组成，并通过子系统间的相互作用实现一定功能的技术系统，简称系统。为了提高产品的市场竞争力，需要不断对产品的子系统或元件进行改进设计，以提高整个产品（系统）的性能。当提升产品某些方面的性能时，可能会使该产品或系统的另一方面的性能受到负面影响，则设计出现了矛盾。TRIZ 理论强调技术系统一直处于进化之中，技术的进化受到客观规律的支配，解决矛盾就是解决阻碍技术系统进化、实现系统从低级向高级变化的过程。

一、技术系统进化法则

技术系统进化法则是 TRIZ 理论基础，经典的 TRIZ 理论提出：任何技术的进化都必须遵循以下八大法则。

1. 完备性法则

组成一个完整的技术系统必须包含动力、传输、执行和控制四个部件装置，缺一不可，否则，要实现某种功能都是不可能的。例如，帆船运输货物的技术系统如图 5-4 所示。

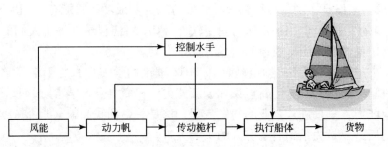

图 5-4　帆船运输货物的技术系统

2. 能量传递法则

技术系统要实现其功能必须保证能量从能量源向技术系统的所有元件传递。例如，收音机在金属屏蔽的汽车中就不能收听到高质量的广播，就因为电台传递的能量源受阻。如果在汽车外加上天线，问题即可得到解决。

技术系统的进化应该沿着能量流动路径缩短的方向发展，以减少能量的损失。例如，用绞肉机替代菜刀，提高效率，就因为刀片的旋转运动代替了菜刀的垂直往复运动，能量传递路径缩短，能量损失减少。

3. 动态性进化法则

技术系统的动态性进化表现在从结构上要沿着增加柔性、可移动性和可控制性的方向发展，其系统柔性的进化过程是由刚体→单铰链→多铰链→柔性体→液体/气体→场的方向发展，如图 5-5 所示。生活中门锁的进化，如图 5-6 所示，以及电话、扇子、路灯等无一不是沿着提高柔性、移动性和控制水平的方向进化。

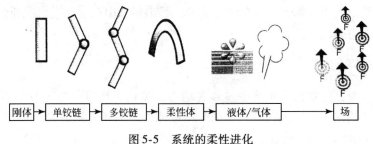

图 5-5　系统的柔性进化

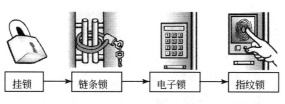

挂锁 → 链条锁 → 电子锁 → 指纹锁

图 5-6　门锁的进化

4. 提高理想度法则

该法则就是向理想系统的方向进化，即技术系统的进化是从量变到质变的规律进行，由点到线、由面到三维的空间、由单系统向双系统和复合系统的方向演变趋势，促进了事物由低级系统向高级系统的进化。表现在产品由单功能向多功能、由低效率向高效率转化，并始终体现在性能价格比的逐步提升上，这些转化的极限就是理想化。

理想化是 TRIZ 理论的最高准则，最理想的技术系统可以把它定义为：该系统"既不消耗任何资源，但却能够实现所有必要的功能"。当然，作为这样的物理实体并不存在，然而，"向最终理想化"方向进化是所有技术系统始终遵循的法则。计算机行业的摩尔定律堪称理想化的典范，当前手机和计算机的进化是系统追求性能理想化的范例。

5. 子系统不均衡进化法则

每个技术系统都是由多个实现不同功能的子系统组成，每个子系统都是沿着自己的 S 曲线向前发展，技术系统进化动力源于子系统的不均衡性。该法则要求人们及时发现并改进技术系统中最不理想的子系统，以推进整个技术系统的进化。例如，自行车早在 19 世纪初期，人们只是着眼于通过加大前轮来提高车速。到了 19 世纪中期，前车轮已扩展到足够大时，自行车的稳定性会变差，人们开始意识到影响自行车行驶速度的关键在于对传动装置的改进。将后轮作为主动轮，前轮与速度无关，前后轮尺寸一样，这就是现代设计的自行车，如图 5-7 所示。

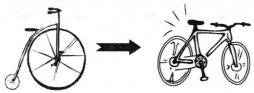

图 5-7　自行车的进化

6. 向超系统进化法则

在技术系统的子系统功能得到增强、改进的同时，也简化了原有的技术系统。例如，长距离飞行的飞机需要在空中加油。最初，燃油箱只是飞机的一个子系统，进化后，燃油箱脱离了飞机，成为超系统，以独立的空中加油机的形式给飞机加油，如图5-8所示。飞机系统也因此而被简化，不必再携带沉重的燃油箱了。

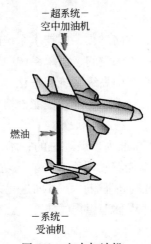

图5-8　空中加油机

7. 微观进化法则

在元件从最初的尺寸向原子、基本粒子的尺寸进化的同时，却能更好地实现所需功能。计算机芯片技术的进化就是体现由宏观向微观迁移的特征。播放机的进化是技术系统向微观进化的典型事例，如图5-9所示。

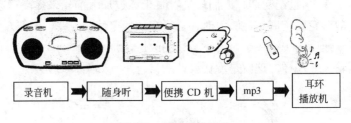

图5-9　播放机的进化

8. 协调性法则

技术系统的各个部件即各个子系统，是在结构、性能参数、工作节奏和频率上保持协调的前提下，充分发挥各自的功能。

结构上的协调以积木为例：早期的积木只能摞、搭，而现代的积木可自由组合，随意插合成不同的形状，如图 5-10（a）所示。

性能参数的协调以网球拍为例：为了提高灵活性，适当降低球拍总重量，同时增加球拍头部的重量，保证挥拍时，产生更大的惯性力矩，使击球瞬间能产生尽可能大的动能，如图 5-10（b）所示。

工作节奏和频率上的协调以混凝土的浇筑为例：建筑工人在混凝土浇筑施工中，为提高质量，采用一面灌混凝土，一面用振荡器进行振荡，使混凝土由于振荡作用而变得更紧密、更结实，如图 5-10（c）所示。

(a) 积木   (b) 网球拍   (c) 浇灌混凝土

图 5-10　技术系统的协调性法则

必须强调指出：TRIZ 理论的技术进化法则是技术进化的真实描述，已被不同历史时期的大量专利及技术信息所证实，是人们设计、预测未来的发展的指南。随着技术发展所产生的新法则将不断扩展到已有的系统中。现已有人将其扩展为以下 11 种进化法则：

1）技术系统的生命周期；

2）提高理想化程度或水平；

3）系统元件的不均衡发展；

4）增加动态性和可控性；

5）集成化技术系统而简化系统；

6）系统元件的匹配与不匹配；

7）系统由宏观向微观进化；

8）提高自动化程度，减少人的介入；

9）分割技术系统；

10）以改善结构为主；

11）技术系统趋于一般化。

二、产品进化 S 曲线

阿奇舒勒通过对大量发明专利的分析发现：产品的进化规律满足一条 S 形的曲线，如图 5-11 所示，图中的横坐标代表发展时期，纵坐标代表技术系统性能。任何一个技术系统的进化一般都要经历婴儿期→成长期→成熟期→衰退期 4 个阶段。S 曲线的意义在于：描述了技术系统的完整生命周期和技术系统一般发展规律；帮助创造者确定系统的发展阶段，指导产品或技术设计和研发的方向，创造市场需求；指导创新者在产品的各个阶段决策的制定；引导人们在各个领域预见并解决新的任务；指导企业战略实施时机的选择，制定产品开发战略的计划。

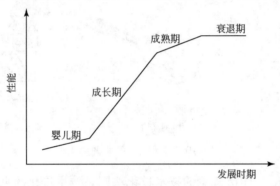

图 5-11　产品进化 S 形曲线

技术系统处于不同的时期，其性能参数、专利等级、专利数量、经济收益等四个方面就会呈现出明显的差异，如图 5-12 所示。

1. 婴儿期的技术系统

处于婴儿期的技术系统，虽然能够提供新的功能，但存在着效率低、可靠性差等问题，而且风险较大。由于人们对它的未来难以把握，只有少数眼光独到者才敢于投入。由于人力、物力比较缺乏，因此处于此阶段的技术系统所表现的特征是：产品性能参数的完善进展缓慢，产生的专利等级很高，但专利数量较少，经济效益多为负数。

2. 成长期的技术系统

进入成长期的技术系统，其价值和发展潜力已经被社会所认识，从而提高了人力、财力投入的吸引力。大量资金的投入，促使技术系统获得高速发展。处于

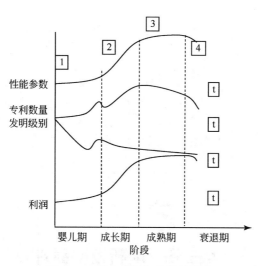

图 5-12　技术系统各阶段的特点

成长期的技术系统所表现的特征为：性能得到快速提升，产生的专利等级开始下降，但专利数量快速上升，经济收益快速增长，促进了技术系统的快速完善。

3. 成熟期的技术系统

人力和财力的大量投入，促使技术系统进入成熟期。这时的技术系统已经趋于完善，所进行的大部分工作只是系统的渐进式连续创新。处于成熟期的技术系统所呈现的特征是：其性能水平达到最佳，仍会产生大量的专利，但数量逐渐下降，专利等级会更低；产品已进入批量生产，并获得巨额的经济收益。此时，经营者应着手研制下一代产品，制定相应的计划，以保证本代产品淡出市场时，有新的产品来承担起企业继续发展的重任。

4. 衰退期的技术系统

成熟期过后，技术系统面临的是衰退期，应用于系统的技术已发展到极限，该系统因不再有需求的支撑而面临市场的淘汰。处于衰退期的技术系统所呈现的特征是：其性能参数和经济效益逐步降低，而专利等级、专利数量均呈现快速下降趋势。

当一个技术系统的进化完成婴儿期—成长期—成熟期—衰退期四个阶段后，必然会出现一个新的技术系统来替代它，如此不断的替代，就形成了 S 曲线族，如图 5-13 所示。

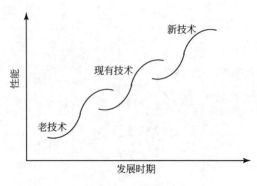

图 5-13　S 曲线族

第三节　创新发明原理

为了提高产品的市场竞争力，需要不断对组成产品的子系统或元件进行改进设计，以提高整个产品（系统）的性能。但在提高产品某些方面的性能时，可能会使该产品或系统的另一方面的性能受到负面影响，这样就出现了矛盾。

解决矛盾的方法，传统设计是在矛盾双方取得折中方案，矛盾并没有彻底克服和解决；TRIZ 理论的核心是建立基于消除矛盾的逻辑方法，不断地发现矛盾并不折不扣地给予解决，推动产品的不断进化，向着理想化创新产品设计的实现。

阿奇舒勒明确指出："解决发明问题过程中所寻求的科学原理和法则是客观存在的，大量发明面临的局部问题和矛盾也是相同的，同样的技术发明原理和相应的解决问题的方案，会在后来的一次次创新课题中被重复应用，只是被应用的技术领域不同而已。"在远古时期，我们的祖先曾经应用这些原理创造了震惊世界的奇迹；在现代，无数的应用实例告诉我们：事物在变化，应用原理没有变；在今天和未来，这些原理将继续指导我们去进行开拓和创新！

一、48 个通用工程参数

"工程参数"是表述产品特性的通用语言，是作为产品设计指标的一种体现，它可以分为："改善的参数"和"恶化的参数"两大类。

在系统改进中，将需提升或加强的特性所对应的工程参数称为改善的参数；在系统改进中，将导致降低的特性所对应的工程参数称为恶化参数。

阿奇舒勒最初从 20 万件专利中提炼出 4 万件（后来扩展到 250 万件）高水平专利解决方案的分析中发现：它们的发明问题虽然来自不同的领域，但在解决发明问题的方案中，无论是改善的或恶化的工程参数总是频繁地出现在 39 个通用工程参数之中。为此，阿奇舒勒将反映工程（物体）特性的通用参数归结为 39 个，按它们在技术系统中出现几率的多少，以递减的顺序从 1 ~ 39 分别给予它们编码，并按参数本身内涵分成三类。

第一类是通用物理和几何参数：描述物体尺寸、状态等各种物理性能方面的参数。

第二类是通用技术负向参数：当这些参数变大时，系统或子系统的性能会随之变差。如子系统为完成特定的功能越大，其能量损失也越大，则显示设计越不合理。

第三类是通用技术正向参数：当这些参数变大时，系统或子系统的性能会随之变好。如子系统可制造性指标越高，子系统制造成本就越低，则显示设计越合理。

改善的参数与恶化的参数构成了技术系统的内部矛盾，TRIZ 理论的核心就是消除矛盾，因此，通用工程参数成为人们解决发明问题的重要工具，推进技术系统向理想化方向发展。

必须指出：伴随着苏联的解体，TRIZ 理论相继传入欧美国家，在日本、韩国及中国台湾地区也逐渐兴起了对 TRIZ 理论的大规模研究与应用，进入 21 世纪，TRIZ 理论体系得到了进一步充实和发展。美国公司在通过对 1500 万份专利的总结、归纳、分析的基础上，将阿奇舒勒提出的 39 个通用工程参数提高到 48 个，并对它们的编码也做了调整。表 5-2 是 48 个通用工程参数的分类表。

表 5-2　48 个通用工程参数的分类及编码

编码	通用工程（物理和几何）参数名称	编码	通用工程负向参数名称	编码	通用工程正向参数名称
1	运动物体的质量	10	物质（材料）的数量	11	信息的数量*
2	静止物体的质量	12	运动物体的耐久性（实用时间）	20	强度
3	运动物体的尺寸	13	静止物体的耐久性（实用时间）	21	结构的稳定性
4	静止物体的尺寸	16	运动物体消耗能量	24	运行效率*
5	运动物体的面积	17	静止物体消耗能量	32	适应性（通用性）

续表

编码	通用工程（物理和几何）参数名称	编码	通用工程负向参数名称	编码	通用工程正向参数名称
6	静止物体的面积	25	物质（材料）的损失	33	兼容性（可连通性）*
7	运动物体的体积	26	时间的损失	34	可操作性（易使用性）
8	静止物体的体积	27	能量的损失	35	可靠性
9	形状	28	信息的遗漏（损失）	36	易维修性
14	速度	29	噪声*	37	安全性*
15	力	30	有害的扩散（散发）*	39	美观*
18	功率	31	（物体产生的）有害副作用	41	可制造性（易加工性）
19	应力/压强	38	易损坏性（易受伤性）*	42	制造（加工）的精度
22	温度	40	（物体对外部）有害作用敏感性	43	自动化程度
23	物体明亮度（光照度）	47	测量难度*	44	生产率
				45	装置（构造）的复杂性
				46	控制（检测与测量）的复杂性
				48	测量精度

＊为最新增加的通用工程参数

二、40 个创新发明原理

阿奇舒勒通过对 250 万份发明专利的研究发现，大约只有 20% 的专利才称得上是真正的创新，其他 80% 的专利往往早已在其他的行业中出现并被应用过。阿奇舒勒通过对 250 万件专利进行研究、分析和总结，提炼出了最重要的、最具有通用性的 40 个发明原理，其目录如表 5-3 所示。阿奇舒勒将发明问题从"魔术"推向科学，敞开了一道解决发明问题的大门，用有限的 40 个原理来解决众多的发明问题，原来认为不可能解决的问题也获得了突破性的解决。当前，40 个发明原理广泛应用，已经从传统的工程领域扩展到微电子、医学、管理、文化、教育等社会的各个领域，产生了不计其数的发明专利。

表 5-3   40 个发明原理

编码	名称	编码	名称	编码	名称
01	分割原理	15	动态性原理	29	气压或液压结构原理
02	抽出原理	16	不足或过度作用原理	30	柔性壳体或薄膜结构原理
03	局部特性原理	17	多维化原理	31	多孔材料原理
04	不对称原理	18	振动原理	32	变换颜色原理
05	组合原理	19	周期性动作原理	33	同质原理
06	多用性原理	20	有效持续作用原理	34	自弃与修复原理
07	嵌套原理	21	急速作用原理	35	状态和参数变化原理
08	反重力原理	22	变害为益原理	36	相变原理
09	预先反作用原理	23	反馈原理	37	热膨胀原理
10	预先作用原理	24	中介原理	38	强氧化作用原理
11	预先防范原理	25	自服务原理	39	惰性介质原理
12	等势原理	26	复制原理	40	复合材料原理
13	反向作用原理	27	一次性用品替代原理		
14	曲面化原理	28	替换机械系统原理		

Kalevi Rantanen 与 Darrell Mann 分别在 2000～2003 年公开发表了在美国公司对 1500 万份专利的总结、归纳，在 40 个发明原理的基础上，增加了 37 个发明原理，如表 5-4 所示。

表 5-4   新增加的 37 个发明原理

编码	名称	编码	名称	编码	名称
01	减少单个零件重量、尺寸	14	专门化	27	去除或修改有害源
02	零部件分成重(大)与轻(小)	15	减少分散	28	修改或替代系统
03	运用支撑	16	补偿或利用损失	29	增强或替代系统
04	运输可变形状的物体	17	减少能量转移的阶段	30	并行恢复
05	改变运输与存储工况	18	推迟作用	31	部分/局部弱化有害影响
06	利用对抗平衡	19	场的变换	32	掩盖缺陷
07	导入一种储藏能量因素	20	导入两个场	33	实施探测
08	局部/部分预先作用	21	使工具更适应于人使用	34	降低污染
09	集中能量	22	为增强强度变换形状	35	创造一种适合于预期磨损的形状
10	场的取代	23	转换物体的微观结构	36	减少人为误差
11	建立比较的标准	24	隔绝/绝缘	37	避开危险的作用
12	保留某些信息供以后利用	25	对抗一种不希望的作用		
13	集成进化为多系统	26	改变一个不希望的作用		

三、矛盾矩阵表

（一）矛盾矩阵表的组成

阿奇舒勒将 39 个通用工程参数和 40 个发明原理有机地联系起来，建立起对应关系，整理成 39×39 的矛盾矩阵表。矛盾矩阵表是阿奇舒勒浓缩了对 250 万份专利研究所取得的成果，矩阵的构成非常紧密，而且自成体系。使用者可以根据系统中产生矛盾的 2 个通用工程参数，从矩阵表中直接查找出化解矛盾的发明原理，并使用这些原理来解决发明问题。

矛盾矩阵的第 1 列为改善的 39 个通用工程参数和编码，第 1 行为恶化的 39 个通用工程参数和编码，39×39 个工程参数从行、列两个维度构成矩阵的方格共 1521 个。在其中 1263 个方格中，均列有几个数字，这几个数字就是 TRIZ 所推荐的解决对应工程矛盾的发明原理的编码。按编码查表 5 - 3 "40 个发明原理"，即可获得该编码所对应的发明原理。

由阿奇舒勒在 1976 年发布的这份矛盾矩阵表是针对解决技术系统的技术矛盾，凡是技术系统的物理矛盾，阿奇舒勒认为，可以用分离的方法求解。因此，在该矩阵表中出现有许多（158 个）空格。

美国公司 TRIZ 研究人员将 48 个通用工程参数和 40 个发明原理有机地联系起来，建立起对应关系，整理成 48×48 的矛盾矩阵表，于 2003 年正式对外公布（2003 年矛盾矩阵表详见附录 1）。比较 1976 年与 2003 年两个矛盾矩阵表，它们间存在的差别是：

1）通用工程参数的编码不尽相同。

2）2003 矛盾矩阵表上不再出现有空格，物理矛盾与技术矛盾的求解同时在矛盾矩阵表中显现，不仅为设计者解决技术系统的技术矛盾，同时也为解决技术系统的物理矛盾提供了有序、快速和高效的方法。

3）在 2003 矛盾矩阵表上提供的通用工程参数矩阵关系由 1263 个提高到 2304 个，在每一个矩阵关系中所提供的发明原理个数也有所增加，致使帮助人们提供了更多的解决发明问题的机会，更加高速、有效、大幅度地提高了创新的成功率。

（二）矛盾矩阵表的应用步骤

1）确定技术系统名称。

2）确定技术系统的主要功能。

3）对技术系统进行详细的分解，划分系统的级别，列出超系统、系统、子系统各级别的零部件和各种辅助功能。

4）对技术系统、关键子系统、零部件之间的相互依赖关系和作用进行描述。

5）对系统和子系统的层、级的描述要准确，避免对整个产品或系统笼统地描述，应具体到零部件级为佳。建议使用"主语＋谓语＋宾语"的工程描述方式，定语修饰词尽可能要少用。

6）确定技术系统应改善的特性。

7）确定并筛选设计系统被恶化的特性。在提升改善特性的同时，必然会带来其他一个或多个参数的恶化，被恶化的参数又往往属于尚未发生的，所以在筛选并确定这些恶化的参数时，需要"大胆设想，小心求证"。

8）将确定的参数对应表 5-2 所列的 48 个通用工程参数进行重新描述。工程参数的定义描述是一项难度较大的工作，不仅需要对 48 个工程参数予以科学理解，更需要有丰富的相关知识。

9）对通用工程参数的矛盾进行描述。改善的工程参数与随之而来被恶化的工程参数之间形成了矛盾。如果所确定该矛盾的两个工程参数是同一参数，则属于物理矛盾。

10）对矛盾进行反向描述。假如加大一个恶化的参数的程度，改善的参数将会被削弱，或另一个恶化的参数将会被加剧。

11）查找矛盾矩阵表（附录 1）得到所推荐的发明原理排序编码号。

12）按照排序编码查找 40 个发明原理目录（表 5-3），获得发明原理的名称。

13）将所推荐的发明原理逐个应用到具体的问题上，探讨每个原理在具体问题上如何应用和实现。

14）如果所查找到的发明原理都不适用于具体的问题，需要重新定义工程参数和矛盾，并再次应用和查找矛盾矩阵表。

15）筛选出最理想的解决方案，进入产品方案设计阶段。

以上已全部有软件支持。

（三）矛盾矩阵表应用实例

波音 737 飞机为加大航程而加大了功率，飞机引擎的面积也必须作相应的加大，以满足在加大功率的情况下引擎能获得更多的空气需要量。但随着整流罩尺寸的扩大，整流罩与地面的间隙将会被缩小，飞机起降的安全性就会降低，摆在面前的关键问题就是究竟如何改进引擎的整流罩，而不致降低飞机的安全性。

1）首先确定形成技术系统矛盾的通用工程参数：改善的工程参数是加大运动物体的面积，在表5-2上的编码为5；随之被恶化的工程参数是运动物体的尺寸，在表5-2上的编码为3。

2）获得发明原理编码：将横坐标上找出恶化工程参数3与纵坐标上的改善工程参数5相交在一个小方格上，得到14、15、04、18、01、17、30和13等8组数据，如图5-14所示。

恶化工程参数改善工程参数	1.运动物体的质量	2.静止物体的质量	3.静止物体的尺寸	4.静止物体的尺寸
1.运动物体的质量	35，28，31 08，02，03 10	03，19，35 40，01，26 02	17，15，08 35，34，28 29，30，40	15，17，28 12，35，29 30
2.静止物体的质量	35，03，40 02，31，01 26	35，31，03 13，17，02 40，28	17，04，30 35，03，05	17，35，09 31，13，03 05
3.运动物体的尺寸	31，04，17 15，34，08 29，30，01	01，02，17 15，30，04 05	17，01，03 35，14，04 15	01，17，15 24，31，30
4.静止物体的尺寸	25，30，31 08，28，29 40，02	35，31，40 02，28，29 04，03	03，01，04 19，17，35	17，35，03 28，14，04 01
5.运动物体的面积	31，17，03 04，01，18 40，14，30	17，15，04 31，02，04 29，01	14，15，04 18，01，17 30，13	14，17，15 04，13

图5-14　应用矛盾矩阵表求解波音737整流罩的改型问题

3）获得发明原理的详解：对照提供的数字查找表5-3，可以获得TRIZ推荐解决问题的发明原理，将所推荐的发明原理逐个应用到具体的问题上，探讨每个原理在具体问题上如何应用和实现。它们分别是：

14 曲面化原理（对问题解决无效）、15 动态性原理（对问题解决无效）、

04 不对称性原理（对问题解决有效）、18 振动原理（对问题解决无效）、

01 分割原理（对问题解决无效）、17 多维化原理（对问题解决无效）、

30 柔性壳体或薄膜结构原理（对问题解决无效）、

13 反向作用原理（对问题解决无效）、

问题最终理想解：将飞机整流罩做成不对称的扁平形状，纵向的尺寸不变，

横向尺寸加大。这样，飞机整流罩的面积虽然加大了，但整流罩与地面的距离仍保持不变，因而飞机的安全性不会受到影响，如图 5-15 所示。

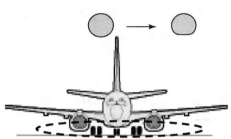

解决方案：应用创新原理4,将整流罩改为不对称形状

图 5-15　改进了引擎整流罩的波音 737 飞机

四、物理矛盾分离方法

什么是物理矛盾？物理矛盾是一个通用工程参数的矛盾。在产品设计中，某一部分同时表现出两种相反状态称为物理矛盾，即技术系统要求某参数 B 的性质为正（＋）的同时，又要求该参数 B 性质为负（－）。比如，要求系统既要出现，又不要出现；既要高又要低，既要大又要小的，完全相反的需求。典型的系统矛盾有重量－强度，形状－速度，可靠性－复杂性等物理矛盾。物理矛盾的一个经典例子是：当增加一个零件的强度时，往往会导致该零件的质量或尺寸的增加，而设计者又不希望增加零件的尺寸或质量，因此，出现了物理矛盾。该矛盾的解决就是要既增加零件的强度，又不要增加其质量或尺寸。

TRIZ 理论认为：要解决物理矛盾首先采用分离原理，分离原理包括四种方法，如图 5-16 所示。

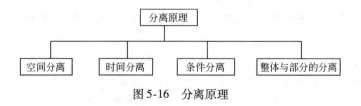

图 5-16　分离原理

（一）空间分离

空间分离就是将矛盾双方在不同的空间隔离。例如，用声纳探测器在海面上进行海底测量时，若将声纳探测器安装在船上的某一部位，船只上的各种干扰会影响测量精度；倘若通过电缆连接，将声纳探测器置于距船只千米之外，声纳探测器和船只内的各种干扰在空间上予以分离，从而会使测试精度获得大幅度提高。

（二）时间分离

时间分离就是将矛盾双方在不同时间段上分离。例如飞机在起飞时，要求阻力大、升力大，因此机翼面积要大；而在空中航行时要求阻力小、升力小。理想的方案是设计能调节机翼面积的活动机翼，以适应在不同时间段飞行的不同要求，

（三）条件分离

条件分离就是将矛盾双方在不同条件下状态的分离。例如，水射流可以是软质物质，用于洗澡按摩，也可以是硬质物质，以高压、高速用于加工或作为武器使用。通过对射流的速度、压力或射流中有无其他物质等条件的改变，使水射流能满足在不同的场合使用。

（四）整体与部分的分离

整体与部分的分离就是将矛盾双方在部分与整体结构性能上的分离。例如自行车链条是柔性的，但组成自行车链条的每个部件是刚性的。市场的需求有两种情况：一种是大众化的，量大、面广，要求生产线大批量的连续生产的市场需求；另一种是正在逐步成为消费潮流的个性化市场需求。采用零库存、准时生产原理的柔性生产线可以同时满足这两种不同情况下的市场需求。

技术矛盾是涉及两个工程参数的矛盾，在技术矛盾中往往隐含着物理矛盾，每一技术矛盾往往都是由具体的物理原因造成的，所以，物理矛盾成为解决这方面问题的本质所在。

物理矛盾仅涉及一个工程参数的矛盾，将技术矛盾转换为物理矛盾是十分有意义的：从技术矛盾出发，找出能控制着技术矛盾的两个参数 A 和 B 的另一参数或物体，从而使发明问题由技术矛盾转换为物理矛盾。物理矛盾的解决意味着：较高水平发明问题的出现并获得最终理想解。

以发明问题"切割机工作台上的砧板"为例。

切割机工作台是钢性的，切割刀碰到了钢面会变钝甚至会损坏，因此，在工作台里做了一个凹槽放上砧板，刀就落在砧板上。该砧板若是硬质木板，就会使砧板受损，需要经常更换砧板，这样既麻烦又增加成本；若是软质的木板，该砧板就会被压弯。因此，要求砧板在堆放板时应是硬的，但当下刀切割时又必须是软的。

定义物理矛盾：切割机在行使切割时所接触的区域应该是硬的（砧板不致被压弯），同时为了不损害切割机，这一区域又该是软的（不致损伤刀片）。

求解：根据物理矛盾的定义，可以在时间上分离相互矛盾的性质，即通过应用磁流体，它是很硬的物质，但在磁场的作用下，又可以在瞬间变软。

无论是技术矛盾或是物理矛盾的求解，都是运用 40 个发明原理。2003 年由美国公布于世的矛盾矩阵表也就把两者充分地融合为一体了。我国创造学者周道生等设计了"创新问题解决引导表"，如表 5-5 所示，对物理矛盾的求解问题，同样可以取得令人满意的结果。

表 5-5　创新问题解决引导表

编码	通用工程参数	发明原理编码	编码	通用工程参数	发明原理编码
1	运动物体的质量	35、28、31、08、02、03、10	8	静止物体的体积	35、03、02、28、31、01、14、04
2	静止物体的质量	35、31、03、13、17、02、40、28	9	形状	03、35、28、14、17、04、07、02
3	运动物体的尺寸	17、01、03、35、14、04、15	10	物质（材料）的数量	35、03、31、01、10、17、28、30
4	静止物体的尺寸	17、35、03、28、14、04、01	11	信息的数量*	02、07、03、10、24、17、25、32
5	运动物体的面积	05、03、15、14、01、04、35、13	12	运动物体的耐久性（实用时间）	03、10、35、19、28、02、13、24
6	静止物体的面积	17、35、03、28、04、01、28、13	13	静止物体的耐久性（实用时间）	35、03、10、02、40、24、01、04
7	运动物体的体积	35、03、28、01、07、15、10	14	速度	28、35、13、03、10、02、19、24

续表

编码	通用工程参数	发明原理编码	编码	通用工程参数	发明原理编码
15	力	35、03、13、10、17、19、28	30	有害的扩散（散发）*	35、01、02、10、03、19、24、18
16	运动物体消耗能量	35、19、28、03、02、10、24、13	31	（物体产生的）有害副作用	35、03、25、01、02、04、17
17	静止物体消耗能量	35、03、19、02、13、01、10、28	32	适应性（通用性）	15、35、28、01、03、13、29、24
18	功率	35、19、02、10、28、01、03、15	33	兼容性*（可连通性）	02、24、28、13、10、17、03、25
19	应力/压强	35、03、40、17、10、02、09、04	34	可操作性（易使用性）	25、01、28、03、02、10、24、13
20	强度	35、40、03、17、09、02、28、14	35	可靠性	35、03、40、10、01、13、28、04
21	结构的稳定性	35、24、03、40、10、02、05	36	易维修性	01、13、10、17、02、03、35、28
22	温度	35、03、19、02、31、24、36、28	37	安全性*	28、02、10、13、24、17、03、01
23	（物体）明亮度（光照度）	35、19、32、24、13、28、01、02	38	易损坏性*（易受伤性）	31、35、13、03、10、24、02、28
24	运行效率*	03、02、19、28、35、04、15、13	39	美观*	03、07、28、32、17、02、04、14
25	物质（材料）的损失	35、10、03、28、24、02、13	40	（物体对外部）有害作用敏感性	35、24、03、02、01、40、31
26	时间的损失	10、35、28、03、05、24、02、18	41	可制造性（易加工性）	01、35、10、13、28、03、24、02
27	能量的损失	35、19、03、02、28、15、04、13	42	制造（加工）的精度	03、10、02、25、28、35、13、32
28	信息的遗漏（损失）	24、10、07、25、03、28、02、32	43	自动化程度	10、13、02、28、35、01、03、24
29	噪声*	03、09、35、14、02、31、01、28	44	生产率	10、35、02、01、03、28、24、13

编码	通用工程参数	发明原理编码	编码	通用工程参数	发明原理编码
45	装置（构造）的复杂性	28、02、13、35、10、05、24	47	测量难度*	28、32、26、03、24、37、10、01
46	控制（检测与测量）的复杂性	10、25、37、03、01、02、28、07	48	测量精度	28、24、10、37、26、03、32

*为最新增加的通用工程参数.

第四节 物－场模型及发明问题标准解

一、物－场模型

物场模型是用来描述、分析和实现产品功能的重要工具，它是首先由阿奇舒勒于 1977 年提出一种概念新颖、技巧独特的解决发明问题的方法，于 1979 年在其著作《创造是一门精确的科学——解决发明问题的理论》一书中有详细的论述。

物－场模型是由两个物质和一个场三个元素所构成的完全的、最小的技术系统，是一种用图形表达问题的符号语言来揭示系统的功能。依据阿奇舒勒发现的规律：如果问题的物－场模型是一样的，那么解决方案的物－场模型也是一样的，和这个问题来自于哪个领域无关。因此，物－场模型是 TRIZ 理论用来描述任何技术系统中不同元素之间发生的不足的、有害的、过度的和不需要的各种相互作用，设计人员通过使用这些特定的符号来有序地进行解决发明问题的方法。

在引进物－场这一概念时，使用了"物"、"场"、"相互作用"这三个术语。

对于"物"的概念，在 TRIZ 中所表达的意思十分广泛，从简单的产品到高度复杂的技术系统，应理解为它们彼此是一种与任何结构、功能、形状、材质等各种复杂性无关的物体。比如，冰与破冰船，缆绳与重物，螺栓与螺帽，等等。

"场"在 TRIZ 中所表达的是泛指两个物体（或技术系统）之间相互作用、

控制所必需的能量。比如，Me——机械能，Th——热能，Ch——化学能，E——电能，M——磁场，G——重力场，等等。"场"的概念则更为广泛些，它包括了物理学所定义的实现物质微粒之间相互作用的各种物质形式的场，如电磁场、引力场、机械场、化学能场等。此外，还包括泛指一个空间，在这空间的每一点，都对应着一定大小的标量或矢量。换句话说，就是这个场经常是与有一定大小的标量或矢量的携带者——物质相联系的。

"相互作用"是指在场与物质的相互变化中，所实现的某种特定功能。

物–场模型的表达式是将一个技术系统分成两个物质与一个场或一个物质与两个场，用一个三角形来表示每个系统所实现的功能。物–场模型的一般表达式及其语言符号如图 5-17 所示。

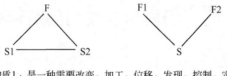

S1 —— 物质1：是一种需要改变、加工、位移、发现、控制、实现等的"目标"
S2 —— 物质2：是实现必要作用的"工具"
F1、F2 —— 场：代表"能量"、"力"，是实现两个物质间的相互作用、联系和影响

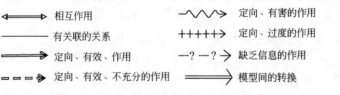

图 5-17 物-场模型的一般表达式及其语言符号

在物–场模型的表达式中，原则上只要选择一对引发矛盾、反映系统成分与结构的最复杂、最重要性质的组件和能够直接进行控制（如引进、发现、改变、测量等）的场。

物–场模型分析是产品（或技术系统）最基本的功能体系，所有产品的任一功能的实现都是建立在物–场分析模型基础上的，即所有产品的功能也均是在两个物和一个场的作用下实现的，三者缺一不可。因此，为了解决发明课题，实现产品某种功能，首当其冲的任务就是要建立完整的物–场模型，并加以分析。下面的发明课题实例可以进一步说明这个问题。

实例：如何迅速而准确地查找出压缩机润滑油渗漏处？

在该实例中，给出的条件只是物 S1（润滑油），因此不能构成完整的物–场模型，问题就不可能得到解决的。为此，需要引入第二个物 S2（荧光粉）和一

个场 F1（紫外线），使能形成一个完整的物－场模型，其表达式如图 5-18 所示。

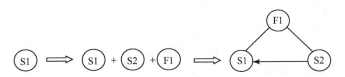

图 5-18　查找压缩机润滑油渗漏的物—场模型（加入 S1 和 F1）

二、发明问题标准解法

TRIZ 理论解决发明问题的思路是：将一个具体的发明问题首先转换并表达为 TRIZ 的问题，利用 TRIZ 体系中的标准解工具，完成具体发明问题的解决，如图 5-19 所示。

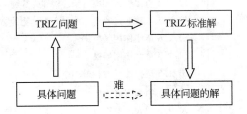

图 5-19　TRIZ 理论（解决发明问题）的思路

标准解法是指不同领域发明问题的通用解法，是通过物—场模型来使设计人员能有序地进行解决发明问题的方法，是 TRIZ 理论研究技术系统转化和发展的工具之一，分有 5 个类别，18 个子系统，共 76 个标准解，具有应用的广泛性、一致性和有效性。凡属 TRIZ 标准问题，通过标准模型，仅一两步就能快速实现创新。

发明问题 76 个标准解法类别及数量如表 5-6 所示。第一类：建立或完善物－场模型的标准解系统组成详见表 5-7；第二类：强化物－场模型的标准解系统组成详见表 5-8；第三类：向双、多、超级或微观级系统进化的标准解系统组成详见表 5-9；第四类：测量与检测的标准解系统组成详见表 5-10；第五类：应用标准解的策略与准则详见表 5-11。

表5-6　发明问题76个标准解法类别及数量

类别	子系统个数	标准解个数
第一类：建立或完善物－场模型的标准解系统	2	13
第二类：强化物－场模型的标准解系统	4	23
第三类：向双、多、超级或微观级系统进化的标准解系统	2	6
第四类：测量与检测的标准解系统	5	17
第五类：应用标准解的策略与准则	5	17
合计		76

表5-7　第一类：建立或完善物－场模型的标准解系统组成

子系统	标准解法
S1.1 建立物－场模型	S1.1.1 建立完整的物－场模型 S1.1.2 引入附加物 S3 构建内部合成的物－场模型 S1.1.3 引入附加物 S3 构建外部合成的物－场模型 S1.1.4 直接引入环境资源，构建外部物－场模型 S1.1.5 构建通过改变环境引入附加物的物－场模型 S1.1.6 最小作用场模式 S1.1.7 最大作用场模式 S1.1.8 选择性最大和最小作用场模式
S1.2 消除物－场模型的有害效应	S1.2.1 引入现成物质 S3 S1.2.2 引入已有物质 S1（或 S2）的变异物 S1.2.3 在已有物质 S1（或 S2）内部（或外部）引入物质 S3 S1.2.4 引入场 F2 S1.2.5 采用退磁或引入一相反的磁场

表5-8　第二类：强化物－场模型的标准解系统组成

S2.1 向复合物－场模型进化	S2.1.1 引入物质向串联式物－场模型进化 S2.1.2 引入场向并联式物－场模型进化
S2.2 加强物－场模型	S2.2.1 使用更易控制的场替代 S2.2.2 分割物质 S2（或 S1）结构，达到由宏观控制向微观控制进化 S2.2.3 改变物质 S2（或 S1），使成为具有毛细管或多孔的结构 S2.2.4 增加系统的动态性 S2.2.5 构造异质场或持久场或可调节的立体结构场替代同质场或无结构的场 S2.2.6 构造异质物质或可调节空间结构的非单一物质替代同质物质或无组织物质

续表

S2.3 利用频率协调 强化物－场模型	S2.3.1 场 F 与物质 S1 和 S2 自然频率的协调
	S2.3.2 合成物－场模型中场 F1 和 F2 自然频率的协调
	S2.3.3 通过周期性作用来完成 2 个互不相容或 2 个独立的作用
S2.4 引入磁性添加 物强化物－场模型	S2.4.1 应用固体铁磁物质，构建预－铁－场模型
	S2.4.2 应用铁磁颗粒，构建铁－场模型
	S2.4.3 利用磁性液体构建强化的铁－场模型
	S2.4.4 应用毛细管（或多孔）结构的铁－场模型
	S2.4.5 构建内部的或外部的合成铁－场模型
	S2.4.6 将铁磁粒子引入环境，通过磁场来改变环境，从而实现对系统的控制
	S2.4.7 利用自然现象和效应
	S2.4.8 将系统结构转化为柔性的、可变的（或可自适应的）来提高系统的动态性
	S2.4.9 引入铁磁粒子，使用异质的或结构化的场代替同质的非结构化场
	S2.4.10 协调系统元素的频率匹配来加强预－铁－场模型或铁－场模型
	S2.4.11 引入电流，利用电磁场与电流效应，构建电－场模型
	S2.4.12 对禁止使用磁性液体的场合，可用电流变流体来代替

表 5-9 第三类：向双、多、超级或微观级系统进化的标准解系统组成

S3.1 向双系统或多系统进化	S3.1.1 系统进化 1a：创建双、多系统
	S3.1.2 改进双、多系统间的链接
	S3.1.3 系统进化 1b：加大元素间的差异性
	S3.1.4 双、多系统的进化
	S3.1.5 系统进化 1c：使系统部分与整体具有相反的特性
S3.2 向微观级系统进化	系统进化 2：向微观级系统进化

表 5-10 第四类：测量与检测的标准解系统组成

S4.1 间接方法	S4.1.1 改变系统，使检测或测量不再需要
	S4.1.2 应用复制品间接测量
	S4.1.3 用 2 次检测来替代
S4.2 建立测量的物－场模型	S4.2.1 建立完整有效的测量物－场模型
	S4.2.2 建立合成测量物－场模型
	S4.2.3 检测或测量由于环境引入附加物后产生的变化
	S4.2.4 检测或测量由于改变环境而产生的某种效应的变化

续表

S4.3 加强测量物－场模型	S4.3.1 利用物理效应和现象 S4.3.2 测量系统整体或部分的固有振荡频率 S4.3.3 测量在与系统相联系的环境中引入物质的固有振荡频率
S4.4 向铁－场测量模型转化	S4.4.1 构建预－铁－场测量模型 S4.4.2 构建铁－场测量模型 S4.4.3 构建合成铁－场测量模型 S4.4.4 实现向铁－场测量模型转化 S4.4.5 应用与磁性有关的物理现象和效应
S4.5 测量系统的进化方向	S4.5.1 向双系统和多系统转化 S4.5.2 利用测量时间或空间的一阶或二阶导数来代替直接参数的测量

表 5-11　第五类：应用标准解的策略与准则

S5.1 引入物质	S5.1.1 间接方法 S5.1.2 将物质分裂为更小的单元 S5.1.3 利用能"自消失"的添加物 S5.1.4 应用充气结构或泡沫等"虚无物质"的添加物
S5.2 引入场	S5.2.1 首先应用物质所含有的载体中已存在的场 S5.2.2 应用环境中已存在的场 S5.2.3 应用可以创造场的物质
S5.3 相变	S5.3.1 相变1：变换状态 S5.3.2 相变2：应用动态化变换的双特性物质 S5.3.3 相变3：利用相变过程中伴随的现象 S5.3.4 相变4：实现系统由单一特性向双特性的转换 S5.3.5 应用物质在系统中相态的变换作用
S5.4 利用自然现象和物理效应	S5.4.1 应用由"自控制"实现相变的物质 S5.4.2 加强输出场
S5.5 通过分解或结合获得物质粒子	S5.5.1 通过分解获得物质粒子 S5.5.2 通过结合获得物质粒子 S5.5.3 兼用 S5.5.1 和 S5.5.2 获得物质粒子

三、发明问题标准解法应用流程

发明问题标准解法应用流程如图 5-20 所示。

首先是对当前 TRIZ 标准问题给予准确的描述，找出并用符号形式更清晰而准确地表达组成问题矛盾的元素及它们间的相互作用，建立现有系统（发明问题）的物–场模型，并对问题所属类型作出判断，在表5-9 应用标准解的策略与准则的指导下，参照表5-5 ~ 表5-8 寻求标准解法：如果是不完整的物–场模型，应用标准解法 S1.1 中的八个标准解法；如果是有害效应的完整模型，则应用标准解法 S1.2 中的五个标准解法；如果是效应不足的完整模型，则应用标准解法第二级中的23 个标准解法和第三级中的六个标准解法；如果发明问题是有关测量或检测的问题，则应用标准解法第四级中的17 个标准解法。

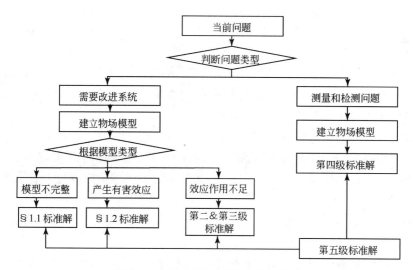

图 5-20　发明问题标准解法应用流程

第五节　效应知识库、发明问题解决程序和计算机辅助创新（CAI）

一、效应知识库

效应知识库（全称"科学效应和现象知识库"）在 TRIZ 中是一种基于知识解决发明问题的工具。众多科学发明家已总结出近万个效应，传统的专利库中，效应知识都是按题目或发明者名字进行编写和描述的，由于发明者对本领域的效应知识一般能掌握20 ~ 200 个，但对其他领域往往一无所知，造成人们利用传统的专利库来实现跨领域效应知识搜索和应用就比较困难。1965～1977 年，阿奇舒勒与同事们一起，以"从技术目标到实现方法"的方式建立了专门的效应知识库，这里的"技术目标"就是指需要实现的系统功能。发明者一旦通过分析矛盾，并根据物－场模型来确定技术目标后，也就很容易地找到实现系统功能的方法了。

阿奇舒勒将高难度发明问题所要实现的功能归结为 30 个，并赋予每个功能以相对应的一个代码，建立起由 F1～F30 的《功能代码表》，以及与其相对应的、由 100 个物理效应和现象建立起的《物理效应和现象知识库》，又称效应知识库（功能代码表及效应知识库参见有关 TRIZ 理论应用介绍）。

应用 TRIZ 理论之所以能消除矛盾，有赖于强大的效应知识库的支持。物理效应和现象是零件（或系统）功能的显现，隐藏在其背后的是科学原理。效应知识库涵盖了多学科领域的原理，包括物理、化学、几何等，对自然科学及工程领域中事物之间纷繁复杂的关系实行全面的描述。应用效应知识库解决发明问题，可以大大提高发明的等级和加快创新进程。

效应知识库的应用步骤：

第 1 步：根据所要解决的问题，定义并确定解决此问题所要实现的功能；

第 2 步：根据所要实现的功能从《功能代码表》中确定与此功能相对应的代码；

第 3 步：从《效应知识库》中查找对应功能代码下 TRIZ 所推荐的物理效应和现象，获得 TRIZ 推荐的物理效应和现象的名称；

第 4 步：将获得的物理效应和现象逐一进行筛选，优选出适合解决问题的效应和现象；

第 5 步：将优选出来的物理效应和现象给予详细解释，应用于解决问题，形成解决方案。

目前已有多种软件支持。

二、发明问题解决程序（ARIZ）

ARIZ 意译为"发明问题解决程序"，也是由原俄语按 ISO/R9－1968E 规定，转换成拉丁字母的缩写（algorithm for inventive problem solving，AIPS），是由阿奇舒勒于 1959 年提出，随后经过多次完善后形成的比较完整的理论体系。它由一整套逻辑过程组成，促使技术系统程序式化地由初始问题逐渐向"理想解"的方向进化。它是针对技术系统较为复杂的非标准发明问题，为显示这类问题在求解的过程中应遵循的理论方法和步骤。

ARIZ 自 1959 年诞生后，TRIZ 专家们一直在不断对其进行完善和修订，以保证 ARIZ 的与时俱进。有关介绍 ARIZ 的版本有很多，这里重点介绍由阿奇舒勒提出的 ARIZ－85 理论方法和步骤，如表5-12 所示。

表5-12　ARIZ-85 解题九步骤及其子步骤

序号	步骤	子步骤
1	问题的分析	①陈述"焦点"问题；②定义矛盾因素；③建立技术矛盾模型；④为后续确定模型图；⑤强化矛盾；⑥建立陈述问题的模型；⑦标准解法解题
2	问题模型的分析	①绘制运作区（operating zone）矛盾建模的简化框架图；②定义操作时间（OT）；③定义物质和物－场资源
3	陈述理想的最终解和物理矛盾	①确定 IFR－1 的表达式；②强化 IFR－1；③表述物理矛盾（宏观）；④表述物理矛盾（微观）；⑤表述 IFR－2；⑥运用标准解法解题
4	运用外部物－场资源	①运用小矮人建模；②从 IFR"返回"；③综合使用物质资源；④使用真空区；⑤使用资源；⑥使用电场；⑦使用场和场效应物质
5	运用效应知识库	①运用标准解法解决物理矛盾；②运用 ARIZ 已有解决非标准问题的方案；③利用分离原理解决物理矛盾；④运用导航知识库来解决物理矛盾
6	改变或重新格式化问题	①如果问题已解决则阐述功能原理，绘制原理图；②检查是否描述的是几个问题的联合体，重新定义；③如果仍不得解，则返回起点，重新根据超系统相应的问题进行格式化。这一循环可以场合多次；④重新定义"焦点"问题
7	分析消除物理矛盾的方法	①检查解决方案；②初步评估解决方案（是否理想地消除物理矛盾）；③通过专利搜索评价方案的新颖性；④子问题预测
8	运用解法方案	①定义系统及超系统的改变；②检查改变的系统的其他用途；③运用解决方案解决其他发明问题
9	分析解决问题的过程	①分析解决问题的过程和 ARIZ 存在的差异，记下编写的内容；②方案与 TRIZ 知识库（标准解法、分离原理、效应知识库等）比较，如有突破，应予以文件化，丰富知识库

阿奇舒勒的 ARIZ-85 共有九个关键步骤。

步骤 1：问题的分析；

步骤 2：问题模型的分析；

步骤 3：陈述理想的最终解（IFR）和物理矛盾；

步骤 4：运用外部物 – 场资源；

步骤 5：运用效应知识库；

步骤 6：改变或重新格式化问题；

步骤 7：分析消除物理矛盾的方法；

步骤 8：运用解法方案；

步骤 9：分析解决问题的过程。

在每一个步骤中，包含有数量不等的多个子步骤。在一个具体的问题解决过程中，并没有强制要求按顺序走完所有的九个步骤，而是一旦在某个步骤中获得了问题的解决方案，就可跳过中间的其他几个无关步骤直接进入后续的相关步骤来完成问题的解决。

必须强调指出：ARIZ 是解决非标准问题的工具。在应用 ARIZ 之前，需要先核查一下发明问题是否可用标准解法来解决，如果是标准问题，则没有必要用 ARIZ 来解决，直接查找 76 个标准解法就可以解决。另外，ARIZ 是一套较为复杂的应用工具，为了能很好地掌握，接受专门的培训是非常必要的。

三、TRIZ 理论工具的综合应用

TRIZ 理论工具的综合应用如图 5-21 所示。技术系统进化法则是 TRIZ 理论基础，在应用 TRIZ 理论方法工具解题过程中，始终要以技术系统进化法则为指导，并以实现理想化为目标，为消除系统无用的及有害的功能，实行及提升有用功能，运用 40 个发明原理、76 个标准解及分离原理等工具来获得高水平的解决方案。

1）通过需求功能分析、资源分析以及冲突矛盾分析，可以直接运用效应知识库获得高水平的解决方案；

2）通过物 – 场分析，如发现是标准问题，则从 76 个标准解中获得解决方案；

3）通过矛盾矩阵分析，运用 40 个（或 77 个）发明原理获得解决方案；

4）对于非标准复杂发明问题，则应用发明问题解决程序工具来选择和描述问题，如果一次不能解决，则反复进行描述，以求准确的描述问题和定义矛盾，将初始问题转换为标准问题，然后通过综合运用 40 个发明原理、76 个标准解和效应知识库获得高水平的解决方案。

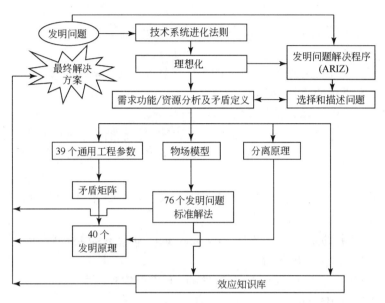

图 5-21　TRIZ 理论工具的综合应用

四、计算机辅助产品创新（CAI）

计算机辅助创新（CAI）作为工程领域又一个重要的计算机辅助技术而出现，和其他 CAX 技术一样，它得益于科学的创新理论、方法的出现，并和计算机技术的融合，改变了传统的创新方法和进程的随机性和偶然性。TRIZ 理论方法是一种在前人创新成果与创新方法基础上的提升和集成，科学地揭示了创造发明的内在规律和原则，它着力揭示系统中存在的矛盾，而不是逃避矛盾，其目标是不折不扣地完全解决矛盾，获得理想化的最终结果，而且它是基于技术的发展进化法则研究整个设计与开发过程，有强大的效应知识库、创新方案库及专利知识的支持。

CAI 是将 TRIZ 发明问题解决理论、本体论、现代设计方法学、语义处理技术与计算机软件技术融为一体的一门高新技术，提供基于语义处理技术而构建的自然语言查询技术；对问题情景进行系统分析，发现问题本质，准确定义问题及矛盾冲突；对创新性技术问题和技术矛盾提供更合理的解决方案；基于技术系统进化法则预测未来发展趋势，为制定决策和开发创新产品开道，并能有效保存创新成果以备后续之用。

自从 20 世纪 80 年代以来，人们就开始利用现代计算机技术开发支持 TRIZ

软件，特别是在 TRIZ 传入欧美各国以后，这类商用软件得到快速的发展。其中，具有代表性的这类软件开发商是 1992 年正式成立的俄罗斯的发明机器公司（Invention Machine Laboratory）。这类软件包括：

1）1975 年开发出的基于 TRIZ 的最优化软件系统 Tech Optimizer；

2）1985 年版的 ARIZ-85C；

3）90 年代由国际公司开发的软件 TRIZ-Soft；

4）2001 年开发的 Tech Optimezer 3.5 版软件，包括 4 个软件模块：发明原理模块（又称 A-矩阵表）、预测模块、效应模块（总结了 4400 个效应的知识库）、特征变换模块；

5）由发明机器公司开发的 3 个软件是：Knowledgist 软件系统、Co Braio 软件系统、Goldfire Intelligence 软件系统。

其中最突出的是亿维讯集团 Pro/Innovator3.0 计算机辅助创新设计平台及 CBT/Nova 创新能力拓展平台。

1）河北工业大学檀润华教授领导的 TRIZ 研究所开发 Innovation Tool 1.0、2.0 和 3.0 版应用软件

2）黑龙江省泰晓健等也开发出了一些应用软件。

当前由 CAI 提供的技术功能主要反映在以下几方面：

1）开展创新技术。关键技术预测和可行性论证；新产品工艺优化设计；已有产品和工艺改进；故障诊断和排除。

2）研发知识管理。数百万专利分析而构建的创新原理库；跨学科效应知识库和解决发明问题方案库。

3）知识产权管理技术。与专利相关研发活动；自动生成专利权利要求，保护创新成果；实现行业知识积累、共享和管理一体化。

4）创新人才培训技术。建立企业智力资产的管理平台，把过去只有专家/学者才能使用的高深技术和理论，变成了易学好用的创新理论工具。

目前国内市场上可以提供的主要软件模块有：

1）Pro/Innovator 问题流程（图 5-22）；

2）系统分析流程（图 5-23）；

3）专利生成模块（图 5-24）；

4）已有产品改进模块（图 5-25）；

5）计算机辅助创新（CAI）过程模块（图 5-26）；

6）矛盾矩阵及发明原理模块（图 5-27）；

7）物 – 场模型及标准解模块（图 5-28）；

8）效应知识库模块（图 5-29）。

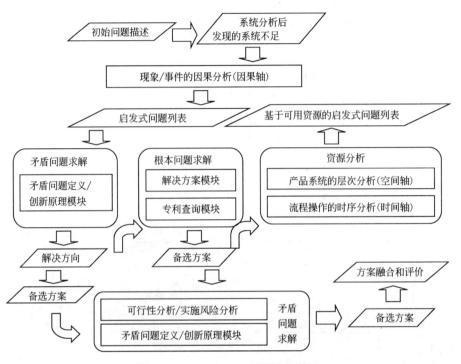

图 5-22　Pro/Innovator 问题流程模块

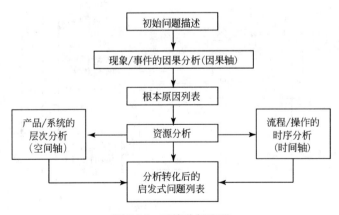

图 5-23　系统分析流程

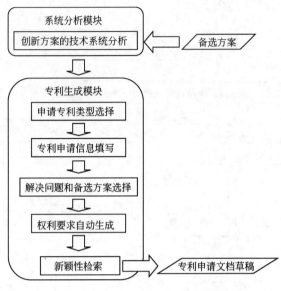

图 5-24　专利生成模块

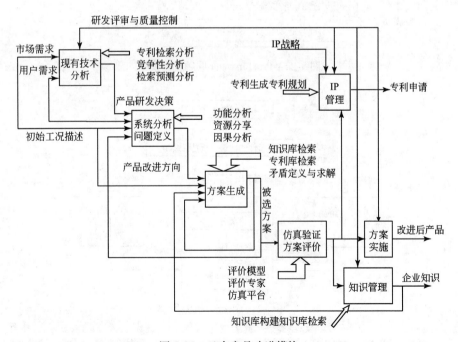

图 5-25　已有产品改进模块

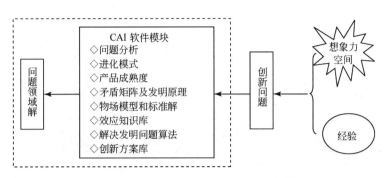

图 5-26 计算机辅助创新（CAI）过程模块

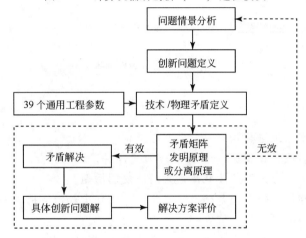

图 5-27 矛盾矩阵及发明原理模块

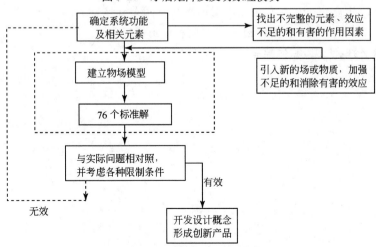

图 5-28 物-场模型及标准解模块

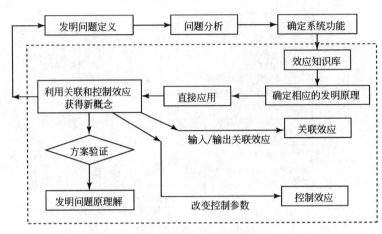

图 5-29　效应知识库模块

思 考 题

1. TRIZ 技术系统进化法则包括哪八个方面?

2. 40 个发明原理和 39 个通用给出参数是怎样产生的?

3. 如何运用阿奇舒勒矛盾矩阵表来解决发明问题?

4. 物－场分析法的原理是什么? 在生活和工作中如何运用物－场分析原理?

5. 76 个发明问题的标准解在创新设计中有何作用?

6. 如何运用发明问题标准程序 (ARIZ) 解决非标准发明问题?

7. 科学效应知识库在自主创新中的重要作用是什么?

8. 简单说明 TRIZ 理论在欧美的发展和应用情况。

9. TRIZ 理论工具如何综合运用?

|第六章| 概 念 设 计

第一节 概 述

一、概念设计的界定

概念设计是产品设计过程中最重要、最复杂、同时又是最活跃、最富于创造性的设计阶段，是完成原始创新的主要阶段，其主要活动内容有：识别顾客需求、识别技术、创意生成、创意评估、生成创新产品概念、产生创新产品方案即形成创新产品开发计划等。这一过程同时包括确认产品总体构造，对市场可行性、潜在收益和战略适应性，产品开发周期、开发成本以及产品成本，未来市场容量等进行评估。如果概念设计产品的技术和经济可行性最终没有得到认可，则此概念设计将被终止；如果被认为在可承受风险范围内具有较大的获利性，该概念设计产品即可进入下一步具体实施开发的阶段。

二、概念设计的重要意义

概念设计是开发新产品成功的一个重要因素。日本公司在新产品概念设计阶段，花费了比美国公司更多的时间，投入了更多的财力和物力，其结果是日本公司的新产品开发项目取得了更大的成功。日、美公司在新产品开发的工作量分配情况和结果比较如表6-1所示。

表6-1 日、美公司在新产品开发的工作量分配和结果比较（%）

工作量分配及结果	日本公司	美国公司
概念设计工作量占新产品开发总工作量的比例	40	25
开发挫折的工作量占新产品开发总工作量的比例	28	49

续表

工作量分配及结果	日本公司	美国公司
调试的工作量占新产品开发总工作量的比例	5	15
新产品开发最后 3 年的利润回报率	42	22

资料来源；Fortune. June. 1992；Business Week. April. 1991

Cooper（1990）也曾将日、美两国按概念设计品质优秀的、一般的、差的三类分别进行了比较，其结果如图 6-1 所示。从图中可以看出，概念设计优秀的项目与概念设计差的项目相比较，其成功率增加 1.5 倍，市场份额增加 1.25 倍，利润回报率增加 75% 。图 6-2 为日、美两国公司不同的设计变化模式。

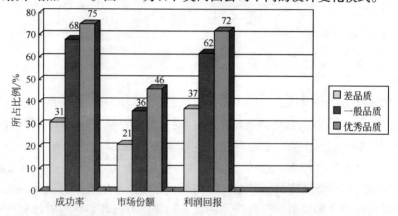

图 6-1　概念设计对新产品成功的影响

资料来源：Fortune，June，1992；Business Week，April，1991

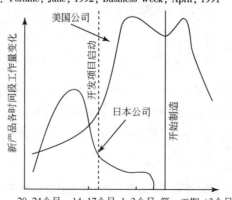

图 6-2　日、美两国公司不同的设计变化模式

资料来源：Sullivan L . P. Quality Function Development. Quality Progress，（6）：77～83

三、产品概念设计使用的方法工具

在 TRIZ 理论尚未传入西方时,欧美国家用于概念设计的方法和工具主要有:Von Hippel 提出的领先用户法、科恩(Koen)的模糊前端(fuzzy front end,FFE)法、质量功能展开(QFD)法、公理化设计(ADT)法、功能结构法及阶段门法等。在下面的章节中予以分别介绍。

第二节 领先用户法

一、领先用户法的产生及其作用

(一)领先用户法产生的理论背景

创新的来源非常广泛,有来自使用者(用户)提供的技术创新成果,有对商业开发产品原型深感兴趣的制造商,还有来自企业内部研发部门,他们既是企业制造者又是创新者。

第一代技术创新理论基本沿袭了熊彼特的思路,即企业家是技术创新的主角,他们对创新的理解和实践左右着企业技术创新的轨迹,此时的创新管理研究视野局限于企业内部。随着研究的深入,许多研究者开始注意到创新在较大程度上必须在产学研之间交互作用的过程中进行,包括研究者与开发者、供应者与装配者、生产者与消费者之间的相互影响以及竞争者之间的技术信息交流等。美国学者的研究显示,在科学仪器创新中,77% 的开发者是用户;在工艺设备创新中,67% 的开发者是用户。由此,强调创新企业与领先用户的合作,乃是第二代技术创新理论的主要特征。

创新思路的信息来源可以分为内部源与外部源。创新思路的内部信息源包括企业内部研发部门及营销、生产等其他部门。许多创意来自企业内部,企业可通过正规的调研活动找到新概念,同时还可吸取科学家、工程师和制造人员的智慧,企业营销人员也是创新构思的重要来源,因为他们每天都与顾客接触。

一方面,随着科技的迅速发展,掌握科技发展趋势、认识科技发展制约因素对于创新活动的成功开展是必要的。另一方面,随着创新管理理论和实践的发展,企业对市场在创新活动中所扮演的角色有了更为深入的理解。市场是创新的起点和终点,市场是创新活动价值实现的载体,同时它也推动着创意和创新活动的产生和发展。从表 6-2 中我们可以得出这样的结论:市场需求是保证创新活动获得成功的更为重要的因素，市场需求的推动超过了科学技术本身发展的推动力，"需求是技术创新之母"。因此，创新者必须有较强的市场洞察力，以超前把握市场与用户的潜在需求，这是技术创新成功的关键。

表6-2 美、英两国技术创新来源的比较（%）

技术创新来源	美国	英国
来自科学与技术的推动	22	27
来自市场的需求	47	48
来自生产的需求	31	35

资料来源：Raxhel Cooper, Andrew B. Wootton. Requirements Capture：Theory and Practice Technovation vol. 18, No. 8, 1998：69~75

一些著名的创新型企业，如惠普、3M、SONY 等，经常通过一些小项目组引进新型产品，而这些小项目组就与领先用户紧密工作在一起，他们了解用户的需求与创新，并以这些信息为基础，迅速修改设计方案和市场创新战略。

（二）领先用户法的作用

美国麻省理工学院斯隆管理学院的冯·希普尔教授（Eric von Hippel）将领先用户（lead user）从普通用户中分离出来，提出了领先用户的概念，强调了领先用户在早期创新过程中的作用，并使得企业能够通过领先用户法，改善创新产品和服务的商品化过程。这一独特创新方法的发现，对企业新产品和新服务的开发等一系列活动产生了重要影响。

表6-3 是希普尔教授就技术创新来源问题对美国科学仪器创新和半导体电子器件制造设备创新案例的调查。结果显示：无论是新老产品、主要功能或是产品次要功能改进方面，领先用户是产生创新成果的主要来源。因此，希普尔教授的结论是：领先用户法可以加速企业完成创新产品的开发和商品化进程。

表6-3 希普尔教授就对美国公司技术创新来源的调查数据

创新内容	调查对象数目	创新来源		
		用户/%	企业内部/%	其他/%
科学仪器创新：				
全新产品	4	100	0	0
主要功能改进	44	82	18	0
次要功能改进	63	70	30	0

续表

创新内容	调查对象数目	创新来源		
		用户/%	企业内部/%	其他/%
半导体电子部件制造设备				
全新产品	7	100	0	0
主要功能改进	22	63	21	16
次要功能改进	20	59	29	12

资料来源：Eric Hippel. 创新的源泉. 柳卸林等译. 北京：知识产权出版社，2005

根据希普尔的研究，领先用户与其他一般用户的区别在于：领先用户较一般用户提前几个月或几年显现；领先用户因得到超前需求解决而获利。由于这种超前的需求和利益驱动，所以领先用户经常提前开发新产品或服务，他们往往等不及市场上这种产品或劳务的出现，而径自研制、开发。

一般来说，大致存在两类领先用户：

1）目标市场中领先用户，包括已经试验了产品原型开发的领先用户。

2）类似市场的领先用户，比如，对研制人体抗菌产品的医药企业就可以找到来自兽医方面的领先用户。

特别注意的是：领先用户不同于"早期使用者"（最早购买现有产品或服务的用户）。领先用户需要的产品或服务往往是现有市场上尚未出现的产品，是需要在自己或其他人成为使用者之前提出产品概念或进行开发的产品。

图 6-3 显示在创新扩散过程中的各类用户。其中，领先用户数量不多，处于用户群的末端，与创新产品的商品化最为接近，第一时间接触到最新的产品或服务。而此时，数量庞大的常规用户还正处于观望阶段。

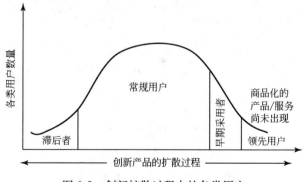

图 6-3 创新扩散过程中的各类用户

通过对美国企业创新行为的调查，希普尔发现，领先用户在新产品开发中发挥着很大作用，表现在：

1）领先用户研究能获得领先用户处理过的大量需求信息。领先用户提前解决现有产品和服务的不足。通过关注领先用户的数据搜集，企业能得到关于正在出现的市场需求的准确信息，然后是更好的产品和服务概念。

2）领先用户研究能获得领先用户发展的新产品和服务的原型和概念。领先用户往往能率先开发出有商业价值的新产品和服务的原型；他们能提供非常有价值的设计数据；他们的成果缩减了企业内产品开发工程师必须的工作量。

3）领先用户研究可加速概念开发过程。通过领先用户能将完成概念发展的时间缩短一半。

通过分析来自领先用户的需求和信息，可有效提高企业新产品开发效率，通常的市场研究分析方法难以获取领先用户的隐性知识，这对企业在发展新产品和服务概念上具有特别的优势。

二、领先用户法的特点、基本要素及其操作流程

（一）领先用户法的基本要素

领先用户法主要包含有四个基本的要素：领先用户的确认、信息的搜集、产品概念的开发与测试和组织的保证，如图 6-4 所示。这四个要素相互作用、相互依存，确保技术与市场的紧密结合，从而使领先用户法能获得较一般市场研究方法无法比拟的效果。

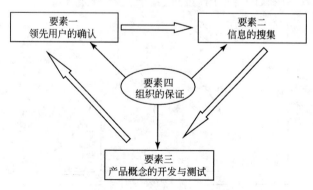

图 6-4　领先用户法的基本要素

1）领先用户的确认。实践证明，领先用户的确认是领先用户法的关键，往

往是一个较为漫长的过程，需要经过多次反复和筛选。

2）信息的搜集。要用一切办法搜集领先用户对市场走向的感悟，从领先用户的创意中获得启示。项目组通过文献搜索，采访高级专家，分析所得数据，锁定关键需求，经多次提炼，将关键信息或数据进行整理、归纳和分析。

3）产品概念的开发与测试。同领先用户一道开展新产品概念开发，并适时召开发展新概念的工作会议，将新产品开发的创意提交领先用户（有时为其他专家）进行审议；与领先用户共同进行创意的筛选、新产品的研制和试用，从而提高新产品开发的质量。

4）组织的保证。灵活、高效的组织形式，技术主管和市场主管的密切配合，是领先用户法成功实施的组织保证。

（二）领先用户法的操作流程

领先用户法通常在一个创新项目的初始阶段（主要指技术进化路线、识别顾客需求、创意生成和产品创新方案等阶段）使用，通过领先用户法市场研究开展技术创新，可以获得受顾客欢迎的、全新的产品/服务，而决不单是对现有产品的细微改进。

领先用户法的操作流程如图 6-5 所示。一个拥有技术和营销人员的核心项目

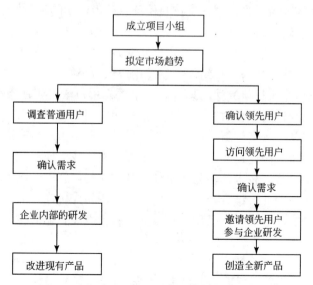

图 6-5　领先用户法操作流程

小组在技术和营销部门的支持下，开展对领先用户的访问并开展一系列的分析活动，以促使新产品/服务概念设计的完成。项目组在具体实施时，可按以下四个阶段进行：

第一阶段：制定项目计划、重点与范围；

第二阶段：识别需求，弄清关键的趋势和顾客的需求；

第三阶段：产生初始概念，从领先用户那里获得需求及解决方案的信息；

第四阶段：会同领先用户发展新概念，产生产品创新方案。

美国的一家名叫洛克希德的公司，在计算机辅助设计领域与麦克唐纳–道格拉斯公司差距很大，该公司决定让用户参与其计算机辅助设计大部分产品开发工作，其特点不是保持对计算机辅助设计系统的专有权，而是将其出售。三年之内，它们设法使 250 个商业用户成为其"免费研制中心"，由于采纳了来自 250 个领先用户的创意和新概念，仅仅几年内，这个很晚才进入市场的公司其计算机辅助设计系统就超过了麦克唐纳–道格拉斯公司。

三、应用领先用户法的注意事项

经大量实践表明，必须注意以下三个特定的适用条件：

1）管理层的支持。管理层的支持是使项目获得成功的有力保证。

2）高技能、跨学科的项目小组。该小组应该包括技术专家、营销专家和管理者，还应该将行业创新领域内有创意，且掌握专业和各种创新理论和方法，特别是 TRIZ 理论方法的优秀人员组织到领先用户项目小组中来。

3）对领先用户市场研究法的理解。由于领先用户法过于注重用户需求，使其对突破性创新的作用不很敏感，因此，在实际应用中，领先用户法一般不适用于突破性创新以及流程型创新。领先用户方法比较适用于产品连续创新，如医生长期接触医疗器械，因而比大学的教授和工程师更能找出产品改良之处。

在知识经济时代，技术的转化和市场营销方面的创新已经成为企业取得市场竞争优势的源泉，因此，结合企业实际情况，应用领先用户方法，我国的企业将能够更加高效和成功地进行产品创新和服务创新，发展企业的核心能力，获得长远的竞争优势。

第三节　模糊前端（FFE）法

一般来说，新产品由研究到上市的过程可分成三个阶段：模糊前端（fuzzy

front end，FFE）阶段、新产品开发（new product development，NPD）阶段以及商业化（commercialization）阶段。美国学者柯恩（Koen）对模糊前端的定义是：产品创新过程中，在正式的和结构化的新产品开发（NPD）阶段之前开展的活动。

美国产品发展协会（PDMA）前理事长鲍勃·吉尔（Bob Gill）曾说过："速度不是唯一，更重要的是正确方向。"正如《从优秀到卓越》一书的作者吉姆·柯林斯（Gim Alines）的直言："卓越的企业多半不是因为机会太少而饿死，而是因为机会太多消化不良而导致失败。真正的挑战不在于如何创造机会，而在于如何选择机会。"

面对企业在众多的机会选择当中，企业产品创新的关键是模糊性最高的前端活动。这就引发了关于模糊前端（FFE）法的研究。

多数企业对于新产品开发模糊前端阶段并没有实现有效管理。因此，模糊前端的研究是一个亟待解决的问题。

一、模糊前端的重要意义

（一）为新产品开发的成功带来直接影响

在这个产品开发过程中，创意是新产品开发项目的原动力，以创意生成为标志的模糊前端将会凸显其重要性。

对传统新产品开发的研究表明，模糊前端产生的 3000 个产品创意，只有 14 个能够进入开发阶段，其概率只有 0.47%；最终能够进行商业化而取得成功的只有一个，其成功的概率为 7.14%。由此可见，产品开发失败的真正关键在于从创意生成到进入生成产品创新方案这一过程，这一结论也正符合许多学者和企业家在对新产品开发详细研究后提出的"许多项目是在一开始时就注定会失败"的论点。所以，对于新产品开发的关键还是要把住模糊前端这一关。研究表明：成功者和失败者的最大差别在于详细设计前阶段的执行效果。

（二）为新产品开发提高绩效赢得速度

研究表明对模糊前端的有效管理可以使新产品开发时间节省 30%。实际统计数字中，在模糊前端投入的时间仅为开发阶段和商业化阶段的 16%。

压缩模糊前端时间的最终结果如图 6-6 所示，它是加速新产品开发的最好方法。通过模糊前端阶段的加速，会导致产品快速地进入市场，这种优势可以带来不可估量的利润。

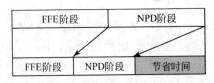

图 6-6　压缩模糊前端时间的结果

二、模糊前端的活动要素

(一) 通用术语界定

在柯恩的新概念开发（new concept development，NCD）模型中，首先对新产品开发模糊前端的一些通用术语进行了界定：

1）创意：一个新产品、新服务或者是预想的解决方案的最简单的描述。

2）机会：为了获取竞争优势，企业或者是个人对商业或者是技术需要的认识。

3）概念：具有一种确定的形式特征，其技术能使顾客完全满意。

(二) NCD 模型

NCD 模型如图 6-7 所示，由机会识别、机会分析、创意生成、创意评估以及生成产品概念等五个基本活动要素组成，其具体含义如下：

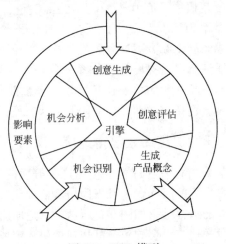

图 6-7　NCD 模型

1）靶心是模型的引擎，包含了企业领导的关注、文化氛围及经营战略，它们是企业实现五个要素控制的驱动力。

2）内部轮辐域是模糊前端的五个可控基本活动要素。内部轮辐域中的箭头表示 5 个基本因素活动的反复过程。

3）内部轮辐域外围是影响因素，包括企业能力、外部环境、开放式的内外技术背景等，这些影响因素是企业从技术创新战略通向商业化的全部创新过程。

4）指向模型的箭头表示起点，即项目从机会识别或创意生成开始；离开箭头表示如何从生成产品概念阶段进入到产品开发阶段或技术阶段流程。

三、FFE 法操作流程

按照柯恩提出的 NCD 模型，FFE 管理法有以下几个阶段：

（1）机会识别

机会识别往往先于创意的生成。识别哪些是企业可以去追求的机会，通过识别最终确定资源投向。

机会识别是典型的由商业目标所驱动的。例如，这个机会可能是一个获得竞争优势的突破性技术；或者只是一个简化流程、降低工艺成本的方法；或者是商业上的一个全新的模式；或者是对现有产品的一个小升级方向。它也可以是一个新产品平台、一个新的生产工艺、一个新的服务或者是一个新的市场营销途径等。

企业用于识别机会的方法可以选择使用创造性方法和技巧（例如头脑风暴法、路径图法）以及问题解决方法（如因果分析、鱼骨图、流程图、约束理论、TRIZ 理论）。另外也可以通过一些灵活的机会识别活动，包括一个专家论坛、一个在网上进行的讨论活动以及个人的洞察或者是高级管理层的指令等。

（2）机会分析

机会分析的重点是要判断该机会的吸引力、未来可能发展的规模、与商业战略及企业文化的融合程度以及企业抵御风险的程度等。

（3）创意生成

新的创意也可以在任何正式的流程以外产生，如一个意外的实验结果，一个供应商提供了一种新的材料，或者是一个使用者提出了一个不寻常的要求。NCD 的过程是可以在一个非线性的模式下进行的，即不管这个创意是在哪里发生的，都可以将其进一步具体化和补充。在这个过程中，将收集到的创意，经研究、讨论、分解、组合和重构，使之得以发展。此时，建立一个创意库是必要的。

这个阶段的结果一般来说，可以得到一两个创意和产品概念的深入描述。

（4）创意评估

在模糊前端活动中，越来越多的机会选择和资源配置，由于受信息不全面和不同理解限制而使决策变得困难，对投资回报率的确定往往只是主观的猜测而已。因此，我们需要特别为 FFE 设计更好的、过程更加灵活的选择模型，以便市场和技术的风险、投资额、竞争状况、组织能力、独特的优势以及投资回报率等都可以得到考虑。

（5）生成产品概念

这个阶段包括基于市场潜能、顾客需求、投资要求、竞争者分析、未知的技术以及总体的项目风险估计的一个商业案例的发展。这个商业案例正式化的水平是根据机会的本质，如新市场、新技术或是新的平台，资源的水平、企业对新产品和工艺开发的要求以及企业文化来决定的。在一些企业中把这个阶段视为已经是进入了新产品和工艺开发的初始阶段了。

表 6-4 集合了在模糊前端管理的各阶段中常用的众多方法，而这些方法在本书中的相应部分已有详细的介绍。

表 6-4　FFE 管理中不同程序下常用的方法

程序	使用的具体方法
机会识别	人类学方法（了解顾客的根本需要）、领先用户法、TRIZ 理论
机会分析	TRIZ 理论、情景分析
创意生成	阶段门法、TRIZ 理论
创意评估	顾客趋势分析、竞争能力分析、市场研究、情景分析、路径图、TRIZ 理论
生成产品概念	竞争能力分析、市场研究、情景分析、领先用户法、TRIZ 理论

四、FFE 法与突破性创新

按照创新程度的不同，把创新可以分为渐进性连续创新（incremental innovation）与能够带来重大技术突破的突破性创新（breakthrough innovation）。

渐进性连续创新对现有产品的改变相对较小，能充分发挥已有技术的潜能，并经常能强化现有的成熟型公司的优势，特别是强化已有企业的组织能力，对公司的技术能力、规模等要求较低。与此相反，突破性创新建立在一整套不同的科学技术原理基础上，经常会给现存的企业带来许多的难题，但是，它能开启全新的市场，常常是新企业成功进入市场的基础，并有可能导致整个产业的重新洗牌。

突破性创新存在主观和客观两大类的不确定性。主观不确定性来源于决策主体对客观信息的获取能力、识别能力、处理能力的不足；技术创新的客观不确定性是指技术创新过程中各类因素及结果的不可准确预知性，具体表现为：

1）技术的不确定性：与潜在的科学知识、技术规范的完整性和正确性有关。

2）市场的不确定性：与消费者的需求有关。

3）组织的不确定性：主要来自于企业本体与突破性创新团队的冲突。

4）资源的不确定性：由于种种原因，出现投资、职工安置和管理等一系列问题，导致项目中断。

从思维角度来看，突破性创新在思维上的不确定性都远远高于连续创新，因此突破性创新的失败率也远远高于渐进性连续创新的失败率。因此，有研究发现，任何领域的突破性创新都比渐进性连续创新有更高的风险。

在有些技术领域中，突破性创新从设想到立项这一阶段的失败率可能高达99.9%。例如英国 Glax 制药公司每开发一种新的化学药品，在概念设想及立项之前，需筛选 10 000 种化合物方案，其中获得通过的不超过 10 种。

如何减少不确定性，提高企业产品创新的成功率一直是世界技术创新研究组织和学者研究的热点问题之一，FFE 法也因此得到了重视。FFE 方法既注重从基础做起，而且能与阶段门法和领先用户法等紧密结合。

五、应用案例

由技术驱动开发新产品——3M 易贴便条

斯潘塞·西尔弗（Spencer Silvan）发明了一种"不寻常"的胶水，这种胶水比一般的胶水黏性要更好，这就是机会识别的阶段了。

当西尔弗尝试为这个非同寻常的胶水寻找一个商机的时候，这就是机会分析的阶段。西尔弗拜访了 3M 公司里的每一个部门，创意生成和发展随之出现，在创意选择的阶段，易贴便条被选择作为继续发展的创意。

最后，在生成概念阶段中，一个完整的生产流程开发出来，这个生产流程是用来生产一种可以很好黏附在纸上但不会粘牢的 3M 易贴便条。

第四节　质量功能展开（QFD）和田口法

一、质量功能展开（QFD）

（一）概述

质量功能展开（quality function deployment，QFD）是由曾任教于东京理工大学的水野滋（S. Mizomo）博士提出，经美国麻省理工学院的豪泽（Hauser）和克劳辛（Don Clausing）教授潜心研究后，于 1966 年由水野滋博士正式命名，作为一种新产品开发的新理念和新方法而被企业所采用。

当时日本企业的发展正处在向产品自主创新战略转移的关键时期，日本企业在实施全面质量控制（total quality control，TQC）的实践中，深刻意识到作为重要的质量保证点，仅仅将设计质量贯穿整个生产过程中，还不能完全适应质量的要求。国际质量功能展开组织主席赤尾洋二（Yoji Akao）先生将质量功能展开定义为：将顾客需求同如何实现这些需求的控制因素联系起来，以此代替质量特性，并系统地把产品的质量特性（quality charcteristies）分配到这一产品的所有零部件的质量上，提出了单个质量与工艺过程因素及其相互关系的方法。同时，将工业工程学的价值工程技术（value engineering，VE）融入其中。

QFD 是通过一定的市场调查方法了解顾客需求，将顾客需求分解到产品开发的各个阶段和各职能部门，对产品质量问题及产品开发过程系统化地达成共识：做什么，什么样的方法最好，技术条件如何制定才算合理，对员工与资源有什么要求，等等。通过协调各部门的工作以保证最终产品质量，使设计和制造的产品能真正地满足顾客的需求。

QFD 把客户的要求转换成产品相应的技术要求，将顾客需求转化为产品功能，将产品的使用性能和产品制造时的技术条件联系起来，深入到产品开发和设计领域，将设计和制造过程全面整合。因此，QFD 既是一个技术问题又是一个管理问题。

浙江大学熊伟教授和日本的新藤久和博士提出了质量功能展开的概念模型，如图 6-8 所示，把将要开展的产品作为立方体进行模型化，以此来形象化地解释质量概念展开的根本原理。

首先将顾客的需求整理、归纳到立方体的一个侧面上，可以考虑质量特性、成本、技术、可靠性等各种各样的侧面。用展开图的形式整理、归纳产品侧面的信息及相互关系，立方体的展开如图 6-8（b）所示，展开的形式是灵活多样的，应该取什么样的侧面，采用何种形式，要根据不同的目的选择最容易理解的形式。以这些展开图（二维表）为基础，对各侧面的信息及它们之间的关系进行研讨，再组合成一个整体，这样就合成一个具有较高质量的产品。

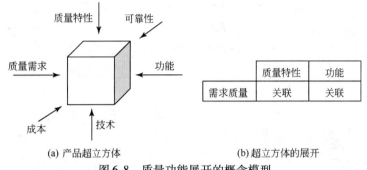

图6-8　质量功能展开的概念模型

（二）QFD 的基本原理

QFD 的基本原理可以通过"质量屋"予以清楚地表达，图6-9是质量屋的原理图。图中的"左墙"是一个顾客的世界，列出用户主要、次要及更次要等各种"什么"的需求及其重要度；"右墙"是用户评估榜，显示与其他竞争对手的比较；"楼板"列出"如何"满足用户需求技术特性的设计要求；"房间"列出质量需求与质量特征的相关关系矩阵；"地基部分"列出"有多少"质量设计技术竞争性指标及其重要度；"屋顶"列出质量特征相关关系矩阵。

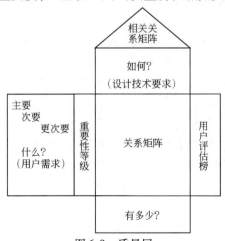

图6-9　质量屋

（三）建立 QFD 矩阵步骤

1）按主要、次要和更次要的顺序确定用户需求"什么"的清单。

2）每一个"什么"内容的重要性可以通过评分的方法（例如：1~5，其中5为最重要的）来确定。在确定这些重要性的分数时必须非常谨慎，因为用户的反映不一定能准确地反映它们真正认为的重要性。例如，用户可能会因为是送礼，而对产品的包装有较高要求，而不是因为包装在里面的产品的特性好而购买这些东西。

3）对于每一个"什么"应该从竞争需要和现有设计两个方面得到用户的评分，重点是找出并量化那些竞争者的设计已经超过我们当前水平的重要方面的"什么"，以便设计修改关注于这些方面。对现有产品被认可的"什么"也应当找出来，这些内容可在今后的设计中予以保留。

4）首先要收集所有的设计要求，这些设计要求对于获得以"市场驱动"的"什么"是必需的。设计小组在矩阵的顶部横向列出会影响一个或多个用户有关特性的设计要求"如何"。每一项设计要求都应当是可以测量的，并将直接影响用户的感受，例如，在一个设计要求矩阵中，相当于车门的钢板的厚度，可能会提到汽车门的关闭力量，这一点可能会在将来的零件特性矩阵中被提到。设计要求上方的箭头表示应该改进的方向（例如，箭头向下表示数值越小越好，零值则表示需要一个目标值）。每一个"什么"都将系统地按照具体的测量要求进行评估，应该尽量避免那些模糊和细微的特性。

5）利用每一个"如何"相当于得到每一个"什么"的重要性，可以量化矩阵中每个单元的强度。描述这些关系的符号有以下几种："⊙"表示很重要或很强的相互关系；"○"表示存在一定的重要性或一定的相互关系；"△"表示重要性较低或关系度较小；无标志则表示不重要或无关系。这些符号稍后又由加权的数值（如9、3、1和0值）来代替，给出计算或技术重要性时所需要的关系值。用这些符号来区分与这些关系和加权有关的重要性程度，从这种显而易见的表达方式中可以很容易地确定在哪里需要配置关键资源。如果现有的质量控制措施并未对用户产生任何影响，那么，这种质量控制措施要么是不必要的，要么就是缺少了一项"什么"。"如何"方面的内容可能需要增加，以使对于每一个"什么"都要有一个"如何"的项目对应。

6）经过对竞争对手的产品和我们现有产品设计所进行的技术试验，在质量屋的底部对应于每一个"如何"的下方加上目标值。应该注意，如果用户所理解的竞争对手的"什么"并不与竞争对手对"如何"的测量相关的话，要么这些测量是错误的，即相对于这样的"什么"，对"如何"的测量是无效的，要么就是产品存在一个理解的问题。

7）每一个设计要求的技术重要性可用下述公式来确定。对于给定的影响关系矩阵的 n 个"什么"，对每一个"如何"进行两种计算。确定技术重要性的绝对值的公式是：

$$绝对值= \sum_{i=1}^{n} 关系值 \times 客户重要性数值$$

为了得到一个相对的技术重要性，将由这个等式得到的结果按大小排列起来，1 对应为最高值。

8）每个"如何"设计要求的技术难度也要标在图上，这样就会使人们的注意力集中到那些可能难以达到的、重要的"如何"上。

9）设立相关关系矩阵的目的是确定"如何"之间的技术上的相互关系，这些关系由下述的符号表示："⊕"是强的正相关性；" +"是正相关性；"⊖"是强的负相关性；" –"是负相关性；"空白"是无相关性（图6-10）。

10）新的目标值一般是用户评分等级和相关矩阵中的信息确定的。趋势图是确定关键目标值的有用工具。

11）选择需要集中力量的区域，找出矩阵中需要解决的关键因素。技术重要性和技术难度两部分对于如何确定这些因素是十分有用的。

上述的步骤是根据汽车门的改进设计事例建立的 QFD 矩阵，对于其他的矩阵来说，基本的程序都是一样的。在使用这个程序时，为了更准确地找出某个具体情况中需要重点强调的内容，有些公式、加权、具体参数和步骤的顺序可能会有所改变。在"多少"区域中的信息要视矩阵的类型而定（表6-5）。例如，矩阵可能有，也可能没有对应于"如何"的调整的目标规范值、竞争产品技术分析及技术难度等级分析。

（四）QFD 应用价值

从 20 世纪 80 年代以来，日本的相关组织开始进行 QFD 的研讨，其主要的研究课题是：研究辨识需求质量与营销关系的方法、质量展开的方法学、成本的分配、可靠性的展开配置和开发 QFD 的软件以及供新产品开发管理工程用的QFD 等。

美国企业和各类组织直到 20 世纪 90 年代后期，才开始重视 QFD 的应用，但美国企业的应用水平很快超过了日本。据调查显示：日本有 31.5% 的企业应用了 QFD，而美国已有 68.5% 的企业采用了 QFD，特别是为在形成产品的差异性方面，应用 QFD 指导生成全面差异的产品或新一代产品。而且，美国公司更是格外强调为获得"更好的设计"和"更多的顾客满意"是应用 QFD 的最终目的，将获取"一种功能交叉的沟通与协调"和"缩短产品的生产周期"，作为应用 QFD 的目标。统计数据显示，它带来了几乎 50% 的产品变革，缩减了接近 60% 的初期开发成本，同时使得产品开发周期缩短了 30%～50%（ASI–1989）。

应用 QFD 的重要价值表现在以下八个方面：

1）激发创意概念的生成；

2）提高产品质量；

3）增加客户满意度；

4）提升公司业绩；

5）提高企业对市场应变能力；

6）降低设计和制造成本；

7）减少设计中的修改；

8）提高产品的可靠性。

（五）QFD 的发展

未来质量管理的关键课题是新产品开发和战略管理。在现代质量管理中，需要建立一个完整的新产品开发方法学，为此，必须研究 QFD 技术，使它成为在加强与营销之间的联系的同时，能够支持创造更具吸引力产品的方法。

美国试图把许多设计和管理中的创意与 QFD 整合起来，这种组合、集成的方法学中包含：TRIZ、矛盾管理（conflict management）、田口法等。据报道，市场上已经有 30 多种软件产品，在美国，这些软件的开发将预示着 QFD 会有越来越多的应用和发展。

在 1994 年国际研讨会上提出了展开管理工程（deployment management engineering，DME）作为发展 QFD 的一个新领域。从 20 世纪末以来，并行工程在美国公司已经受到重视，而日本公司则刚刚起步。同时，在日本开发的 QFD 法和田口法也赢得了美国公司的重视，他们把这些方法作为应用并行工程的有效方法。

未来面对的重要的挑战是发展一种构建高效、低成本和缩短开发时间、无粗制滥造以及顺利开发新产品的新方法，它将为企业带来更大的经济效益。现在日本已经开展了这方面的研究。同时，美国唐·克劳辛（Don Clausing）博士也独立地对其开展了研究，他们的构思是相似的。这些新概念必定使新产品开发管理成为一种重要的管理技术，这种管理方法也将是一种先进的创造更好产品质量的方法学。

（六）实例：汽车门的设计

下面描述了建立汽车门 QFD 的整个过程（Hauser and Clausing，1988）。

1）根据用户要求如图 6-10 所示，列出汽车门需求"什么"的清单，并相应绘制质量屋，如图 6-11 所示。

2）对图 6-11 中的每一个"什么"都要标出对用户的重要性评分等级，例如从车外关门的容易程度定义为重要性等级 5。

3）在图 6-11 中对应每一个"什么"将两个竞争对手的产品和我们现行设计产品对比，并标出它们的等级（1~5 级，5 级为最好）。例如，用户认为我们现有的设计在"容易关门"这一项上相比较是三个中最差的（例如 1.5）；但是当采取任何措施要改变这种情况时，必须谨慎，应保留我们现行设计中用户持肯定评价的质量特性。

4）项目小组负责收集为满足市场对汽车门所要求的"什么"，从而提出满足需求的设计目标（"如何"）。例如，"关门所需的力量"是一项"如何"，它针对的是"容易从车外关门"的"什么"。箭头表明力量越小越好。

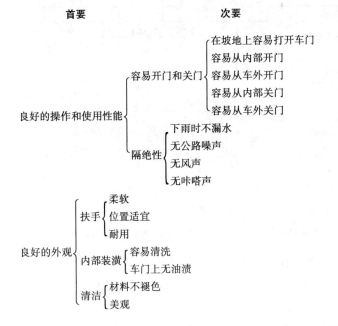

图 6-10　汽车门实例中的"什么"清单

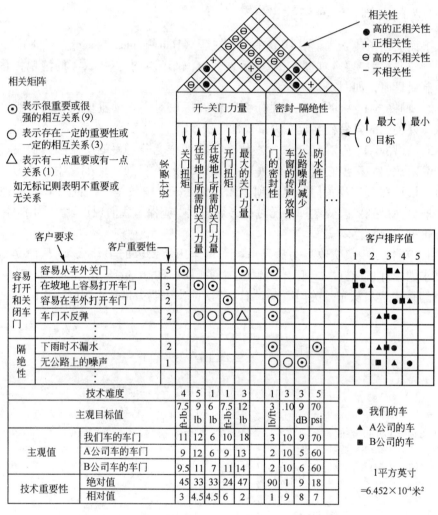

图 6-11　汽车门的设计（QFD）

5）标明了满足用户需求"什么"与"如何"的关系。例如，本身重要性很强的用⊙来对应用户的"什么"，即"容易从车外关门"，"如何"是"关门的扭矩"。

6）标明对用户需求和我们现有产品的目标值（即竞争性调查）。例如，我们现有的汽车门是关闭扭矩测量结果为 11 英尺磅力。

7）在"有多少"的区域内确定设计要求的技术重要性的绝对值。例如，门的密封技术重要性绝对值（图6-11倒数第二行）是 5（9）+2（3）+2（9）+2（9）+1（3）+90（图6-11数第七列）。由于它是表示的那些数字中的最高值，它则代表最高的等级；所以，用"1"的相对等级来表示它是满足用户需求方面最重要的一项"如何"。

8）确定技术难度要求。例如，防水性的技术难度被评定为最难以解决的特性评定为5级。

9）建立相关关系矩阵来确定"如何"项目之间在技术上的相互关系。例如，"⊖"符号表示在"关门扭矩"和"平地的关门力量"之间存在着很强的负相关关系。用户想要的是能从车外容易地关门，也能在坡地上开门的特性（这就是说，两个截然相反的设计要求）。

10）由于用户对我们的汽车门"容易从车外关门"的"什么"的等级评价得较低，那么我们的目标值就设定为比竞争对手的数值更好的参数（即7.5英尺磅力）。在确定目标以解决相关关系矩阵内的关系与相对重要性等级矛盾时，有时也许需要权衡利弊，做出合理的选择。

11）一些重要的项目可以转移到另一个质量屋进行详细的产品设计。例如，尽可能减少关门扭矩的设计要求是一项重要的目标，它可以转化为另一个矩阵中的"什么"，在这个矩阵中进行的是零件的特性设计，如防水封条或铰链的特性设计等。

（七）小结

QFD 最初为日本所开发利用，丰田公司声称通过采用该项技术减少了 40%的开发时间和开发成本。最近，很多美国公司也开始采用 QFD，包括 AT&T、DEC 和福特公司，但其效果参差不齐，只有大约四分之一的公司获得了可定量的效果。相对来说，欧洲公司很少应用 QFD。当然，绝不是由于他们对于 QFD 不甚了解，而是由于他们认识到在 QFD 的实施过程中存在一些实际问题，主要是潜在的顾客的需求难以被清晰地表达出来，且工作量很大，QFD 的实施，需要收集大量的技术和市场数据，同时需要开发部门和营销部门的通力合作。

杨德林认为：传统 QFD 方法的缺点表现在以下几方面：

1）概念评价未得到应有的重视；

2）忽略了需要的个性化和目标值的确定；

3）不确定性常常被忽视；

4）难以将质量规划和概念选择融合起来。

因此，对 QFD 的改进及科学地实施本土化是一个重要的课题。

二、田口法

田口法又称三段设计法，是由日本质量工程专家田口玄一创立的，连同他在 20 世纪 80 年代后期提出的质量工程学，被许多国家采用，曾获得"20 世纪最伟大的工程贡献之一"的殊荣。

（一）三段设计法概述

田口玄一提出的三段设计法是概念设计、参数设计与公差设计三者的组合集成，是被实践证明了的优秀设计方法。其第一阶段的设计是将具有竞争性的技术用于生产产品的过程，第二阶段的参数设计是该设计方法中最精彩的阶段，第三阶段的设计是正交设计法的运用。在 20 世纪 90 年代中后期，由于 TRIZ 和公理化设计（AD）的兴起，促使其进行了革新。AD 使田口法革新了产品或系统设计所依据的原理，促使其系统化、公理化；TRIZ 使田口法革新了在处理设计中遇到的求解方法与依据。

（二）三段设计法的实施程序

三段设计法的目的在于使产品获得稳健性即"鲁棒性"，它按照下述步骤实施：

1. 第一阶段概念设计

田口法的宗旨是为降低成本，并能生产出高质量的产品，其内容从需求分析到概念设计、详细设计与原型设计、制作、试验、检验与分析等一系列设计试验工作。它包括原材料的选择、零部件与加工装配系统的选用和设计。第一阶段的设计是传统的整套设计，但现在已有被 TRIZ 和 AD 代替的趋势。

2. 第二阶段参数设计

这一阶段的设计输入是概念设计的结果，要求在概念设计后紧跟着进行参数设计。这一阶段的设计突出地体现三段设计法的特征和对传统设计法的重大革新，它突破了休哈特提出的设计循环"设计－试验－修改"，其主要任务是选取使不可控的"噪声"因素（如环节温度的变化）对产品的功能特征与特性影响最小的可控设计参数。参数设计选择最优值的方法是利用正交试验设计方法离线完成的，它所获得的最终结果是产品、零部件与元器件参数取值的最优组合，使各种"噪音"对产品工作性能的影响降低到最低程度，从而保证产品的性能质量尽可能地接近目标值。参数设计是利用误差模拟"噪声"的干扰，通过正交试验法安排试验方案，用产品的输出特性的信息"性噪比"（S/N）作为评价指标，再根据试验结果的分析选取最优的设计参数组合，以获取"噪声"影响最小的产品输出的参数值。参数设计最成功的例子是利用电气元件的非线性输出特性，在正交试验指导下选取参数值波动幅值（分散范围）不变（以保持成本不变）的分布中心值，以大大地减少产品特性波动的最优参数范围。因此，参数设计是依赖正交试验及其试验结果的评价完成的。

值得庆幸的是，苏教授已经证明，如果能够满足 ADT 独立公理的设计自然具备稳健性，其结果与参数设计法一致，不再需要进行参数的试验设计了，反之亦然。

3. 第三阶段公差设计

公差就是设计参数的允许波动范围。公差设计的任务是确定产品关键零部件或元器件的公差值，以及能够保证性能特征与特性的最经济的公差，即利用协调质量要求与成本的方法设计公差的变动范围。公差设计时应融入六西格玛的管理理念。

（三）三段设计法与质量工程

所谓质量工程，指的是关于改进产品与过程质量的工程学（APICS，2002）。田口玄一认为，质量工程是从工程的观点研究和控制质量，它所建立的质量控制概念包括：

1）应该从工程的观点研究和控制质量；

2）质量的评价应该同经济性挂钩，把质量与成本特别是产品使用的成本联系起来；

3）质量的控制应该贯穿全过程；

4）应该在实施前就利用质量损失函数预报质量的损失；

5）应用三段设计法可保证产品对内外干扰的稳健性。

三段设计法在质量工程中的应用可参见表6-5。

表6-5　三段设计法在质量工程活动中的应用

质量控制活动	产品开发与制造阶段	产品质量形成阶段	外部噪声	内部噪声	公差（容差）
离线控制	产品设计	概念设计	☆	☆	☆
		参数设计	☆	☆	☆
		公差设计	○	☆	☆
离线控制	过程设计	概念设计	△	△	☆
		参数设计	△	△	☆
		公差设计	△	△	☆
在线控制	生产工程	过程控制	△	△	☆
		反馈	△	△	☆
		检测与试验	△	△	☆

注：噪声表示变动或干扰。"☆"表示在产品的寿命期内是可控的；"○"表示在产品的寿命期内是不可能完全可控的；"△"表示在产品的寿命期内是不可控的

第五节　公理化设计理论（ADT）

一、概述

美国麻省理工学院公理化设计创始人苏教授（Suh）（1978）认为："现行设计技术与实践缺乏创新是最重要的问题"，它涉及以下事实：

1）设计中经常出现原则性差错；

2）缺乏现代设计理论与方法学的指导，使许多设计从概念阶段开始就存在致命的弱点，导致设计方案存在缺陷，从而使开发计划推迟或失败；

3）长期沿用经验的设计技术和方法，缺乏严密的科学理论指导，极大地限制了自主创新能力和实际设计水平的提高；

4）多数高等学校和企业不能培养出具有系统创新思维能力、掌握现代科学设计方法和工具的人才。

对产品设计的过程、规律、工具进行研究一直是产品设计方法学的主要内容，ADT研究成果将会大大改善产品设计质量、减少设计失误和缩短产品开发时间。多年来，为改变传统设计过程以经验为基础进行演绎、归纳的现状，设计界一直在探索以科学原理为基础的设计理论，以求提高设计效率。20世纪90年代

初，在美国自然科学基金会（NSF）的支持下，美国麻省理工学院苏教授及其领导的研究小组于 1990 年建立了公理化设计理论（axiomatic design theory，ADT）。

ADT 是继 TRIZ 之后出现的最重要的现代设计理论与方法学，是基于科学公理和推论的设计理论与方法体系，为创新设计者提供基于逻辑和理性的思维方法和工具，是已被实践证明了的现代系统创新设计技术，是企业和个人为获取自主创新能力、自主创新设计与管理能力必须掌握的技术和方法（包括软件系统的设计、产品、服务与管理设计技术等）。

二、公理化设计要素

公理化设计主要概念有域、映射、分解、层次和设计公理。

（一）设计域、设计方程和设计矩阵

"域"是多个要素的集成，按顺序可以分解。"设计域"是在"我们需要什么？"的域与"我们如何去达到需要？"的域之间进行的映射（或互动）。

ADT 是将设计流程描述成由用户、功能、物理和过程四个域组成，形成一条往复迭代、螺旋上升的链条，如图 6-12 所示。用户域（customer needs，CNs）表示用户的需求；功能域（functional requirements，FRs）表示产品所要实现的一系列功能；物理域（design parameters，DPs）表示满足功能需求的设计参数；过程域（process variables，PVs）是设计过程中工序和工艺的变量集合。ADT 描述的产品设计过程就是以用户需求为驱动，由功能域→物理域→过程域的反复迭代和映射的过程，并为是否是可接受的、最佳的设计提供分析与判断的准则。表6-6 显示了 ADT 各设计域的基本特征。

在域之间映射生成设计方程和设计矩阵。设计方程是模拟一个给出的设计目标（什么）和设计过程（如何），用数学形式来表达一个设计过程中域与域之间的变换。设计矩阵描述域的特征向量之间的关系，形成设计功能分析基础，以此来确认是否是可接受的设计。

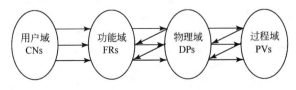

图 6-12　ADT 设计流程

表 6-6　ADT 各设计域的基本特征

序号	设计范围	需求域（CNs）	功能域（FRs）	物理域（DPs）	过程域（PVs）
1	制造	顾客期望的属性	规定功能的要求	满足 FRs 的 DPs	可控 DPs 的 PVs
2	材料	要求的性能	要求的特性	材料的显微结构	处理与工艺过程
3	软件	期望的属性	编程输出的要求	输入变量、算法、模块域编码	子程序/机器码/模块与编译程序
4	组织	顾客/员工满意、受益者满意	组织的功能、需求/要求	程序、活动与行政或计划	资源支持下的实施程序
5	系统	总系统要求	系统功能的要求	组成子系统与要素	人与资金等资源
6	商务	投资回报率 ROI	商务的目标要求	商务系统的结构	人与资金等资源

（二）分解、反复迭代与曲折映射

在概念设计过程中，由于在设计最高层次上没有设计细节，必须进行详细设计，也就是把最高层次的 FRs 和 DPs 进行一层一层地顺序分解，直到产生一个可以实施设计的最终结果，即详细设计的完成。注意：较低层次的设计决策与最高层次的设计意图必须相一致。

每一个域均能按顺序分解。要分解 FR 和 DP 特征向量并在这些域之间反复迭代，也就是多次反复地从"什么"域出发进至"如何"域。但是，在最高层次上，从功能域映射到物理域就停止了，必须曲折映射到下一个功能域并产生下一层的 FR₁ 和 FR₂，然后再进至物理域并产生 DP₁ 和 DP₂。这样的分解过程将继续下去（反复迭代），直至所有分支都到达最终状态，FR 达到满足而不再有进一步分解为止。从功能域到物理域的曲折分解及层次信息结构如图 6-13（a）、（b）所示。

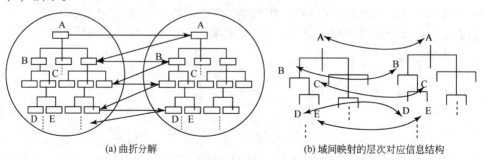

(a) 曲折分解　　　　　　(b) 域间映射的层次对应信息结构

图 6-13　从功能域到物理域的曲折分解及层次信息结构

（三）设计公理

在 ADT 中，提出了两个基本设计公理：独立公理和信息公理，作为对设计方案的分析和评价准则。

1. 公理一（独立公理）

功能需求 FRs 必须始终保持独立性。当 FRs 为一组时，FRs 必须满足独立需求的最小集合。当有两个或更多 FRs 时，必须满足 FRs 中的某一个而不影响其他的 FRs，意味着必须选择一组正确的 DPs 去满足 FRs 和保持它们的独立性。

现用"饮料罐的设计"一例予以解译：

考虑一个盛饮料的铝饮料罐，这个罐需要满足多少 FRs？它具有多少物理部件？DPs 是什么？这里有多少 DPs？

解：根据一位在某个铝罐制造厂的专家说，罐头有 12 个 FRs。可以列举的 FRs 有：承受轴向和径向的压力；抵抗当罐头从某个高度摔下时的中等冲击；允许彼此层层相摞；提供容易取得罐中饮料的途径；用最少的铝；在表面上可印刷……然而，这 12 个 FRs 不是由 12 个物理部件来满足的，因为铝罐头仅由三个部件组成：罐头、盖子和开片。为满足独立公理要求，对应 12 个 FRs 就必须至少有 12 个 DPs。DPs 是在哪里呢？大多数 DPs 与罐头的几何尺寸相关：罐体的厚度，罐头底部的曲率，罐头在顶部减小直径以减少用于制造顶盖的材料，开片在几何上的弧形以增加刚度，盖子上压出的形状以便于钩住开片等。

这位工程师在麻省理工学院进修了公理设计课程之后，对罐头设计的改进，铝罐现在有 12 个 DPs 集成在 3 个物理部件中。

FR 和 DP 的映射关系可表示为：

$$\{FR\} = [A]\{DP\} \tag{6-1}$$

$[A]$ 称为设计矩阵，按如下表达形式：

$$[A] = \begin{bmatrix} A_{11} & A_{12} & A_{13} \\ A_{21} & A_{22} & A_{23} \\ A_{31} & A_{32} & A_{33} \end{bmatrix} \tag{6-2}$$

其中 $A_{ij} = \dfrac{\partial FR_i}{\partial DP_j}$　$FR_i = \sum\limits_{j=1}^{3} A_{ij} DP_j$

对于一个线性的设计，A_{ij} 是常数；对于非线性设计，A_{ij} 是 DPs 的函数。设计矩阵有两种特殊形式：对角矩阵和三角矩阵。在对角矩阵中，除 $i=j$ 以外，所有的 $A_{ij}=0$。当 A 为对角阵时，称为非耦合设计，是理想设计；当 A 为三角阵时，称为解耦设计。若 **A** 为其他一般形式时，则是耦合设计，即设计矩阵既不是三角形式，也不是对角形式。非耦合设计满足功能独立性公理，是可以接受的最佳设计；解耦设计也满足独立性公理，也是可接受的设计，但必须予以解耦。耦合设计不能满足独立性公理，必须予以修改或重新设计。

（1）在耦合设计（coupled design）中的设计矩阵

如：

$$[\boldsymbol{A}] = \begin{bmatrix} A_{11} & 0 & A_{13} \\ A_{21} & 0 & 0 \\ 0 & A_{32} & A_{33} \end{bmatrix} \tag{6-3}$$

耦合设计出现后，即可以用代数方法对其进行处理。存在简单的算法来改变设计参数的顺序，从而使设计结构矩阵成为下三角矩阵，使设计解耦（decoupling）；或者使耦合的设计参数尽可能地集中，这样设计参数就可能按照它们之间的耦合关系分类，并将设计结构矩阵分解为更小的矩阵，称为设计结构矩阵的分割（partition）。对于不能通过代数解耦或集中的耦合设计参数，就只有通过暂时去掉某些耦合关系（被称为分裂元素 tears）来达到设计结构矩阵的分解，这一过程称为分裂（tearing）。实现矩阵分裂后，各子阵中的设计参数之间的相互关系十分密切，在产品开发过程中可以把它们作为一个单独的部分进行处理，这一过程称为设计参数的聚类（clustering）。对于仍然十分复杂的子矩阵，可以重复这一过程，进行进一步的分解。这样就自下而上地进行了产品概念的分解，最终实现解耦。

（2）非耦合设计（uncoupled design）中的设计矩阵为对角形式

如：

$$[\boldsymbol{A}] = \begin{bmatrix} A_{11} & 0 & 0 \\ 0 & A_{22} & 0 \\ 0 & 0 & 0 \end{bmatrix} \tag{6-4}$$

（3）解耦设计（decoupled dsign）中的设计矩阵为三角形式

如：

$$[\boldsymbol{A}] = \begin{bmatrix} A_{11} & 0 & 0 \\ A_{21} & A_{22} & 0 \\ A_{31} & A_{32} & A_{33} \end{bmatrix} \tag{6-5}$$

这一公理也可表述为：

1）一个可接受的设计总是保持 FRs 的独立；

2）在有两个或更多 FRs 时，应选择以满足其中某一个 FRs 所对应的合理的 DPs，而不会影响其他 FRs；

3）一个非耦合的设计是可以接受的设计；

4）在两个或更多的可接受的设计中，具有更高功能独立性的设计是最优的设计。

2. 公理二（信息公理）

信息公理指设计的信息量最少，意味着在对多个非耦合设计方案进行分析和评价时，在满足独立公理的前提下，其信息量最小的设计为最优设计。

1）信息公理为设计的选择提供了定量的分析和评价方法，使选择最佳设计成为可能。在 ADT 中，每个功能需求 FR_i 被看作是一个随机变量。

2）在两个可以接受的设计中，信息量最少的设计为最优设计。

3）用户满意度最高或用户抱怨最低的设计是最优设计。

现用"把棒料切到某个长度"一例予以进一步解译：

假设需要把棒料 A 切到长度（1 ± 0.000001）m 和 B 切到（1 ± 0.1）m，哪一个成功的概率较高？如果棒料的名义长度不是 1m 而是 30m，成功的概率将如何变换？

解：答案取决于做这件事所用的切割装备。然而，大多数有一定实际经验的工程师将会说：那个要求切割到 1μm 以内精度会比较困难，因为成功概率是公差除以名义长度的函数：

$$P = f\left(\frac{公差}{名义长度}\right) \tag{6-6}$$

在已知名义长度和公差之后，能够在已知比例的基础上估计成功概率。虽然我们不知道函数 f 是什么，但是在没有更好的参照物时，仍然可以把它近似为一个线性函数。与较小公差相联系的成功概率和与较大公差的成功概率相比，前者则显然要复杂得多。因此，成功概率低的事总要比成功概率高的事做起来复杂。

当棒料的名义长度较长时，把它切到公差之内更加困难，因为在名义长度变大时产生误差概率增加了。也就是保持一个固定公差的总长度要影响成功概率，当名义长度增加时，达到目标更为困难。

三、小结

公理设计方法注重产品概念开发的逻辑化和形象化表述，从而增加了产品概念开发过程的可靠性，但是降低了其在产品开发过程中应用时的操作性。公理设计方法苛刻的要求概念之间相互独立，而企业经常在产品开发过程中出现的功能要求耦合的情况，公理设计方法就无能为力（Qi，Whitnwy，2001）。

公理设计方法只是一种设计方法论，它很少考虑在产品概念开发过程中，产品概念生成和选择活动与之前的建立产品规格活动。尤其是因为公理设计具有强烈的逻辑性，良好的前后衔接和信息共用，可以提高设计输入的质量，并充分发挥它的系统性特点，增加它在实践中的可操作性。

所以，学习、掌握和利用 ADT 方法，并利用它适时集成 TRIZ 等现代设计理论对提升企业自主创新能力是极其重要的。

第六节　功能结构法

功能结构法（function structure method）来自对普遍实践经验的总结，其核心是建立设计产品的功能结构，它在 Pahl 和 Beiz（1996）著名的《工程设计——一种系统方法》一书中有详细的阐述。

一、基本理论

对于一个具有能量、材料和信号转换的技术系统，必须建立稳定的输入和输出间的相互关系，这种相互关系就被称为这个技术系统的功能。功能实际上是对产品设计任务的抽象描述，并不是产品的设计方案。例如，发动机的功能可以描述为"产生电能"。

如果客户的总需求能够清楚地表达，那么就可以转化为所要设计的技术系统（即产品）的总功能。总功能可分解为若干可辨别的分功能和子功能，它们分别对应于总需求内的若干层次需求，由此形成的功能结构。一方面，联结到总功能的分功能要服从一定的约束；另一方面，与总功能相联结的各分功能必须是相容的，功能结构示意如图 6-14 所示。

功能结构法就是将产品视为一个可分解为若干个分系统和子系统的技术系统，将能量（energy）、材料（material）和信号（signal）输入量和输出量跨越系统边界，传输或转换到排列的或分解的每一个级别上。在这过程中，有些是以能量的传输和转换为主，如风力发动机；有些是以材料的传输和转换为主，如各种食品加工设备；有些是以信号的传输和转换为主，如电视、手机等。大多数情况下，这些能量、材料和信号的转换是共同参与的。

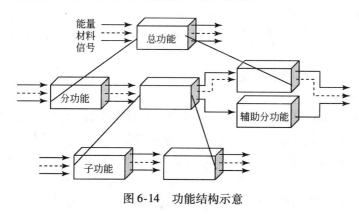

图6-14　功能结构示意

二、功能结构法的操作

功能结构法的操作按以下五个步骤进行：

1）对客户需求的抽象化表述。确定客户需求中所包含的主要功能关系，尤其要突出具有本质性的东西；同时，还要进行有系统地扩展，以求在更大可能范围内寻求满足客户需求的设计方案。

2）确定总功能。在对客户需求的抽象化表述之后，经过适当转换，通常就能得到总功能的表述。总功能的表述需要用框图来详细说明能量、材料和信号转换方面的输入量和输出量以及它们之间的相互关系，在进行表述时，必须注意要"中性化"，不能偏向某一专用的设计方案。

3）分解为分功能和子功能。将总功能分解为分功能和子功能的具体过程，将依据开发不同新产品的具体条件而有所不同。对于原始创新的新产品来说，这是一个全新的探索过程，具有很大的不确定性；对于连续改进型新产品来说，这个分解过程通常依据已有的产品功能结构来进行改进。

4）总功能分解为不同的分功能之后，要形成适用的功能结构需要，注意主次系统先后次序关系或相互保证关系，这涉及两个方面：一是各分功能之间的关系；二是某分功能自身的输入量和输出量之间的关系。

5）功能结构中，除了各分功能之间的关系之外，还存在着能量、材料和信号转换的物理关系。一般先考察主要的物理转换过程，再考虑次要的物理转换过程。

三、小结

1）在科学地将用户的需求转化为产品总功能后，建立设计产品的功能结构是核心任务；

2）功能结构法实施的概念结构化是自上而下，从总功能产生到分功能、子功能的逐级分解；

3）功能结构法采用的分析工具是普通的图解法，辅以文字说明，进行定性描述，较容易看出总功能、分功能、子功能及辅助功能之间的关系；

4）功能结构法来源于产品开发实践经验的总结，主要适用于对老产品的改进；

5）功能结构法的特点是适用面广，几乎适用于所有产品。

第七节　阶段门法

很多研究者也都发现，在新产品开发领域取得成功的企业必须要有一个系统的创新流程。库珀等对宝洁、惠普、杜邦等公司进行研究后得出如下结论：这些公司之所以能不断取得新产品开发的成功，主要原因是采用了系统的新产品开发流程。由此，罗伯特·G. 库珀（Robert G. Cooper）和斯科特·J. 埃杰特（Scot J. Edgett）等在 1993 年提出的阶段门流程（命名为阶段门法）被公认为较好的新产品开发工具之一。

一、阶段门法的界定及其特征

阶段门法如同一张新产品开发路线图，一张用于管理新产品开发过程、提高开发效率的蓝图，用以指导一个新产品项目从创意生成到产品商业化的全过程。阶段门法事先将技术创新过程划分成若干阶段，每个阶段都包含一系列事先设定的、并行跨部门活动。负责该阶段的团队必须成功地完成规定阶段内预先确定的相关活动，并在获得批准后，才能进入下一个阶段。

阶段门法主要具备以下特征：

1）阶段门法是跨部门的。团队成员可能来自企业市场营销、研发、工程、制造等各个部门，并采用跨部门项目管理，努力减少部门界限给项目带来的负面影响和阻碍。

2）市场营销和制造也是产品开发过程的组成部分。在项目进入开发阶段前，除必须进行业务和市场分析工作外，还必须认真进行制造分析。

3）决策点或门也是跨部门的。项目要顺利进行，必须从相关部门获取资源，那些掌握了项目资源的相关高层管理者必须共同参与会议，共同作出决策。

4）顾客是产品开发过程中不可或缺的成员。阶段门法涵盖了从创意到产品商业化的所有过程，而不仅仅是产品开发过程。整个项目的最终目标是让顾客完全满意。

二、阶段门法的基本要素

阶段与门是构成阶段门法的基本元素。项目团队在完成每个阶段预定的所有活动后，将相关结论交付于"门"，由门评审会议小组按照评审标准决定项目是否继续。

（一）阶段

阶段是各项活动发生的过程。在每个阶段，项目团队通过完成相关任务收集必要的信息，推动项目进入下一个决策点（门），每一个阶段都是跨部门的，没有纯粹的研发阶段或市场营销阶段，而且每个阶段都由一系列并行的活动组成。

通过阶段门法管理风险，必须合理设计每一阶段中的并行活动，收集足够的信息（包括技术、市场、财务、运作等方面的信息），以降低技术和业务风险。

图 6-15 是典型的阶段门模型，它由五个阶段组成。

阶段 1：范围界定。快速调研与项目概述。

阶段 2：构建业务项目。通过预先调查，构建业务项目，包括定义一个好的产品、一份业务的合理性论证以及下一阶段工作的详细计划。

阶段 3：开发。新产品的设计与开发，包括要制造（或实施）过程的设计、市场投放以及运作计划的制订，并定义下一阶段的测试计划。

阶段 4：测试与验证。包括其市场情况与生产情况。

阶段 5：投放。产品进入商业化，开始规模生产、商业化投放及营销。

（二）门

在每一阶段之前是一道门，它是新产品流程快速成功的关键，它的作用是：

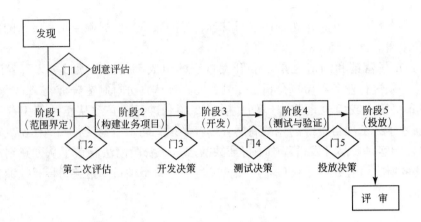

图 6-15 阶段门模型

1）门是个质量控制点，控制着项目按质有效地实施。

2）门是继续/终止以及优先次序的决策点，门是一个漏斗，普通项目将会被剔除。

3）门是进入下一阶段的必经之路，是资源分配的地方。门会议一般由来自不同部门的高层领导参加，他们掌握了项目团队必须的资源，这些决策者被称为"守门员"。

每一道门都有一个通用的形式即：

1）交付成果。这是由项目领导和团队将前一阶段活动的成果，以标准列表形式，交付给评审会议，是门评审过程的输入。

2）标准。这是为继续/终止决策和优先次序排列进行评审时需要考虑的问题和衡量的标准。

3）输出。这是指经门评审会议后得出的结果，它们是：一个决策（继续/终止/重新开始）、一份活动计划，并确定下一阶段的时间安排和应交付成果。

表 6-7 列出了一个典型的阶段门模型，包括每道门需要评审的内容以及每个阶段包含的主要活动，还包括了门 1 之前的发现阶段以及产品上市后团队还应进行的活动。

表 6-7 从创意到产品上市：一个典型的阶段门模型

门及阶段	进行的活动
门 1	创意评估——该创意是否值得任何工作
阶段 1	初步调查；初步市场分析；初步技术分析；初步财务分析 阶段 2 的活动计划

续表

门及阶段	进行的活动
门2	第二次创意评估——该创意是否值得进一步研究
阶段2	详细调查用于——需求研究；竞争分析；价值命题定义；运作分析；产品定义；财务分析
门3	开发决策——业务情况、业务项目是否良好
阶段3	开发——技术开发工作；快速原型法；最初的客户；反馈；原型开发；内部产品测试；运作流程设计；全面投产与执行计划
门4	测试决策——项目的内部测试
阶段4	测试与验证——扩展的内部测试；客户领域试验；生产设备的获得；生产/运作试验；市场测试/试销售；最终上市及执行计划；产品上市后的活动与生命周期计划
门5	投放决策——产品是否准备好进行商业化投产
阶段5	产品上市——产品上市与大量生产；全面生产/实施；开始销售；结果监控；实施产品上市后活动计划与生命周期计划
产品投产后评审：我们如何按计划一步步实施？我们从中学到什么	

三、创意的获取和处理

创意是新产品的原料，没有高质量的创意，即使新产品开发过程动力十足，也不能获得成功。突破性创意或重大创新已成为一个至关重要的管理问题。

创意无处不在，企业内外都有很多创意。有了好的新产品创意，项目就成功了一半。问题是很多创意都不太理想，既没有针对它们作出评估，也没有采取任何行动。但有些成功的企业如吉尼斯公司，制定了如图 6-16 所示的创意获取和处理流程。

1）将创意提交某个焦点人物（一般是新产品流程的管理者），由他将创意带入门1进行初步筛选。因为创意要进入阶段门流程只有一条途径，所有的新产品创意或产品改进创意都要通过这条途径才能继续。所以，为了让自己提出的创意能顺利进入流程，每个员工只能利用自己的空闲时间改进创意。在这种情况下，员工需要建立自我管理的门1，自己进行初步筛选。

2）由流程管理者通过门评审会议对创意进行筛选。与会者是由中层管理者构成的跨部门小组，他们每个月或每两个月碰一次面，根据计分卡所包含的标准（一般为是/否或 0~10 量表的问题），对创意进行评估。

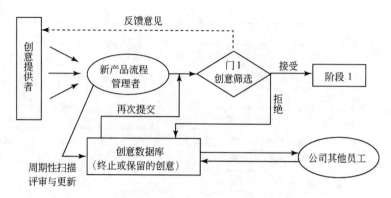

图 6-16   吉尼斯啤酒公司的创新获取和处理流程

3）如果创意被拒绝，创意提供者会收到一份书面反馈，解释提交的创意对各个指标的满足情况以及为什么被拒绝。反馈是非常重要的，它能保证创意流的不断进行。

4）如果创意被接受，守门员就指定 2 ~ 3 人组建一个小型的跨部门团队，推动创意进入准备阶段，并确定项目范围。显然，门 1 的守门员必须有权为这些团队分配资源。

5）将终止和保留的创意分类存储到创意数据库中。这样，就不会错过那些因时间未到或需要继续努力加以完善的好创意。

6）公司其他人可以在网上访问数据库中的创意，即员工可以看到这些创意，并为它们提出改进意见。

7）产品流程管理者周期性地扫描创意库，如果某个创意成功的可能性变大了，他就将创意带到门 1 的评审会议，进行第二次评审。

这个方案能有效管理新产品开发过程的前端，它保证所有创意都有接受评审的机会，对每个创意都进行一致、客观、及时地评价：差的创意则马上被剔除；而好的创意则马上得到资源，展开研究工作；创意提供者会收到反馈；而暂时不可行的创意也不会永远失去机会。这个过程需要信息技术的支持，这不仅仅是管理数据库的需要，在电子创意提交、门 1 中创意的电子打分以及决定的电子反馈中都需要信息技术。

四、阶段门流程实施指导原则

一个好的实施过程必须遵循 11 条指导原则，如表 6-8 所示，这些原则主要来自对世界上最佳实践公司的经验总结。

表6-8　阶段门流程实施的指导原则

流程过程及目的	具体原则
流程的引入： 1. 确定实施目的 2. 准备实施条件	1. 确定采用新的产品开发方法的必要性，并获得企业的认可 2. 确保高级管理人员的自愿承诺及尽早参与流程 3. 指定专人负责整个阶段门流程的设计和实施
流程的准备： 保证流程各部门的细微差别	1. 综合考虑阶段门流程与企业的产品、技术、市场以及文化，设计合理、灵活的流程 2. 给出跨部门团队的工作重点，培养团队合作精神 3. 开发和使用各种工具来辅助流程的实施，如文献、参考手册、袖珍指南、在线数据库、团队组建记录、电子通信记录以及项目管理软件等 4. 解决实施过程存在的问题及阻碍因素，同时考虑各方面的综合平衡，特别要关注业务部门的战略与价值因素
流程的扩散： 1. 改变员工的思想 2. 帮助企业从流程中获取收益	1. 将阶段门流程打包，并将其看成能在企业内"销售"的服务 2. 企业领导及管理层对流程的期望 3. 将流程与企业的全面质量管理工作相关联 4. 在流程实施过程中不断修正流程以适应企业要求，防止流程过时

　　阶段门法适用面较广，从产品的创意生成一直到产品商业化，有一套科学的管理程序，通过设定阶段门层层把关，在加速创新进程的同时减少不必要的损失，其缺点是缺少创新理论的支持，如将其与 TRIZ 理论结合起来，就能对创意进行更加科学地评估。

思 考 题

1. 相对于一般的市场研究方法，领先用户法具有哪些新的特征，对企业技术创新的运作过程有何种意义？
2. 领先用户法能取代传统的市场调研方法吗？为什么？
3. 简述模糊前端的概念、目的和构成要素。
4. 简述模糊前端的操作流程。
5. 论述如何应用模糊前端来促进技术创新管理。
6. 构造质量屋六阶段的特征及注意点。
7. 应用质量功能展开时的注意事项。

8. 产生不良系统设计的根本原因何在？

9. 公理设计的目标是什么？

10. 什么是阶段门，它的基本要素是什么，具备哪些特征？

11. 实施阶段门法的注意事项有哪些？

12. 在实施阶段门法中如何保证高层领导的参与，高层领导在实施阶段门法中应扮演什么样的角色？

|第七章| 生产制造阶段的技术创新方法

在生产制造阶段，即生成创新方案后，进行研发设计和详细设计、原型制造及修改设计，最后是生产制造。在这一阶段，同样涌现出数十种技术创新（包括管理）的方法，突出的是六西格玛方法、并行工程以及著名的丰田生产方式（TPS）与精益生产（LP），本章分别作简要介绍。

第一节　六西格玛管理法

一、六西格玛管理法的起源及涵义

（一）"六西格玛"的由来

六西格玛起源于美国摩托罗拉公司。摩托罗拉公司是保罗·盖尔温（Paul V. Galvin）在 1929 年创建的，1956 年罗伯特·W. 盖尔温（Robeut W. Galvin）继其父成为公司总裁，并于 1964 年成为首席执行官（chief executive officer，CEO）兼董事长。20 世纪 70 年代末，罗伯特在芝加哥召开了一次 75 名高层经理参加的会议，这是一个自我激励的会议，在会议快结束时，一名销售经理亚瑟·萨恩德里站出来大声疾呼摩托罗拉在质量方面正处于被日本人埋藏的危险之中。

1981 年罗伯特看到日本松下对雇用本土的美国工人，通过适当的质量培训后，把制造过程的缺陷从 15% 减少到 4%，这让摩托罗拉深刻认识到了自己与日本竞争对手之间的巨大差距。例如，1985 年摩托罗拉通讯部门的质量水平为四西格玛水平（DPMO 为 6210，DPMO 为百万次机会出现的缺陷数），而日本已经达到五西格玛水平（DPMO 为 233）。为此，罗伯特及其高层管理人员通过访问日本进行专题调查研究，对日本制造过程和产品性能优于摩托罗拉的现实留下了深刻的印象，决定赶超日本，将摩托罗拉的质量水平提升至六西格玛（DPMO 为 3.4），并期望在 5 年内消除与日本间的质量差距。

西格玛是希腊字母 σ（Sigma）的译音，在统计学中常用来表示数据的离散程度，称之为标准差（standard deviation）。把六西格玛（six sigma）定义为一个衡量业务流程能力的指标，因为从市场营销观点出发，罗伯特先生需要利用新奇事物来吸引人们的注意，他很喜欢"六西格玛"这个名称，认为它听起来很像一辆日本新型小轿车。这就是六西格玛的由来。

（二）六西格玛管理的定义

六西格玛意味着通过减少过程波动、不断创新，使质量缺陷达到或逼近百万分之三点四的质量水平，以实现顾客满意和最大收益的系统管理。对这个简短的定义，我们可以作如下的理解：

（1）六西格玛是向高水平质量管理进军的一个目标

六西格玛在统计学中表示偏离规格均值的标准差数值为六，减少波动、降低缺陷率，达到百万分之三点四，通常写作 3.4ppm（1ppm = 1×10^{-6}，下同），这是一个非常高的质量水准。

（2）六西格玛是一种愿望

缺陷，包括产品缺陷、服务缺陷和工作缺陷。推行六西格玛管理，就是希望将所做的任何事情都达到六西格玛质量水准，从而向用户提供具有"全优"的产品或服务，以满足用户。

（3）六西格玛管理是一种哲学

对整个业务过程应用一种组织化、系统化的方法和创造性的改进来获得超水平的、无缺陷的运行结果。

（4）六西格玛管理是一种系统管理

六西格玛管理是一种被证明行之有效的、具有强大解决问题及提高业务水平的系统方法，它是由相关的分析工具、项目管理技术和管理方法所组成，比现有的方法更敏捷、更具有前瞻性。能促使达到目标，进而促使公司获得更大的成功和辉煌。

（5）六西格玛管理更具有挑战性

把百万分之三点四定为机会缺陷的管理目标，具有极强的挑战性，同时也给所有员工一种共同的价值观，只要通过努力，如此低的缺陷率水准是可以实现的。

（6）六西格玛管理是强大的解决发明问题的能力体现

在推行六西格玛改进流程的各阶段，使用了大量的创新工具，如图 7-1 所示，保证了在实施六西格玛管理法中具有强大的解决问题的能力；并在有效实施质量管理的过程中，发展成为综合创新管理方法工具。

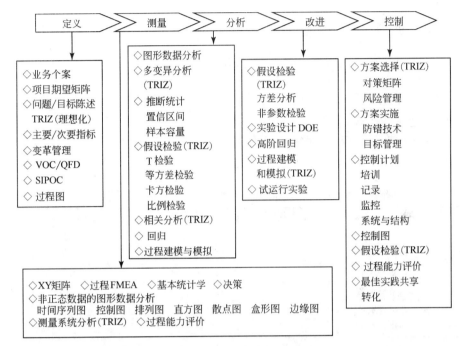

图 7-1　实施六西格玛各阶段的关键工具

（7）六西格玛是一种质量经营战略

为实现六西格玛管理的高水平目标，需要通过较长时间的策划和努力过程，摩托罗拉用了六年，GE 用了五年才成功地完成了实施六西格玛管理。杰克·韦尔奇曾说过："六西格玛是 GE 从来没有经历过的最重要的发展战略。"

（8）六西格玛是一种团队精神

六西格玛管理是一项有组织的活动，它以团队方式开展工作，促进了成员之间的合作，并提高了整个团队的士气。在鼓励其成员追求卓越的同时，营造了一种增加工作满意度的良好氛围。

（9）六西格玛是实现用户和企业双赢的有效途径

企业是以赢利为目的的经济组织，必须充分考虑顾客利益和制造成本两个方面。然而，实现双赢是实施六西格玛管理的基本宗旨。把差错限制为 3.4ppm，企业在正确定义顾客满意度和忠诚于质量的基础上，寻求两者的平衡，既避免缺陷又避免风险，为实现双赢获得有效途径。

二、西格玛统计度量

(一) 西格玛统计度量反映的实质意义

在六西格玛管理中，"σ"是对产品、服务或工作质量的一种统计度量，它有两个方面度量的意义。

1）可用来度量产品、服务或工作过程中出现不良的可能性。根据正态分布的性质，可知 $\mu \pm K\sigma$ 曲线下的概率如表7-1所示。

表7-1　$\mu \pm K\sigma$ 曲线下的概率和西格玛水平对应表（正态分布）

西格玛水平（Z_0）	$\mu \pm K\sigma$ 曲线下的概率/%	缺陷率/ppm
一西格玛水平	68.26	317300
二西格玛水平	95.45	45500
三西格玛水平	99.73	2700
四西格玛水平	99.9973	63
五西格玛水平	99.999943	0.57
六西格玛水平	99.9999998027	0.001973

表7-1中的数据是在质量特性的分布中心（μ）与公差中心（M）相重合的条件下，经查标准正态分布函数 $\varphi(x)$ 表计算得到的。实践中，μ 与 M 完全重合的可能性很小，在计算过程长期运行中出现缺陷的比率时，一般将正态分布的中心 μ 向左或向右移动 1.5σ，如图7-2所示。此时，$\mu \pm K\sigma$ 曲线下概率如表7-2所示。

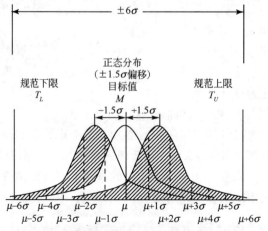

图7-2　过程均值有 $\pm 1.5\sigma$ 偏移输出的分布

表7-2 $\mu \pm K\sigma$ 曲线下概率和西格玛水平对应表（正态分布中心向左或向右移动 1.5σ）

西格玛水平（Z）	$\mu \pm K\sigma$ 曲线下的概率/%	缺陷率/ppm
一西格玛水平	30.23	697700
二西格玛水平	69.13	308537
三西格玛水平	93.32	66810
四西格玛水平	99.3790	6210
五西格玛水平	99.97670	233
六西格玛水平	99.999660	3.4

有资料显示，欧美制造业一般可达到 $3\sigma \sim 4\sigma$ 水平，从表7-2可知，对应的缺陷率大致为 $66\,810 \sim 6210$ ppm，而一些发展中国家的制造业，仅为 2.5σ 左右水平，对应的缺陷约为 $503\,120$ ppm。

2）可用来描述产品、服务或工作质量的水平。这里用 Z 或 z（西格玛水平）表示，以区分统计学上的 6σ。

对应于过程输出无偏移的情况，Z_0 是指公差范围与 2σ 的比值，可由公式7-1取得：

$$Z_0 = \frac{T_U - T_L}{2\sigma} \tag{7-1}$$

式中：T_U、T_L 分别为规范的上下限值；

σ 为总体标准偏差。

考虑到 1.5σ 的偏移，Z 由下式求得：

$$Z = Z_0 + 1.5 \tag{7-2}$$

（二）应用示例

TL公司向宾西饭店订购午餐，公司希望能在 12:00 ±5 分钟送到。饭店负责人说保证没问题，第一个星期饭店午餐送到的时间分别为 12:07，11:58，11:50，12:09，12:15，求该饭店准时送餐的西格玛水平。

解：先对数据进行整理，将每个数据度同时减去 12:00，求得 X_i 分别为：7，-2，-10，9，15，均值 $\overline{X} = 3.8$ 分，设送餐时间遵从正态分布。

样本标准差均值 S 由下式求得：

$$S = \sqrt{\frac{\sum_{i=1}^{n}(X_i - \overline{X})^2}{n-1}} \tag{7-3}$$

$$S = \sqrt{\frac{(7 - 3.8)^2 + (-2 - 3.8)^2 + (-10 - 3.8)^2 + (9 - 3.8)^2 + (15 - 3.8)^2}{5 - 1}}$$

$=9.83$

因总体标准偏差 σ 未知，用 S 取代 σ，将以上数据代入式（7-2）得：$Z_0 = \dfrac{T_U - T_L}{2S} = \dfrac{10}{2 \times 9.83} = 0.508$

因为 $\bar{X} \neq M$

故 $Z = Z_0 + 1.5 = 2.008 \approx 2$

即宾西饭店准时送餐的西格玛水平为 2σ。若查表 5-8 可知对应的西格玛为 308 537，意味着在全年 254 个工作日中将有 78 天不能准时送餐。

三、摩托罗拉推行六西格玛方案及其绩效

（一）实施方案

摩托罗拉的六西格玛方案于 1986 年首先在其通讯部门启动，直至 1987 年摩托罗拉又将这项具有远见而新颖的战略行动推广到公司的其他部门，具体做法是：

（1）强调提出下列目标

1）到 1989 年改善产品和服务质量 10 倍；

2）到 1991 年至少改进 100 倍；

3）到 1992 年达到六西格玛。

（2）六西格玛质量

"六西格玛质量"（six sigma quality）是摩托罗拉方案的命名，与此同时还进行了与"顾客完全满意"密切相关的 4 项战略行动，具体如下：

1）全面减少运作时间（cycle time）；

2）优化生产和制造；

3）大幅增加利润；

4）全体员工参与管理。

（3）重视培训建立摩托罗拉大学

为了实施上述目标，摩托罗拉公司内部专门建立了"摩托罗拉大学"（Motorola University）进行了大规模的六西格玛培训计划，对所有各级员工分层进行培训，每年培训费用超过 5000 万美元。

（4）领导是关键

为了保证上述计划的实现，摩托罗拉十分重视高级管理层的表率作用，自上而下、层层组织公司员工严肃认真地推行六西格玛，真正体现了"全面质量管理"（total quality management，TQM）。

（二）绩效

在仅仅一年多以后的 1988 年，推行六西格玛管理的摩托罗拉公司已取得下列可观的成效：

1）在 92 亿美元的营业额中通过六西格玛方案估计节约了 4.8 亿美元，而有些部门员工的六西格玛奖金竟达到工资的 20%；

2）1988 年成为第一家获得美国国家级波多里奇质量奖（National Quality Malcolm Baldrige Award）的企业；

3）1991 年制造成本节约 7 亿美元，而从开始推行六西格玛以来，摩托罗拉共节约了 24 亿美元；

4）截止到 1992 年，摩托罗拉公司的大部分部门已达到六西格玛水平。

四、六西格玛的发展

在摩托罗拉公司之后，GE 公司在杰克·韦尔奇（Jack Welch）的领导下，于 1996 年初开始把六西格玛作为管理战略之首，创造性地推行六西格玛的流程变革方法，取得了显著效益。

杰克·韦尔奇——全球最著名的 CEO 之一，曾领导 GE 创造了一个又一个工商管理的经典案例，使 GE 的利润在 20 年内持续高速增长。他于 1981 年接任 GE 总裁，当时公司资本总额 130 亿美元，到他临退休前的 2000 年，资产总额已突破 6000 亿美元大关。2000 年 GE 总收入比上年增加 26%，达到 1300 亿美元，净收入提高了 19%。成千上万的人购买了 GE 的股票，平均每年得到利润回报率为 24%，即如果 20 年前购买了 100 美元股票的话，现今市值已攀升至 2300 多美元了。在蒙永业、陈今编撰的《杰克·韦尔奇》一书中指出，GE 的成功靠四大举措：全球化、六西格玛管理、产品服务和数字化（电子商务）。然而，杰克·韦尔奇认为，六西格玛管理的创造性实施是使 GE 成为富有竞争力公司的关键。他曾说过："六西格玛管理像野火一般燃烧着整个 GE 公司，并在改造我们所做的一切。"笔者认为，六西格玛管理和 TRIZ 理论的结合是 GE 取得成功的核心举措。

1995 年以前，GE 的产品质量水平为三西格玛。1995 年，正是三西格玛与六西格玛之间的差距，使得公司在废品、返工零件、交易错误的修正、低效率和生产率损失上多付出了 70 亿~100 亿美元。韦尔奇认识到，推行六西格玛管理的时机已经成熟。

1996 年年初，韦尔奇在 GE 公司 500 名高级经理人聚集的年会上正式宣布启动公司的六西格玛质量行动，提出用比摩托罗拉更短的时间，即五年使公司的产品质量达到 6σ 的水平，他说，"这是一个可以使 GE 从一个优秀的公司变为一个伟大的公司的重大举措。"

1997 年 5 月 22 日，韦尔奇专门向他们在全球的管理人员发送了一项由他和两个副董事长联合签发的命令，规定"将六西格玛培训结果与管理人员晋升的机会挂钩"。1999 年 1 月 1 日又规定，所有的"专业"员工（8 万~9 万）包括办公室的职员，都必须参加并完成六西格玛绿带或黑带的培训。因为，六西格玛是一种先进的质量改进方法，其目的是用来解决大部分难以解决的质量难题。正如在图 7-3 的金字塔中所看到的，基本的质量工具能够解决 90% 的质量问题，剩余 10% 的问题中的大部分需要高级培训和分析技术解决。除此之外，还有少数问题需要利用公司外的专业知识才能解决。以此告诉我们：聘请外部专家和聘请什么样的专家进行系统培训的重要性。

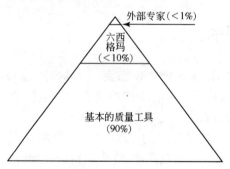

图 7-3　通过培训解决问题的金字塔式途径

GE 将六西格玛管理应用于对客户的管理，大大提高了顾客满意度，使产品销量成倍地提高；应用到供应链管理中，使整个运作周期缩短。后来，GE 为取得双赢的效果，又在公司的供方中开展六西格玛管理，从而解决了供方交货质量及交货期方面的难题。

GE 的六西格玛项目在 1997 年就实现了 3.2 亿美元的收益，1998 年超过 7.5 亿美元，1999 年上升至 15 亿美元，预计 2010 年前公司的六西格玛项目收益将会达到 50 亿美元。至 2001 年，公司除产品质量和经济效益大幅度提升外，还改善了与最大客户沃尔玛之间的财务支付关系，票据错误和纠纷减少了 98%，加快了支付速度，提高了两家公司的工作效率。

自 1987 年摩托罗拉把六西格玛作为一项战略行动，并在以后的几年时间获得成功之后，又有一些美国、欧洲的公司相继开展六西格玛管理。从 1995 年以来，著名的跨国公司实施六西格玛的数量呈指数增长。在 1999 年《财富》全球 500 强名单中，有 40 个公司实施了六西格玛，如图 7-4 所示，其中有 14 家属于该名单中的前 100 名。

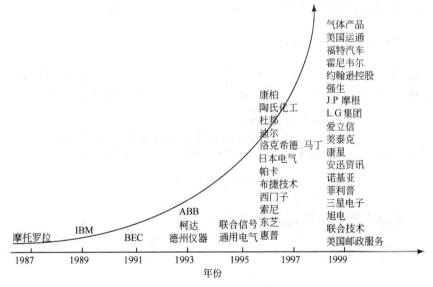

图 7-4　六西格玛在 1999 年《财富》全球 500 强企业中的发展

五、企业引入六西格玛管理应具备的条件

无论是工厂、办公室或是服务部门只要是具备下列条件的都可尝试引入六西格玛管理：

1）已经通过 ISO9000 认证。

2）领导能够高度重视。由于六西格玛是一项从根本上对组织的变革（流程重组与优化），所以，如果组织的高层领导对六西格玛没有足够的决心，就不可能有坚持推广成功的可能。

3）必须有可以担任推行六西格玛管理负责人和黑带大师（master black belt，或称六西格玛教练）的人才，即要有一批骨干中的骨干分子。

4）具有足够启动六西格玛活动的资金。

对于不具备上述条件的企业，如果硬要把六西格玛作为长远奋斗的目标，从表面上看也未尝不可，但是需注意，如果目标与现实偏差过远，就容易使得推行六西格玛的活动冲击该企业本应该进行的基础工作，其结果是事倍功半。

六、六西格玛管理质量指数统计单位及其换算

（一）在六西格玛管理中，通常采用的统计单位

1. 单位缺陷数（defects per unit，DPU）

在摩托罗拉，单位缺陷数（DPU）是一个通用的度量单位，它由缺陷数除以单位数得出，其中每个数字都是从某个特定的控制点而来的。DPU的公式如下：

$$DPU = \frac{缺陷数（在某个控制点发现的）}{单位数（经过该控制点处理的）} \tag{7-4}$$

例：在某个控制点检查了100件产品，发现有2个缺陷，于是

$$DPU = \frac{2}{100} = 0.02$$

2. 百万次机会缺陷数（DPMO）

摩托罗拉在20世纪80年代末采用了百万次机会缺陷数作为比较指标，它的定义为：

$$DPMO = \frac{DPU \times 1\,000\,000}{每单位出错机会数} \tag{7-5}$$

例：求上述事例的DPMO值。由题设知，DPU = 0.02，于是代入式7-5得到

$$\frac{0.02 \times 1\,000\,000}{1} = 20\,000$$

将式（7-4）DPU的定义代入式（7-5）中，立即可知：这里乘以1 000 000不过是为了去掉小数点。注意，缺陷率为0.02，从传统管理看来，似乎已经不错了，但将缺陷率0.02DPU换算成20 000DPMO后，会使人有一种"改进空间"还很大的感觉，从而有利于督促改进。

采用DPMO的优点是无论在生产部门、服务部门或一般办公室，都可以加以应用，这是一个统一的指标。

3. 西格玛质量水平在过程均值有偏移情况下DPMO数的换算

根据调查研究，在目前的科技水平下，过程均值平均有1.5σ的偏移，无论

是左偏或右偏 1.5σ（我们不妨以右偏 1.5σ 为例，参见图7-2中最右侧的正态分布曲线）都可得到其超出规范界限的部分，即其缺陷率 p 为：

$$p = p(4.5) + p(7.5) \approx p(4.5) = 3.4\text{DPMO} \qquad (7\text{-}6)$$

式中，$p(4.5)$ 表示正态分布曲线右偏 1.5σ 超出上公差的概率，$p(7.5)$ 表示正态分布曲线右偏 1.5σ 超出下公差的概率；而在正态分布无偏移情况下 6σ 的不合格品率为：

$$2 \times p(6) = 2 \times 10^{-9} = 0.002\text{DPMO}$$

式中，$p(6)$ 表示在六西格玛水平，正态分布曲线超出上公差和下公差的概率。将 6σ 换算为3.4ppm，同样可将 3σ 换算为66807DPMO。西格玛水平在有1.5偏移的条件下，DPMO数的换算如表7-3所示，其相对应关系如图7-5所示。

表7-3 西格玛质量水平与均值偏移 1.5σ 情形下的 PPm 值的换算

西格玛质量水平	均值无偏移情形的不合格品率	均值偏移 1.5σ 情形的 ppm
一西格玛质量水平	31.7×10^{-2}	691462
二西格玛质量水平	4.55×10^{-2}	308538
三西格玛质量水平	2.70×10^{-3}	66807
四西格玛质量水平	63.3×10^{-6}	6210
五西格玛质量水平	0.573×10^{-6}	233
六西格玛质量水平	$0.002 \times 10^{-6} = 2 \times 10^{-9}$	3.4
七西格玛质量水平	$0.025596 \times 10^{-9} \approx 0.003 \times 10^{-9}$	0.019

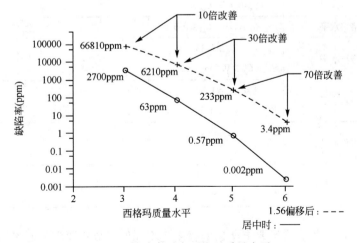

图7-5 缺陷率对应西格玛质量水平

（二）各种质量水平对于过程能力指数的要求

由于缺陷率与过程能力指数是有关系的，故也可应用过程能力指数来反映质量水平。

三西格玛水平（实际上为四西格玛水平）提出下列过程能力指数要求：

$$C_p \geqslant 1.0 \quad C_{pk} \geqslant 0.5 \tag{7-7}$$

事实上，从 $C_p \geqslant 1.0$

得知 $C_p = 1.0 = \dfrac{6\sigma}{6\sigma} = \dfrac{T}{6\sigma}$

即 $T = 6\sigma$。若通常均值的偏移为 1.5σ，则偏移度

$$K = \frac{1.5\sigma}{T/2} = \frac{1.5\sigma}{6\sigma/2} = \frac{1}{2}$$

故 $C_{pk} = (1 - K) \quad C_p = \left(1 - \dfrac{1}{2}\right) \times 1.0 = 0.5$

与此类似地，可得到表 7-4

表 7-4　各种西格玛水平对过程能力指数（C_p、C_{pk}）的要求

西格玛水平	对过程能力指数的要求	
一西格玛水平		在此情形，由于偏移 1.5σ，分布中心偏移至规范界限之外，偏移度 $K > 1$，在工程上无意义，故未列
二西格玛水平	$C_p \geqslant 0.67$　$C_{pk} \geqslant 0.17$	
三西格玛水平	$C_p \geqslant 1.0$　$C_{pk} \geqslant 0.5$	
四西格玛水平	$C_p \geqslant 1.33$ $C_{pk} \geqslant 0.833 \approx 0.9$	
五西格玛水平	$C_p \geqslant 1.67$ $C_{pk} \geqslant 1.17$	
六西格玛水平	$C_p \geqslant 2.0$ $C_{pk} \geqslant 1.5$	
七西格玛水平	$C_p \geqslant 2.33$ $C_{pk} \geqslant 1.83 \approx 1.9$	

当然，各行各业质量要求严格的程度是不同的，故所要求的西格玛水平也各不相同，不能一概而论。例如，电子元器件的 C_p 可要求达到 2.0，C_{pk} 可以达到

1.5，即六西格玛水平；但对于化工、制药来说，C_p 达到 1.33，C_{pk} 达到 0.9，即四西格玛水平就已经是很好了。

（三）劣质成本分析

质量成本通常包括内部故障成本、外部故障成本、鉴定成本和预防成本，其总数约占销售额的 4% ~5%。促使总质量成本降低的主要方法应是降低劣质成本（COPQ）。所谓劣质成本是指运行过程中不增值的那些成本，如图 7-6 所示。

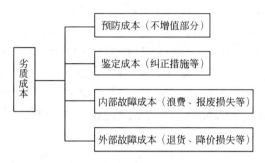

图 7-6 劣质成本组成主要部分

朱兰博士曾指出，在管理实践中，对诸多的质量成本项目，只有少数的项目被注意到，恰似冰山浮出水面的不过是其中一角，而水面下的大部分约占销售额 15% ~20% 的内容却往往被忽略。组织开展六西格玛管理，应努力发现和排除那些"隐藏"在冰山下的劣质成本，如图 7-7 所示。

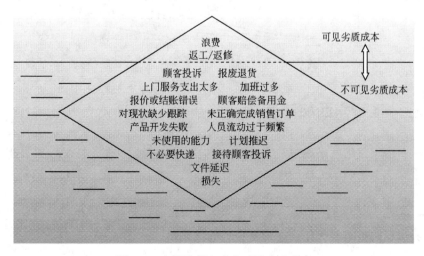

图 7-7 大量隐藏在冰山下的劣质成本

3σ 质量水平和 6σ 质量水平成本曲线如图 7-8 所示，显示出西格玛质量水平越高，成本总费用会降低得越多。首先观察图中的 3σ 质量水平总费用曲线，由于是从传统的企业出发，显然，这里存在着最低点，即最适宜质量水平。若要求质量水平再提高，总费用将增加得很快。再观察图中的 6σ 质量水平总费用曲线，这里由于从顾客出发，已挖掘出许多过去隐含的收益，如竞争力提高、市场占有率提高等，所以成本曲线明显降低。在 6σ 质量水平总费用曲线最低点的右侧，可以看见在一定的范围内，总费用曲线增长得相当缓慢，即在一定的范围内，质量水平可以提高但无需大的投入。在国外成功经验的统计显示：如果企业全力实施 6σ 革新，每年可提高一个西格玛水平，直到达到 4.7σ，无需大的资本投入，这期间利润率的提高十分显著。而当达到 4.8σ，再提高西格玛水平则需要对该过程重新设计（此时应重视引入 TRIZ 方法和工具），这时资本投入增加，但同时产品/服务的竞争力提高，市场占有率也提高（注意，上述说法显然与具体的产品/服务有关，因为有些产业达到 4σ 就已经难度极大了）。

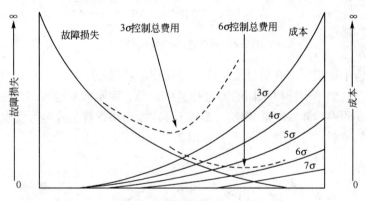

图 7-8　3σ 质量水平和 6σ 质量水平成本曲线

七、推行六西格玛管理法的步骤

六西格玛管理就是通过一系列的六西格玛设计或六西格玛改进项目来实现的，这实质上是系统工程的做法。推行六西格玛管理主要包括推行六西格玛改进（define，measure，analyze，improve，control，DMAIC）和六西格玛设计（design for six sigma，DFSS）。前者一般指改进流程，亦即是局部的优化；后者一般指整个业务流程的重组与优化，亦即是全局的优化。

（一）推行六西格玛改进运作模式

六西格玛改进具体包括定义、测量、分析、改进、控制五个阶段。

阶段 1（定义阶段 D）：确定顾客的关键需求并识别需要改进的产品/过程，将改进项目奠定在合理的基础上。

阶段 2（测量阶段 M）：测量现有过程，确定过程的底线与期望值，并对测量系统的有效性进行评价。

阶段 3（分析阶段 A）：在数据分析的基础上确定关键因素。

阶段 4（改进阶段 I）：减少过程的缺陷或变异。

阶段 5（控制阶段 C）：将改进后的过程标准化，并加以监控，以保持改进的成果。

有人说，DMAIC 流程不过是 PDCA 循环的延伸而已，但二者实际上是有区别的。PDCA 循环仅有定性的要求，而 DMAIC 流程则有一套系统的定量方法。

（二）推行 DFSS 运作模式

推行六西格玛管理的核心目标是改进过程的性能，其基本原理是瞄准公司的收入报表，而且是双重的：首先削减成本，这对"底线"有好处；其次增加收入，这对"顶线"有贡献。所谓"底线"是公司在一定时期内的净收益或利润，即总收入减去总费用；所谓"顶线"就是总收入，是指一定时期内公司销售的产品或服务的全部收入。成功地实施 DMAIC，可以通过过程改进降低缺陷、提高效率、减少费用。然而，若要大幅度增加收入，就需要引入 DFSS。

DFSS 是六西格玛管理的另一种模式，是用于新产品、新服务项目及新的工作流程的一种变革性改进设计方法。这种方法是很多公司在实施 DMAIC 一年左右的时间后，才开始引入的方法。

设计要从一开始就能避免新产品或流程的缺陷，使新产品、服务或工作的波动小，达到或超过顾客的期望。也只有这样，公司才能赢得新的顾客，让现有的顾客更多地购买，或从竞争对手中将顾客争取到己方来。顾客多了，收入才会增加，即"顶线"才能增长。应用 DFSS 可以缩短开发周期，降低开发成本，提高成功率并降低风险。在实施 DFSS 时，其方法的应用比 DMAIC 稍微复杂一些。比如用于新产品的设计开发时，常使用近年来发展起来的质量功能展开（QFD）和 TRIZ 理论来解决发明问题，而对于流程设计的 DFSS，则更偏重于流程再造（BPR）方法的应用。

六西格玛设计 DMADV 运作模式包含：定义、测量、分析、设计和验证五个阶段面：

阶段 1（定义阶段 D）：为产品、服务或流程赋予可传递给顾客并使其易于理解、接受的含义。

阶段 2（测量阶段 M）：确定关键质量特性，且应具备测量它们的能力。

阶段 3（分析阶段 A）：是对关键质量特性进行分解、分析的过程。

阶段 4（设计阶段 D）：在该阶段，主要应创造性地产生概念设计方案，并对设计方案的各阶段进行评审。

阶段 5（验证阶段 V）：要在实际条件下，试验新设计并获取数据来验证新产品、服务或流程。

DFSS 方法保留了 DMAIC 的许多重要特征：①严格的科学方法；②强调测量的作用；③大量使用统计技术方法；④强调减少波动；⑤基于数据决策等。DF-SS 与 DMAIC 也都强调应与顾客相连，不过前者强调得更甚一些。两种方法配合实施，对开展六西格玛管理的效果会更加显著。

八、小结

推行六西格玛管理就是通过设计和监控过程，将可能的失误减少到最低限度，从而使企业可以做到质量与效率最高、成本最低、运作的周期最短、利润最大，全方位地使顾客满意。

要达到六西格玛质量水平并非易事，我国制造业大多达到二至三西格玛质量水平，若能达到四西格玛质量水平，就算得上是出色的企业了。服务业通常只能达到一至二西格玛质量水平。

当企业的过程水平只达到三至四西格玛质量水平时，由于操作不当而导致的浪费、返工、退货、投诉和检验等原因，使劣质成本可能占营业额的 25% 以上，倘若企业能够适时引入和严格实施六西格玛管理，则过程的操作将接近完美，劣质成本可降至营业额的 1% 以下。因此，六西格玛管理是一种近乎完美的创新管理策略。

六西格玛管理是下列的四位一体，即统计度量、管理战略、创新方法和质量文化的一体化。通过统计度量质量水平可以使我们了解产品、服务或过程的真实水平；通过这种新的管理战略，在高层领导下，发起质量创新并使顾客全面满意；要从根本上消除冰山下的劣质成本，要科学运用技术创新的方法和工具；六西格玛管理同时也是一种质量文化，使得我们能够在第一次就把事情做对，更好地利用数据与信息，同时创造运用黑带团队精神来解决关键质量问题的氛围。

第二节 并 行 工 程

所谓并行工程，是指集成、并行设计产品及其零部件和相关各种过程的一种系统方法，并行工程有如下特点：

1）重视设计构成的并行性和设计过程的系统性，将设计、制造、管理等过程作为一个整体来考虑；

2）重视设计过程的快速反馈，对设计结果及时审查并及时反馈给设计人员。

3）重视协同（team work）及其工作方式。

一、可制造设计与可制造与装配设计

可制造设计（design for manufacturability，DFM）与可制造与装配设计（design for manufacturing and assembly，DFMA）是从 20 世纪 50 年代开始研究实施的设计、制造与装配相互结合的理论与方法学。

2002 年 APICS 将"可制造性设计"定义为：简化零部件、产品和过程，以改进产品质量与降低制造成本。同时，将"可制造与可装配设计"定义为：一种包括从初始产品设计阶段就开始的、使制造与装配容易进行的产品开发方法。

从 1750 年第一次工业革命以来，设计与制造从一体化走向分离，现在又回到了设计与制造一体化的并行工程时代，究其根源是因为现代制造的实践已经反复证明：设计决定了 70% ~ 80% 的制造生产率和 70% ~ 85% 的产品成本（Shu，1990）；设计阶段的决策与设计结果对产品的质量起决定性的作用；众多的制造装配与服务问题在设计阶段获得解决，企业投资的收益率大幅度提升。所以，现代企业必须利用并行工程技术和方法学，消除"设计与制造分离"做到时间 – 质量 – 成本（T – Q – C）协调统一。

美国布斯劳（G. Boothroyd）等简洁地表达 DFM 缩短产品设计与开发周期的本质：在概念设计阶段由于融入了 DFM/DFMA 的设计理念后，可能会使产品的概念设计阶段的周期延长，但由于提前考虑制造与装配的要求和问题，可使详细设计、原型制作与修改的时间大大缩短，从而在整体上较大地缩短了整体产品的设计与开发周期。DFM 设计技术对产品设计与开发周期的影响如图 7-9 所示。

1990 年美国英格索兰（Ingersoll Rand）公司的实践证明了在设计开发阶段实施 DFM 带来的收益，该公司在利用 BD（Boothroyd Dewhurst）公司开发的 DFM 软件后，产品的设计开发时间周期从 2 年压缩成为 1 年。

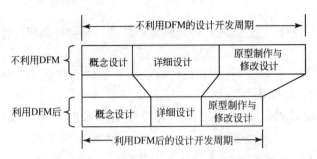

图 7-9 DFM 设计技术对产品设计与开发周期的影响

二、DFM 与 DFMA 的应用

DFM 是一种稳健性的设计方法，如何实现 DFM 是工程技术界极为重视的问题。长期以来，人们将实现 DFM 的整个过程划成三个阶段分别予以考虑。

（一）在 DFM 过程前（pre-DFM）阶段

在前 DFM 阶段，要解决"如何把设计决策与可制造性结合起来"的问题，以及"如何从结构设计上保证可制造性"的问题。1985 年苏博士就作出了明确的回答：关键在于在进行产品及其过程的设计时，将功能要求、设计参数和过程参数的设计方程的转换矩阵构造成符合公理设计要求的对角矩阵或三角矩阵，这就是 ADT 中的可制造性设计定理（design for manufacturability theorem）。

可制造性设计定理可表述为：为了保证产品是可制造的，产品的设计矩阵 A 和过程设计的设计矩阵 B 及其矩阵的乘积 AB 都应该是对角矩阵，或者至少是三角矩阵，而不能出现一个耦合矩阵。这一定理告诉我们：在 A、B 与 AB 三个矩阵中任何一个矩阵如果是耦合矩阵，其设计解是不具备良好的可制造性的。

关于"如何从结构设计上保证可制造性"的问题，最早的研究者原苏联的制造工艺领域专家提出了"结构工艺性"问题，提出了零部件的结构设计必须按照工序（作业）的工艺要求所规定的约束条件，否则无法保证产品可制造与可装配性。

20 世纪 90 年代布斯劳、德赫斯特与奈特（W. Knight）比较全面地总结了结构设计经验与规则，并开发了 CAD-DFMA 集成的支撑环境，美国的普斯劳德将其研究范围扩大并开发出可供企业随时查询利用的基于知识库软件。

（二）在 DFM 过程中（in-process-DFM）阶段

解决在产品制造加工与装配方面"如何保证达到 DFM 的要求"的问题。

与设计制造并行的另一个领域是如何在不同的制造过程阶段把制造与设计结合起来保证 DFM 的实现，其主要经验有：

1）转变观念。在设计与制造一体化的管理过程中，始终坚持使顾客完全满意的信念；执行不断改进 T-Q-C 的技术、生产和管理的措施；必须建立支撑这种努力的激励机制与企业文化。

2）建立正确的质量观，重视产品与服务的质量。利用六西格玛管理法建立完善的质量管理与改进体系，及其相关的质量管理程序、标准、方法和工作实施程序与标准。

3）及时掌握信息，特别是及时的了解重大改革与突变创新，掌握与 DFM 有关的创新与方法等信息、数据与情报。

4）检测和消除产品与服务中的各种质量缺陷。特别是产品与服务中的潜在缺陷，以赢得顾客的满意。

5）连续监视与控制过程能力指数和实际过程能力指数。

6）经常用高标准定位法和同行之冠及竞争对手进行横向对比，不断寻找自己的差距，不断提升 DFM 的水平和企业整体的业绩水平。

7）重视可维护性设计和全面生产维护技术的应用，提高企业装备与设备的完好率，减少停机带来的损失和故障的干扰。

8）执行"以人为中心"的管理，通过合理的、适用的激励机制与奖励措施调动员工的积极性、主动性与创造性，组织培训、授权、考核，建立尊重人发挥团结合作精神与实干精神的企业文化。

9）掌握过程中 DFM 的实时控制技术，如利用过程能力指数 C_p、实际过程能力指数 C_{pk} 与六西格玛管理法结合可以进行实时 DFM 决策。

类似的 DFM 技术还有：保证质量设计（design for quality，DFQ）、保证服务设计（design for service，DFS）及保证配置（布置/组态）的设计（design for configuration，DFC）。DFQ 被定义为利用质量作为测定捕捉设计应该满足的目标市场、顾客属性的标准和实际业绩指标的一种设计方法；DFS 是指简化零部件与过程，以改进产品的售后服务的设计方法。

（三）在 DFM 过程后（post-DFM）阶段

解决制造过程完成后"如何采集详细完成设计与制造后的评估"和"如何利用设计评审结果对现行设计与制造进行改进"或"如何进行再设计"的问题。

第三阶段的问题是以企业内部的技术形式加以解决的，大多数是企业的内部"诀窍"（know-how）。

第三节　丰田生产方式与精益生产

一、丰田生产方式与精益生产的提出

丰田生产方式（Toyota production systen，TPS）与精益生产（lean production，LP）起源于特定的社会历史背景。

丰田汽车公司诞生于 20 世纪 30 年代，最初的丰田汽车公司是一家规模相对较小，生产能力较弱的家族式企业。丰田喜一郎在公司成立之初，曾率团走访当时最有名的美国福特和通用汽车公司，然而，对于美国大规模的生产方式丰田汽车公司根本不可能采用，原因主要有：第一，丰田汽车公司面临的主要是国内市场，品种多、批量小，生产过程需要频繁更换；第二，丰田汽车公司必须在同一工厂生产多种产品，而不能像福特公司那样，在一个工厂总是重复生产一种汽车；第三，丰田汽车公司没有足够的资金扩建厂房、仓库和购买高效专用的加工设备；第四，日本的强大社会压力不允许随便解雇工人；第五，大规模生产方式事实上是不经济和低效率的。所以，丰田汽车公司必须寻求建立日本特色的生产方式，寻求建立更灵活、更具柔性、并确保提高生产效率和降低成本的生产方式。

20 年后的 1950 年，丰田喜一郎的继任人丰田英二（Eiji Toyoda）和经理们再度赴美国汽车工厂进行为期 12 周的考察，亨利·福特在《今日与明日》（Today and Tomorrow）一书中倡导了维持整个流程无间断地制造和输送原材料、流程标准化及杜绝浪费的生产方式，但亨利未能实现。丰田英二走访了美国的超级市场，他从顾客购买的货架及时补货中受到启发。以看板（kanban）系统为基础的准时化生产系统以及后来的许多改善活动，都从上述走访中受益匪浅。丰田英二和他的团队从工厂的实地研究中建立起新的制造系统与管理制度，开发出这个适用于制造业或服务业的、优于大规模生产方式的新模式——TPS，以全新的方式看待、了解与诠译生产流程。到 20 世纪 60 年代，丰田生产方式已经成为所有类型企业可以学习和应用的理念。

1985 年美国麻省理工学院的技术、政策与工业发展中心成立了由 D. Roos、J. P. Womack 和 D. Jones 等组成的小组，开始一项名为"国际汽车计划（IMVP）"的研究项目，对日本汽车公司的生产方式进行详尽的研究，并将其与美国的大规模生产方式进行了比较分析，发现丰田生产方式是如此的高效率，于是引用"精益（lean）"的概念，原意为"瘦，即不存在多余或浪费"。

1990 年，詹姆斯·P. 沃麦克（James P. Womack）、丹尼尔·T. 琼斯（Daniel T. Jones）等在他们的研究著作《改造世界的机器——精益生产的故事》（*The Machine That Change the World：the Story of Lean Production*）中，第一次以精益生产（LP）表达了 TPS 精益生产方式的内容。该书的出版及被翻译成多种语言，使精益生产方式成为制造业领域广为传播的先进制造管理模式。

二、TPS 与 LP 的哲学管理思想

（一）建立学习型企业

丰田生产方式在产生、发展至今五十多年时间中，始终秉承"为顾客和社会创造和提高价值"的经营理念，集中表现在建立学习型企业，以适应环境的变化，使丰田公司成为具有竞争力的企业。这是丰田文化的主要内容，也是丰田生产方式的基础，若无此理念，则丰田难以实现持续改善，也不会造就今天的精益生产方式。

（二）杜绝浪费，全面提高生产效率是精益生产的核心

浪费是最终造成产品高成本、高价格的直接原因。丰田公司归纳出企业流程或制造流程中的八种不能创造价值的浪费：

1）过量生产和过早生产；

2）在现场等待的时间；

3）不必要的运输；

4）不正确或过度的处理；

5）过量的库存；

6）不必要的移动和搬运；

7）生产任何有缺陷的产品都将导致人力、财力、物力和时间的浪费，并导致延期交货；

8）"未挖掘使用的人的创造力"也是一种浪费。

(三) TPS 与 LP 的文化基础

TPS 与 LP 的实质是关注人，建立一套完善的、基于人的自我完善和自我发展的文化基础，具体做法是：

1）管理决策以长期理念为基础，着眼于公司的未来发展；
2）建立正确的流程，将企业经营实践引向高效率、高品质的精益之路；
3）发展员工与事业伙伴关系，共同为企业和社会创造价值；
4）持续解决根本问题，不断驱动企业学习和发展。

三、TPS 与 LP 的技术体系构架

丰田汽车公司的现任总裁张富士夫提出了一个简单的表述方式——丰田生产方式构架屋（TPS house digram），简称"丰田屋"，"丰田屋"的模型如图 7-10 所示，这一结构日趋成为现代制造业中最广为人知的标志之一。

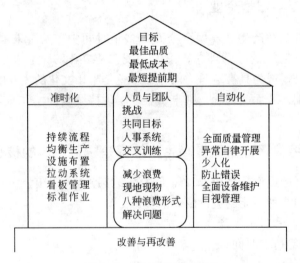

图 7-10 "丰田屋"模型

"丰田屋"表述其核心体系都是围绕"一大目标"、"两大支柱"和"一大基础"而展开的。"目标"是"丰田屋"的屋顶，经常被展示为成本、利润或准时交货等，更多务实企业所关注的 QCDSME，即品质（quality）、成本（cost）、交货（delivery）、安全（safety）、士气（morale）、环境（environment）；"两大支柱"即准时化与自动化，是"丰田屋"的支撑；"基础"即改善与再改善，是

"丰田屋"得以持续发展的地基，是遵照丰田管理模式指导的、由一套完整的技术体系构成的、不断循环进行的改善过程。这四大要素在"丰田屋"结构中缺一不可，而且相互密切关联、彼此强化。在"丰田屋"的中心是"人"，通过人的活动，将两大支柱联系在一起，体现了共同的目标和特有的 TPS 与 LP 文化，并在稳定的"基础"上实现组织的目标。

四、系统化、知识化、层次化的 TPS 与 LP 系统结构

系统化、知识化、层次化的技术系统构建起来的生产组织过程，如图 7-11 所示。

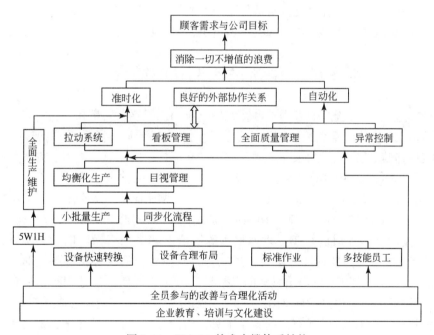

图 7-11 TPS/LP 技术支撑体系结构

在生产运作形式上，丰田以装配计划为龙头，牵引各制造工序适时地制造零部件。该生产方式追求一个流（one piece flow），也称单件流的生产运行状态，任何工序都不生产后道工序所不需要的品种、数量的零部件，保障这一过程实现的手段是看板管理。看板作为生产和需求关系的信息传递手段，存在于生产的各个环节中，准确传递需求信息，确保最终需求与各制造工序间的均衡化。均衡化生产一方面要求各加工工序是以一致的节拍（标准制造周期）、以同样的节奏生

产不同的零部件；另一方面根据生产任务要求，总生产线上以小批量的方式进行混流生产。因此，均衡化生产要求生产流程应当同步化。同步化和小批量生产，尤其是单件流生产，对员工技能、生产设备的柔性、作业的标准化水平、设备布置的合理性等都有严格要求，这些技术要素是实现同步化与小批量生产以及降低制造成本的根本。上述相互关联、相互制约的生产技术要素构成丰田生产方式的一大支柱——准时化生产系统。

准时化生产过程中的每一工序、每一零部件的制造质量是能否实现准时化的要求。自动化作为另一大支柱，其主要功能是通过全体员工参与的全面质量管理和运用生产系统对产品缺陷的自觉异常控制，确保每道工序都生产合格产品。

精益生产得以实现，并非完全通过建立准时化生产制度和自动化手段来保障，最重要的在于全公司成员对这种生产方式的一致认同，通过不断学习、不断改进、不断提高，建立起这样的学习型组织，才能够实现精益生产。

第四节　创新设计工具的综合运用

作为企业智力资产的管理平台，实现行业知识积累、共享和管理一体化。

TRIZ 理论的出发点是借助于经验发现设计中的矛盾，矛盾发现的过程也正是通过对问题的定性描述来完成的，解决创新设计中的创意、概念、方案和结构的问题（What），其他的创新设计理论，如技术预见、情景分析、技术预测、路径图法、高标准定位法、领先用户法、QFD、模糊前端、公理化设计、功能结构法、六西格玛管理法、DFM/DFMA、阶段门、TPS/LP、经典的创新技法及技术创新技法等，特别是 QFD、六西格玛等恰恰能解决怎么做的问题。所以，将TRIZ 理论与多种创新设计方法有机地结合，发挥各自的优势，将更有助于企业产品创新，因为 TRIZ 未给出具体的参数设计方法，而稳健设计则特别适合于详细设计阶段的参数设计。将 TRIZ、QFD 和稳健设计集成，则能形成从产品定义、概念设计、详细设计的强有力的支持工具，因此，三者的有机集成已成为创新设计领域的重要研究方向。20 世纪 90 年代中期以来，美国供应商协会（ASI）一直致力于把 TRIZ 理论、QFD 方法和田口（Taguchi）方法一起推荐给世界 500 强企业。

一、TRIZ 的应用与发展

TRIZ 理论目前已由原来擅长的工程技术领域向自然科学、社会科学、管理科学、生物科学等领域发展，用于指导解决各领域遇到的问题。不仅在原苏联得到广泛的应用，在美国的很多企业特别是大企业，如波音、通用、克莱斯勒、摩托罗拉等在新产品开发中也得到了应用，取得了可观的经济效益。

2003 年，"非典型肺炎"肆虐中国及全球的许多国家，其中新加坡的 TRIZ 研究人员就利用 40 条发明创造原理，提出了防止"非典型肺炎"的一系列方法，其中许多措施被新加坡政府采用，收到了非常好的效果。

20 世纪 90 年代以来，福特汽车公司每年对 400 人进行 TRIZ 理论培训，鼓励他们用 TRIZ 理论、方法和法则促进创新。

Ford Motor 公司遇到了推力轴承在大负荷时出现偏移的问题，通过 TRIZ 理论，产生了 28 个新概念（问题的解决方案），其中一个非常吸引人的新的概念是：利用热膨胀系数小的材料制造轴承，从而很好地解决了推力轴承在大负荷时出现偏移的问题。

1999 年，Chrysler Motors 公司应用 TRIZ 理论解决企业生产过程中遇到的技术矛盾，共获利 1.5 亿美元。

2000~2002 年，道氏化学（Dow Chemical）公司把 TRIZ 引入六西格玛设计的过程，以改进 DMAIC 系统，已有 6 名"黑带大师"和 10 名"黑带"接受了 TRIZ 培训，并把他们评定为"TRIZ 专家"。在六西格玛系统设计中，他们把 TRIZ 和 QFD 集成，并使所有"黑带大师"掌握基于 TRIZ 的发明问题求解技术的相关软件，并由大师们向"黑带"和六西格玛设计项目小组的成员传授 TRIZ 知识。

在俄罗斯，TRIZ 理论的培训已扩展到小学生。Kowalick 博士在加利福尼亚北部向中学生传授 TRIZ 法，那里的中学生们正在改变他们思考问题的方法，创造力迅猛提高，学会了用相对容易的方法处理比较难的问题。美国的 Leonardo do Vinci 研究院正在研制将 TRIZ 理论应用在小学和中学的教学手册。

当前，将 TRIZ 理论、现代设计方法学、语义处理技术及计算机软件技术集为一体，开发的计算机辅助创新技术（CAI）是针对不同行业技术特定的最强大的创新工具，世界许多发达国家正在以爆炸式的速度推广应用，其显著成效表现如下：

1）改变创新的理念。TRIZ 的公理就是客观规律支配着所有技术的进化和发展，这给企业和个人快速准确地发现现有方案中存在的问题，明确研发的方向，把握技术发展的趋势，找到产品创新的方向，从而使获得具有自主知识产权的核心技术成为可能，真正实现企业的自主创新，提高公司的竞争力。

2）汲取新知识，打开新思路。TRIZ 涵盖了不同学科领域的创新方案库，引导人们创造性地利用专利知识、科学效应和标准解。经常从高水平的专利和科学效应等不同渠道汲取经验和知识，打开人们的新思路。

3）改变了传统创新的思维模式。TRIZ 的法则、规则及各种分析工具、创新工具可以帮助人们有效地控制发明过程，从漫无边际的发散思维和排列组合发明方式转向按程序步步逼近的逻辑方式找到准确的答案，规范了提供方案的有效性和可操作性，并大大提高了研发效率和成功率，从而大大降低了产品的研发和生产成本，因此也就不必去等待灵感和顿悟的降临。

4）便于企业快速发现人才。通过 TRIZ 理论的培训能够快速提升科技人员的开发能力，三星电子通过三次培训，优选出 25 名尖子人才，促进了三星在八个领域成为世界水平的领头羊，这些大大降低了企业引进高级人才和购买专利的费用。

5）TRIZ 帮助个体找到所需要的方法和知识。行业外的知识、面向未来的知识、各种创新方案库和效应知识库在创新的过程中使人们变得越来越聪敏，有利于充分发挥人的创造潜能。

6）根据阿奇舒勒提出的 5 级发明标准，对于 1~3 级的发明问题，从标准解和方案库中很快可以得到求解；对于 4 级发明问题，要充分利用效应知识库；对于 5 级发明问题求解，可以利用 TRIZ 理论、方法、规则去消除思维定式，获取高难度问题的解决方案；高等级的创新解题意味着高水平原始创新的出现，这是我国当前最急需解决的薄弱环节。

7）CAI 在概念设计阶段即可对方案进行技术和经济的评估，从而大大降低了产品的研发和生产成本，并能科学地评价人们的创新成果，有效地回避现有竞争，帮助申报专利。

目前美国大企业创新主要采用 TRIZ 理论，并迅速使其本土化，并和美国的公理化设计软件技术、六西格玛管理法以及日本的 QFD 的结合起来，取得了巨大的成效。由于采用 TRIZ 理论取得成果对企业的竞争力有深远的影响，属于企业机密，因此美国以及世界各国对 TRIZ 理论的实际使用情况对外均严格保密，中国应尽快推行，并也要实现本土化。首先在企业内一些关键部门引入，然后向整个企业推广。如再不行动，我国在创新方面的差距将会进一步扩大。

二、CAI 技术与产品设计周期

一件产品的完整的生命周期一般如图 7-12 所示，包含：需求分析→创新概念构建→产品创新方案→详细设计→仿真分析→工艺→样件→检测→量产→组装→库存→市场/销售→使用/维护→报废。

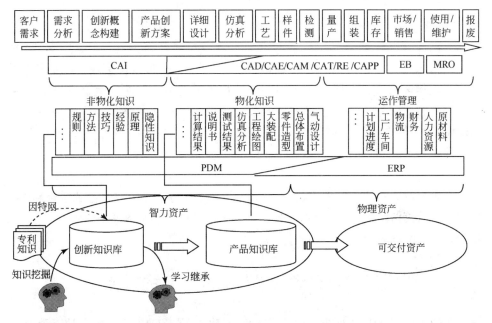

图 7-12　CAI 在产品生命周期中的作用阶段

　　传统的 CAX 技术工具是由 CAD/CAE/CAM/CAPP/CAT/CACD 等组成的，它是详细设计的辅助工具，所解决的只是将思想表达为实际图形或成果的问题，如将设计者头脑中的成形的飞机总体概念或零部件的设计很好地表达为图纸、造型、仿真结果等。但是，传统的 CAX 工具不可能为设计者提供任何概念设计方案。CAI 的出现，发展和补充了传统的 CAX 技术，并有力地支持了各方面的创新设计和技术改进工作。

　　CAI 可以支持从"创新概念构建"到"仿真分析"阶段；"仿真分析"之后直到"库存"阶段可由 CAD/CAE/CAM/CAT/RE/CAPP 等支持；"库存"之后属运作管理阶段，可由 ERP\CRM 等加以支持。CAI 为整个流程提供"非物化知识"，包括隐性知识、规则、方法、技巧、经验、原理等；CAD 等所提供的为"物化知识"包括外观设计、总体布置、零件造型、装配、工程绘图、仿真分析、测量结果、说明书、计算结果等。运作管理流程一般包括：原材料管理、计划进度、物流、人力资源等。非物化知识和物化知识均属于企业的智力资产，而非物化知识的应用更需要强大的且易用的计算机辅助工具的支持。由此可以看出，CAI 技术是企业信息化整体解决方案中的重要组成部分，在产品的生命周期中起着举足轻重的作用。创新知识和产品知识所共同组成的企业智力资产是企业交付最终产品的不竭的源泉，也是企业核心竞争力所在。

CAI 技术不仅很好地解决了 TRIZ 理论的软件化问题，而且也解决了上述问题。以计算机辅助创新设计平台为例，包括问题全面分析（TSA）、问题求解、创新原理、方案评估、专利查询、智力资产管理和报告生成等功能模块。这些模块相辅相成，共同组成了先进的计算机辅助创新解决方案，来提高研发人员解决技术难题、实现技术突破的效率。根据以往所总结出的一系列创新问题求解的规律和方法，计算机辅助创新设计平台能够不折中地解决各种技术矛盾，使得我们在面对具体的技术难题时，更加有的放矢，避免以往盲目地"试凑"。

不同行业的企业，应根据自身的特点选用合适的方案形成自己的创新路线，推动企业从模仿跟随向自主创新转移，可以引进 CAI 的创新设计软件，最终应开发出自己的创新设计体系和软件。

三、TRIZ 理论与公理化设计（ADT）的融合

在分析比较 AD 和 TRIZ 理论的基础上，建立了图 7-13 所示的产品概念设计过程集成模型，该模型的特点是把 TRIZ 的分析工具和效应知识库等集成到 ADT

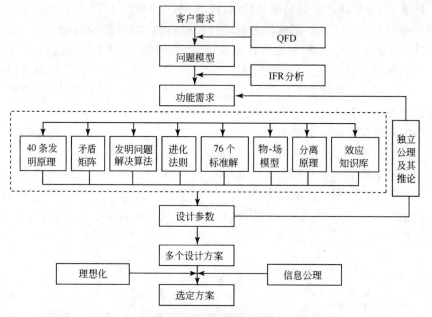

图 7-13　AD 与 TRIZ 的产品概念设计过程集成模型

功能域到过程域之间的映射过程中，使得 AD 在选择保持功能独立的设计参数时，得到 TRIZ 工具的有效支持，而不必完全依赖设计师的经验。

四、TRIZ 理论与六西格玛管理法的融合

近年来，六西格玛正广泛被用于改进企业产品质量、提升企业经营业绩。六西格玛是基于统计原理，拥有一个强大工具箱，进行问题的定义、分析、改进、控制的一套系统性解决问题的理论和方法，

前面已介绍了六西格玛主要有两种问题解决模式，一种是 DMAIC；另一种是 DMADV。

DMADV 是 GE 20 世纪 90 年代在六西格玛的 DMAIC 的模式上发展起来的，适用于新产品设计的一种模式。在 DMAIC 和 DMADV 的双轮驱动下，GE 获得了空前的飞跃发展。

在 DMADV 的分析阶段，主要工作是产生一个全新的概念。传统的创新方法使用试错法和头脑风暴法，不但效率低下，而且往往难以引导出创新性的产品概念来。概念设计阶段，正是 DMADV 中最关键的同时也是最薄弱的环节。六西格玛在分析问题的过程中，可以很好的发现问题的所在，即引出问题的关键因子，而 TRIZ 可以很好地回答"如何做"的问题。六西格玛与 TRIZ 有效地结合，将形成和谐的关系，产生空前解决问题的威力。六西格玛的 DMAIC 模式和 DMADV 模式与 TRIZ 理论的关系可简要地用图 7-14 来进行表述。

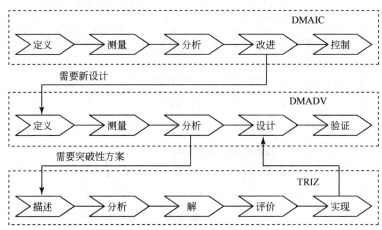

图 7-14　六西格玛和 TRIZ 理论的关系

韩国的三星公司在实施六西格玛多年后，于 2000 年开始引入 TRIZ 理论，以强化 DMADV 中最薄弱的概念设计环节，获得了巨大成功。TRIZ 这门点金术，使三星公司在 21 世纪初成长为耀眼的企业明星。韩国三星公司是世界上将六西格玛 DMADV 与 TRIZ 结合得最成功的一家企业，它将六西格玛和 TRIZ 的优势进行了很好的组合，发挥了巨大的威力。

对一个问题的解决过程可简述如下：

DMAIC 模式是为技术系统改进流程局部优化，当需要进行新产品设计时，需要引入 DMADV 模式。

在 DMADV 的分析阶段需要突破性的创新方案，则需要引入 TRIZ 进行产品的概念设计，使用 TRIZ 所产生的方案实现后返回到 DMADV 的设计阶段。

DMADV 过程完成后，返回到 DMAIC 的 C（控制）阶段，一个问题的解决过程就此结束。

新近的实践又前进了一步，TRIZ 理论可以在六西格玛的全流程中发挥作用，利用 TRIZ 改进六西格玛流程的作用如表 7-5 所示。六西格玛设计阶段与 TRIZ 的工具之间的关系如表 7-6 所示。

表 7-5　利用 TRIZ 改进六西格玛流程的作用

六西格玛阶段	TRIZ 的作用
A. 识别	进行工具/目标与最终理想结果的分析
B. 定义	进行工具/目标中问题的分析
C. 测量	开发新的测量方法，利用技术预测与矛盾分析改进实施效果 进行矛盾分析
D. 分析	忽略固有的矛盾或折中协调，创造新产品、流程与服务的概念
E. 改进	同 C 阶段 同 E 阶段，运用于服务和产品订货系统
F. 控制	同 E 阶段，运用于整个系统的改进

资料来源：罗振璧 . 2007. 新产品的创新设计、开发与管理，119

表 7-6　六西格玛设计阶段与 TRIZ 工具间的关系

六西格玛设计阶段	所利用的 TRIZ 工具
"多代" 计划	预测技术、工具/目标问题分析
顾客的声音与 QFD 的其他元素	矛盾的解决方案、理想的最终结果与测量方法的开发
概念设计	全部

续表

六西格玛设计阶段	所利用的 TRIZ 工具
详细设计	全部
优化	矛盾求解、培训与问题求解
利用与改进	矛盾求解、培训与问题求解

资料来源：Rontanen，Domb，2003

思 考 题

1. 六西格玛的此时和最大意义是什么？
2. 精益生产的本质特征是什么？
3. 丰田汽车公司成就了精益生产这一先进管理模式和技术体系，其成功的主要原因是什么？
4. 各种创新工具如何综合运用？

参 考 文 献

陈劲. 2004. 项目研发管理. 北京：机械工业出版社

陈劲. 2001. 永续发展. 北京：科学出版社

陈劲. 2002. 最佳创新公司. 北京：清华大学出版社

陈劲，王力瑞. 2006. 技术创新管理方法. 北京：清华大学出版社

戴布拉·艾米顿. 2005. 创新高速公路. 陈劲等译. 北京：知识产权出版社

甘自恒. 2003. 创造学原理和方法. 北京：科学出版社

高金玉. 2005. 新产品开发模糊前端（FFE）影响因素研究. 杭州：浙江大学出版社.

高桥诚. 2006. 创造技法の本. 东京：日科技连出版社

技术预测与国家关键技术选择研究组. 2001. 从预见到选择. 北京：北京出版社

玖·迪德等. 2002. 创新管理，陈劲等译. 清华大学出版社

李建珊等. 2002. 科学方法概览. 北京：科学出版社

李健民. 2002. 全球技术预见大趋势. 上海：上海科学技术出版社

李健民. 2003. 上海开展技术预见的时间与思考. 世界科学，（4）：44～46

李金明，戴昌均. 1996. 标杆瞄准. 天津：天津人民出版社

刘鸿恩. 1995. 改进的质量功能展开. 系统工程理论与方法应用，4（4）：49～53

罗伯特·J斯滕博格. 2005. 创造力手册. 施建农等译. 北京：北京理工大学出版社

罗庆生，韩宝玲. 2001. 大学生创造学（理论学习篇、能力提高篇）. 北京：中国建材出版社

罗振壁，朱光晖，莫汝虎. 2007. 新产品的创新设计、开发与管理. 海口：南海出版公司

马健，唐晓青. 1997. 质量功能配置及其在机械制造行业中的应用. 质量技术与机床，30～35

马林，何桢. 2007. 六西格玛管理. 北京：中国人民大学出版社

穆荣平. 2003. 北京技术预见：实践与思考. 世界科学，（4）：41～43

Nam Pyo Suh. 2004. 公理化设计. 谢友柏等译. 北京：机械工业出版社

齐二石，朱秀文，何桢. 2006. 生产与运作管理教程. 北京：清华大学出版社

阮汝祥. 2007. 创新制胜. 北京：中国宇航出版社

上海铁道学院管理科学研究所. 1985. 技术开发与技术预测. 上海：上海交通大学出版社

孙中峰. 2002. 技术预见在日本. 世界科学，（7）：41～42

檀润华. 2004. 发明问题解决理论. 北京：科学出版社

陶学忠. 2005. 创造创新能力训练. 北京：中国经济出版社

王瑞祥，穆荣平. 2003. 从技术预测到技术预见：理论与方法. 世界科学，（4）：49～51

肖云龙. 2004. 创造学. 长沙：湖南大学出版社

肖云龙. 2001. 创造学基础. 长沙：中南大学出版社

杨德林. 2006. 新产品概念开发. 北京：清华大学出版社

姚凤云等. 2006. 创造学理论与实践. 北京：清华大学出版社

伊莱恩·丹敦.2005.创新的种子.陈劲等译,北京:知识产权出版社

周道生.赵敬明、刘彦辰.2007.现代企业技术创新.广州:中山大学出版社

殷石龙.2002.创造学引论.长沙:湖南人民出版社

雍灏,陈劲.1999.技术创新中的领先用户研究.科研管理,(3)

尤里·萨拉马托夫.2006.怎样成为发明家——50小时学创造.王子羲等译.北京:北京理工大学出版社

占向群等.2005.面向创新设计的科学效应库研究.工程设计学报,(12):1~6

张武城.2005.创造创新方略.北京:机械工业出版社

赵惠田,谢燮正.1987.发明创造学.沈阳:东北工学院出版社

赵新军.2004.技术创新理论(TRIZ)及应用.北京:化学出版社

Altshuller G S. 1979. Creativity as an Exact Science. Moscow: Sovietskoe Radio

Alvarez H R Luis, Stenbacka Rune. 2001. Adoption of uncertain multi-stage technology project: a real options approach. Journal of Mathematical Economics, Vol. 35, 1

Cooper R. 1997. Fixing the fuzzy front end of the new product process: building the business case, CMA-The Management Accounting Magazine, (8): 21~23

Cooper R G. 1981. An empirical derived new product project selection model . IEEE Tranactions on Engineering Management, (28): 54~61

Cooper R G, Kleinschmidt E J. 1995. Benchmarking the firm's critical Success factor in new product ddvelopment. Journal of Product Innovation Management, (12): 374~391

Kalevi Rantanen, Ellen Domb. 2008. Simplified TRIZ. New York: Auerbach Publications Toylor & Francis Group

Michael A Orloff. 2003. Inventive Thinking Through TRIZ. Berlin: Springer

Nam P Suh. 2001. AXIOMATIC DESIGN: ADVANCES and APPLICATIONS. New York: Oxford University Press

Salamatov Y P. 1990. How to become an inventor: 50 hours of creativity. Moscow: Prosveschenie

附录 1 英文缩写意译总汇

ADT（axiomatic design theory）——公理化设计

ARIZ（algorithm for inventive problem solving）——解决发明问题程序

CAD（computer aided design）——计算机辅助设计

CAI（computer aided innovator）——计算机辅助创新

CI（commercialization）——商业化

CNs（customer needs）——用户域

Coupled design——耦合设计

Creative study——创造力研究（或称创造学）

Decoupled design——解耦设计

DFM（design for manufacturablity）——可制造设计

DFMA（design for manufacturing and assembly）——可制造与装配设计

DFSS（design for six sigma）——六西格玛设计

DMADV（define, measure, analyze, design, verification）——六西格玛设计

DMAIC（define, measure, analyze, improve, control）——六西格玛改进

DPMO（defects per million opportunities）——百万次机会不合格数

DPs（design parameters）——物理域

DPU（defects per unit）——单位不合格数

EI（emotional intelligence）——情感智力

FE（function-effect）——功能-效应

FFE（fuzzy front end）——模糊前端

FRs（functional requirements）——功能域

GE（General Electric）——通用电气

LP（lean production）——精益生产

NCD（new concept development）——新概念开发

NPD（new product development）——新产品开发

PVs（process variables）——过程域

QFD（quality function deployment）——质量功能展开

TPS（Toyota production system）——丰田生产方式

TRIZ（theory of inventive problem solving）——发明问题解决理论

Uncoupled design——非耦合设计